«Ich bin ziemlich sicher: Ich habe recht mit der vergessenen Schweiz. Aber eben nur *ziemlich* und nicht *maximal* sicher, und darum erfinde ich jetzt ein maximal sicheres System: Auf dem Globus sind nämlich auch so Linien gezeichnet, wie das Netz von den Gasballons, die immer in Reckingen bei der Sodafabrik losfliegen. Ich muss nur alle Linien, eine nach der anderen, mit dem Zeigefinger nachfahren und dabei alles Angeschriebene lesen, und wenn dann die Schweiz immer noch nicht dabei ist ...

Die Linien haben Zahlen, und ich bin gerade bei der 45er-Linie, oberhalb vom winzigen Meer, das nur Salzwasser hat. Auf der 45er wandert mein Zeigefinger nach links, ‹Jugoslawien›. So klein, dass es mit Aarau voll wäre. Links darüber steht ‹Österreich›. Noch kleiner, in dem Land hätte höchstens Wettingen Platz oder Baden. Und links daneben ein noch kleineres Land, lächerlich, nicht größer als Mellikon oder vielleicht Reckingen, wie kann so etwas Munziges noch ein Land sein, der Name steht so klein darin, dass ich die Augen maximal scharfstellen muss, aha, jetzt: Das munzi-winzige Land heißt Schweiz. Gopferdamihuäresiächläckmeramfüdlinamai.»

Charmante und witzige Geschichten eines Schweizer Buben über seine Heimat – jenseits von Bergen, Schokolade, Käse und Taschenmessern

Max Moor, 1958 als Dieter in Zürich geboren, ist Schauspieler und Moderator. Anfang der neunziger Jahre moderierte er das preisgekrönte Medienmagazin «Canale Grande» auf VOX. Nach verschiedenen Stationen beim deutschen und eigenen Talkshows im österreichischen und Schweizer Fernsehen präsentiert Max Moor seit 2007 das ARD-Kulturmagazin «Titel, Thesen, Temperamente» sowie die RBB-Sendungen «Bauer sucht Kultur» und «Bücher und Moor». Gemeinsam mit seiner Frau Sonja betreibt er in der Nähe von Berlin einen Demeter-Bauernhof und ist mittlerweile in seiner Wahlheimat Brandenburg tief verwurzelt.

Max Moor

Als Max noch Dietr war

Geschichten aus der neutralen Zone

Rowohlt Taschenbuch Verlag

Originalausgabe
Veröffentlicht im Rowohlt Taschenbuch Verlag,
Reinbek bei Hamburg, Mai 2015
Copyright © 2015 by Rowohlt Verlag GmbH,
Reinbek bei Hamburg
Umschlaggestaltung ZERO Werbeagentur, München
Umschlagabbildung Thorsten Wulff
Karte Peter Palm, Berlin,
auf Grundlage von Kartenmaterial des
Office fédéral de topographie, Suisse, 2007
Innentypographie Daniel Sauthoff
Satz Foundry Wilson PostScript (InDesign)
Gesamtherstellung CPI books GmbH, Leck, Germany
ISBN 978 3 499 62921 1

Inhalt

Vorab
Wertvolle Tipps und Warnhinweise für das Schweizerische

7

Max
berichtet kurz, warum «Dietr» nicht geht

11

Dietr
erzählt, wie er Schweizer Schönheiten kennenlernt

15

Dietr
erzählt, wie man verteidigt, was man hat, oder aber nicht

57

Max
berichtet von einer Frau und zwei Appenzeller Brüdern

87

Dietr
erzählt, wie er fast einen Bunker bekommt und warum doch nicht

130

Max
berichtet von einem fortschreitenden Familienvater in Rimini

175

Dietr
erzählt, wie das Lügen geht und warum er trotzdem traut
238

Dixionär
Schwyzerisch–Deutsch
283

Vorab
Wertvolle Tipps & Warnhinweise für das Schweizerische

Die Schweizer behaupten: Schweizerdeutsch ist eine eigene Sprache!

Die Deutschen widersprechen empört, nein, es handelt sich lediglich um einen Dialekt, allenfalls eine Halskrankheit.

Recht haben: die Schweizer!

Schon der Begriff Schweizer*deutsch* ist irreführend. Das Schweizerische ist mit dem Hochdeutschen ungefähr so eng verwandt wie die Schwalbe mit dem Krokodil: Beide stammen von Sauriern ab.

Das eine, für alle gültige Schweizerische oder gar Hochschweizerische gibt es nicht. Es klingt in jedem Kanton und jeder Region anders, verfügt über verschiedene Wort-Schätze und unterschiedliche Betonungen. Ein Basler zum Beispiel hat ernsthafte Schwierigkeiten, einen Innerschweizer Bergbauern zu verstehen. Das Schweizerische ist eine sehr variantenreiche Sprache, die in mündlicher Form von Generation zu Generation weitergegeben wird. Es ist Gebrauchssprache für den Alltag. Keine Schnörkel im Satzbau und keine Hemmungen bei Wortwiederholungen.

Der *Vorteil* einer fast nur im Mündlichen existenten Sprache: Sie lebt! Permanent kommen neue Wortgebilde hinzu, gerne wird aus dem Ausland übernommen. Aktuell aus dem

Englischen: Der Computer wird zum «Kompi», das Mittagessen zum «Löntsch» und das Blatt Papier zum «Schiit»; wenn jemand den Heimweg antritt, macht er den «Houmrönn», und wenn einer vom rechten Weg abgekommen ist, muss man ihn wieder «bäck on Träck» bringen. Früher war's das Französische. Aus «adieu» wurde «adiä», der Gehsteig heißt «Trottuar», und statt auf das Sofa fläzen sich die Schweizer «ufs Kanapee». Dafür bleibt die aus dem Deutschen importierte Joppe ein «Tschoopen», selbst wenn es sich um ein Designerjackett handelt.

Der *Nachteil* einer fast nur im Mündlichen existenten Sprache: Sie lebt! Und ist daher nicht mit Regeln zu bändigen. Was eine ganze Reihe von Duden-affinen Lektorinnen und Korrektoren beim Rowohlt Verlag in den schieren Wahnsinn trieb. Sie mussten es ertragen, dass ich in weiten Teilen des Büchleins das typisch Schweizerische ans Deutsche anpassen musste, etwa die Erzählungen vom Dietr oder die Gedankenwelt vom Geeri. Daraus wird das sogenannte Schriftdeutsch. Das hat so wenig mit Deutsch zu tun wie der folgende Satz eines Deutschen mit Englisch: «You can me you say, because I also a football fan am like you, and I find it very beautiful, that we two us here meet.» Merken Sie? Bei der Eins-zu-eins-Übertragung in eine andere Sprache wird's kurios. Und genau das macht der Schweizer im Schriftdeutsch. Er übersetzt das Schweizerische mehr oder weniger eins zu eins Richtung Deutsch. Und der Deutsche wundert sich.

So wie Sie, verehrte Leser, sich wundern werden über die vielen «dann» und «auch». Oder über die mangelnden Synonyme für die Wörter «kommen» und «machen», «sagen» und «sein». Wundern Sie sich nicht, Schweizer reden und denken so.

Sie glauben, diese vielen «odr» am Schluss von Aussagen

seien wirklich als Frage gemeint? Falsch, es ist eine Bestätigung der Aussage wie das «hugh» bei Karl Mays «Winnetou».

Verstärkungen von Aussagen gibt es übrigens in mannigfaltiger Form. Wenn ein Schweizer nicht einverstanden ist, sagt er: «Find ich nicht gut.» Gar nicht einverstanden heißt: «Find ich, *im Fall*, nicht gut.» Die nächste Steigerung der Ablehnung lautet: «Find ich dann aber, *im Fall*, gar nicht gut», und wenn etwas nur über seine Leiche passieren wird: «Du, find ich dann aber, im Fall *beim Eid*, dann aber grad gar nicht gut, gäll, du, und überhaupt sowieso, odr, hä!» Der Effekt ist klar: Je mehr Füllwörter, desto länger wird die mündliche Ablehnung und darum umso eindeutiger.

Sie werden sich bestimmt auch über den oft nicht vorhandenen Genitiv wundern. Tatsächlich existiert er im Schweizerischen gar nicht. Und im Schriftdeutschen auch nur notfalls. So werden aus «Dietrs Wanderschuhen» die Wanderschuhe vom Dietr oder dem Dietr seine Wanderschuhe. Was in Deutsch nach Deppensprache klingen mag, ist im Schweizerischen sowohl literarisch erlaubt wie auch grammatikalisch korrekt.

Sie wundern sich, warum Menschen weiblichen Geschlechts im Schweizerischen versächlicht werden? «*Das* Lotti», «*das* Vreni», «*das* Muätti»? Dies Phänomen hat mit dem verkleinernden «i» am Namensende zu tun. Wie im Deutschen aus *der* Tasche *das* Täschchen wird, verwandelt sich *alles* Weibliche in der schweizerischen Verkleinerung zur Sache. Inklusive der Frauen selbst. Nicht so bei den Männern. Der Gerhard bleibt auch als kleiner Bub *der* Geeri, der Dietr bleibt *der* Dieti. Warum? Weil es schon der Grosvatti und das Grosmuätti so gesagt haben, odr!

Mein Tipp: Lassen Sie sich die Leute vom Lektorat ein warnendes Beispiel sein. Die wunderten sich, dann empörten sie sich, schließlich versuchten sie unter Einsatz ihres Lebens, die Welt der Sprachregelung zu retten, um schließlich resigniert zu verzweifeln. Es geht diesen tapferen Frauen und Männern inzwischen und nach einer notfallmäßigen Trauma-Intensivbehandlung wieder etwas besser, aber es war hart! Dies soll Ihnen erspart bleiben, daher rufe ich Ihnen zu: Wundern Sie sich über nichts, bewahren Sie ruhig Blut, es ist alles in Ordnung, es handelt sich lediglich um Schweizerisch. Nehmen Sie's einfach hin, vielleicht macht's, *im Fall*, ja sogar Freude ...

Max
berichtet kurz, warum «Dietr» nicht geht

Ja, zugegeben, «Dieter» ist ein weitverbreiteter und anerkannter Name. Viele respektable Persönlichkeiten tragen ihn gelassen und mit akzeptabler Zufriedenheit. Unter den prominenten Dieters gibt es alles, was Kultur, Wirtschaft und Unterhaltung zu bieten hat. Von Sängerwettbewerbs-Juroren über Hitparade-Showmaster, aktive wie auch leider verstorbene Kabarettisten, Filmemacher, Ost-Rocker, Skispringer, Volksschauspieler, Journalisten, Lobbyisten, Filmfestivaldirektoren, Multimilliardäre bis hin zu einem Edelkarossenschmiedenvorstandsvorsitzenden samt Schnauzer. Nicht Hund, Oberlippenbart.

Dennoch ist das kein objektives Kriterium dafür, dass jeder diesen Namen liebhaben muss. Er wird nämlich auch von Mördern, Entführern, Vergewaltigern, Erpressern, Steuerhinterziehern und Kettenrauchern getragen. Was wiederum kein objektives Kriterium dafür ist, diesen Namen zu verabscheuen.

Objektiv kommen wir hier also nicht weiter, womit wir beim Subjektiven sind und damit beim Geschmack, über den sich trefflich streiten lässt, wenngleich ergebnislos. Objektiv gibt es Dieters, die unter ihrem Namen subjektiv leiden. Es ist kein Zufall, dass im Internet ein recht schräges Filmchen über eine Selbsthilfegruppe von Dieter-Traumatisierten kursiert. Ich gehörte zu diesen Leidenden, wenngleich es nicht so schlimm war, dass mir der Gedanke gekommen wäre, eine Selbsthilfegruppe ins Leben zu rufen.

Aber es hat mich schon seit jeher gestört, dass meine Eltern in den späten 50er Jahren auf die in der damaligen Schweiz doch sehr unübliche Idee verfallen sind, mich mit diesem Namen zu markieren. Ich verstand auch nicht, warum sie dies so konsequent alternativlos gemacht haben. Warum keine gnädige Verwässerung wie Dieter-Thomas oder Dieter-Karl oder Heinz-Dieter oder Sven-Dieter-Richard?

Warum einzig dieses nackte «Dieter»? Sie konnten oder wollten mir keine wirklich erschöpfende Auskunft dazu geben. «Hat uns halt gefallen, einfach darum ... nein, wir erinnern uns nicht, wer die Idee zuerst hatte ... wir fanden's eben gut ...»

«Aber warum nicht zum Beispiel Jakob, Viktor oder Max?!», fragte ich weiter. «Max hätte mir maximal gut gefallen!»

«Nein, niemals Max!», riefen sie und schlugen die Hände über dem Kopf zusammen, ich solle bloß froh sein, nicht so zu heißen, da würde doch jeder sofort an Max und Moritz vom Wilhelm Busch denken!

Nun, mich hätte das nicht gestört. Denn woran denkt man bei Dieter? Wie würde ein Tier aussehen, das Dieter heißt? Irgendwas braun gefiedert Zerrupftes, Flugunfähiges vielleicht. Welches Haushaltsprodukt würde man «Dieter» nennen? Höchstens einen Ceranfeld-Schaber. Was würde ein schwedisches Möbelhaus denn mit «Dieter» etikettieren, den Teekannen-Tropfenfänger oder doch den Blecheimer? Und wer würde zum Laufsteg eilen, wenn «Dieter-Moden» vorgeführt würden? Doch allenfalls Menschen, die auch das Guido-mobil geil fanden.

Die Fastfood-Kette «Dieter's», die Dieter-Bank oder Dieter-Airways: zum Bankrott verurteilt. Warum heißt kein einziges Automodell weltweit Dieter, warum kein Smartphone und kein Laserdrucker, ja, nicht einmal eine popelige Zahnbürste oder wenigstens ein Lipgloss? Eben!

Aber ein wehrloses, süßes und ahnungslos vertrauensvolles Knuddel-Babylein, das schon, gell? Das darf bedenkenlos Dieter genannt werden, oder was?

Es darf! Auch in der Schweiz der späten 50er, wenn das auch eher selten exekutiert wurde. Und das ist gut so, denn von Schweizern ausgesprochen, wird der Name zur Drohung. Das deutsche *Diita* klingt gegen das harte schweizerische *Diätrr* geradezu nach Wohlfühltee.

Kleiner Aussprachekurs in Sachen Dieter auf Schweizerisch gefällig? Bitte sehr! (Es wird darauf hingewiesen: Für unerwünschte Nebenwirkungen übernimmt der Autor keine Haftung.)

Also: Wer Hochdeutsch spricht und das geschriebene Wort «Diätr» vorliest, wird es aussprechen wie «Diät», also wie: «Der männliche Diäter ist am Kühlschrank gescheitert.» Und ist damit schon recht nah am Schweizerdeutschen. Es muss nur noch die Betonung innerhalb des Wortes vom «ä» aufs «i» verlegt werden, also nicht Diäter, sondern Diäter. Jetzt noch flugs das zweite «e» weglassen, also Diätr, ja, sehr schön, und nun bitte das «r» schön rrrussisch rrrollen lassen, Diätrrr. Bravo, ausgezeichnet, hundert Punkte.

Im folgenden, 268-seitigen Übungstext kommt das Wort recht häufig vor, dort dann allerdings «Dietr» geschrieben. Anfangs mag es ungewöhnlich sein, mit den Augen Dietr zu lesen und mit der Zunge Diätrr zu sagen, aber recht bald kommt es so fließend über die Lippen wie das in Deutschland allseits beliebte «Chuchichäschtli». Nur den Mut nicht verlieren und viel Glück!

Ach so, fast hätt ich's vergessen, ich wollte ja berichten, warum der Max nicht mehr der Dietr ist: Ich hab mich umbenannt.

Endlich.

Dietr
erzählt, wie er Schweizer Schönheiten kennenlernt

Die Schweiz ist groß. Unendlich groß. So groß wie die größte Sache von der ganzen Welt mal tausend. Und schön. So schön wie die schönste Sache von der ganzen Welt mal tausend. Auch ich bin ein Stückchen Schweiz. Weil, ich bin Schweizer. Ich will, später im Leben, wenn ich erwachsen bin, die ganze Schönheit von der ganzen Schweiz kennenlernen. Alles.

Bis jetzt kenne ich erst die Schönheit von Mellikon, wo wir wohnen.

Wenn ich alle Schönheiten der riesigen Schweiz kennenlernen will, also dann muss ich mein ganzes Leben lang jeden Tag darin herumwandern. Ohne je zweimal denselben Weg zu machen. Und erst als alter, alter Mann, sogar noch älter als der Vatti oder das Muätti, erst wenn ich einmal so alt geworden bin wie der Grosvatti, also über sechzig Jahre alt, erst dann könnte ich vielleicht sagen: «So, jetzt kenne ich die ganze Schönheit der ganzen Schweiz!» Und könnte in Frieden sterben.

So wie mein Urgrosvatti. Der ist auch in Frieden gestorben. Obwohl er die ganze Schweiz noch gar nicht kannte. Noch lange nicht. Eigentlich kannte er nur seinen Bauernhof, den Hinteracher. Dort ist er eines Abends im Bett eingeschlafen, und als er am nächsten Morgen erwachte, merkte er, dass er tot ist.

Das Urgrosmuätti hat es auch gemerkt, aber erst später, als die Sonne schon oben war. Der Maa wollte und wollte einfach nicht runterkommen, obwohl sie ihn so viele Male gerufen hatte, zu seinem Milch-Kafi mit Brotbröcken, den sie für ihn zwäg gemacht hatte, das ist doch sein Lieblings-Zmorgen-Essen. Dann ist sie halt über die steile Holztreppe rauf zu ihm. Und dann hat sie es auch gemerkt.

Mein Urgrosvatti hat die Schweiz nicht kennengelernt, weil er auf seinem Hinteracher, statt auf das Schöne der Schweiz zu schauen, schauen musste, dass die Kühe und die Schweine und die Enten und der Hund und die Katzen es schön haben. Und drum hat auch seine Frau, das Urgrosmuätti, die Schweiz nicht kennengelernt, weil sie immer nur bei ihrem Mann sein wollte. So fest wollte sie immer bei ihm sein, dass sie nach dem Morgen, als er tot aufgewacht ist, noch ein Weilchen ohne ihn durchgehalten hat und dann, exakt am gleichen Morgen, nur einen Monat später, aufwachte und gleichfalls tot war. Jetzt sind die beiden wieder zusammen, im Himmel, beim lieben Gott. Ohne die ganzen Schönheiten der ganzen Schweiz je kennengelernt zu haben. Obwohl sie doch schließlich Schweizer gewesen sind! Dafür können sie jetzt die Schönheit vom Himmelreich kennenlernen, hat der Pfarrer gesagt, und haben auch genug Zeit dafür, weil sie dort oben keinen Hinteracher haben und ewiglich leben, in Ewigkeit, amen.

Ich will zuerst die ganzen Schönheiten der ganzen großen Schweiz kennenlernen und erst hinterher die Schönheit vom Himmelreich. Weil, umgekehrt funktioniert's glaub ich nicht.

Auch der Sohn vom Urgrosvatti, der Grosvatti, hat die Schweiz nicht kennengelernt. Er hat zwar keinen Hinteracher, kann aber trotzdem nicht herumwandern, weil: Er muss in die Fabrik. An manchen Sonntagen versucht er trotzdem, ein paar Schönheiten kennenzulernen, und wandert von Bubikon nach Rüti. Oder vom Fischental hinauf, auf den Bachtel. Aber weiter kommt er nie. Er ist einfach nicht schnell genug. Obwohl er einen Spazierstock hat, mit einem Metallspitz unten dran, und oben ist ein Drehverschluss und da drunter ein Metallröhrli und dadrin Kirsch. Er brauche halt Brennstoff, sagt er zum Grosmuätti, die es nicht so gern hat, wenn er den Spazierstock vor jeder Wanderung nachlädt, aus der Kirschflasche.

Der Sohn vom Grosvatti, mein Vatti, hat es da schon viel besser getroffen: Er hat nämlich, als Allererster in der ganzen Familie, einen Fauweh-Käfer! Einen schönen, perlweißen. Gut, das Tanti Lotti hatte schon vor dem Vatti einen Fauweh-Käfer, einen Taubengrauen, aber das Tanti Lotti ist eben eine aus der Familie vom Muätti, und die sind ein anderes Geschlecht, und darum zählt die nicht. «Ich bin von allen Mooren der Erste mit eigenem Auto», sagt der Vatti stolz. Stimmt ja auch, schließlich.

Mit diesem perlweißen Fauweh kann er viel schneller als zu Fuß die Schönheiten der Schweiz kennenlernen. Er muss auch nicht in eine Fabrik, sondern kann in ein Büro in der Winterthur-Lebensversicherung. Aber nicht immer. An manchen Tagen darf er mit dem Fauweh hinausfahren, zu den Handwerkern und den Bauern und den Einfamilienhausbesitzern. So lernt er die Schönheit von mehr Dörfern kennen als der Grosvatti und der Urgrosvatti zusammen.

Aber er darf eben nie weiter fahren. Nie über den Aargau hinaus, weil dort hört sein Gebiet dann auf.

Der Aargau liegt in der Mitte der Schweiz, aber am oberen Rand, an der Grenze zu den Schwaben. Der Aargau ist der schönste Kanton der Schweiz. Darum sind die anderen Kantone neidisch auf den Aargau und spotten über ihn. Zum Beispiel: Auf den Nummernschildern der Aargauer Autos steht neben dem schönen Kantonswappen geschrieben: AG. Die anderen Autofahrer behaupten, das heiße «Achtung Gefahr». Obwohl sie selber ganz genau wissen, dass AG die Abkürzung von Aargau ist. Aber wir rächen uns und sagen, dass das ZH von den Zürcher Autofahrern «Zuchthäusler» heiße. Mein Vatti sagt, die Zürcher fahren wirklich wie die Gängschter.

Die anderen Kantone behaupten auch, der Kanton Aargau habe nichts als Rüäbli und Stroh. Dabei ist das Strohdach vom Heimatmuseum Muhen weit über den Aargau hinaus berühmt. Und unsere Rüäbli-Torte wird sogar bis ins Ausland gern gegessen. Gut, der Aargau hat halt wirklich keine Berge, das stimmt schon. Aber dafür die schönen Hügel vom Jura, im Jura waren früher die Dinosaurier. Und wir haben den größten Eisenbahnknotenpunkt der Schweiz, in Olten, und die größte Kavalleriekaserne, in Aarau, und die größte Schuhfabrik, die Bally. Und die vielen Wasserkraftwerke an der Aare. Und die Habsburgerburg, wo die Habsburger herkommen, gegen die der Wilhelm Tell gekämpft hat, und das große Betonwerk und die Weyacher Kiesgrube mit dem berühmten Weyacher Kies und das Schloss Hallwyl und neben dran noch eine echte Pfahlbauersiedlung.

All diese Schönheiten vom Aargau und noch viele mehr hat der Vatti mit dem Fauweh auf den Besuchen bei den Kunden kennengelernt. Aber eben nur vom Aargau. Der ist zwar ziemlich riesig, aber die Schweiz ist eben noch riesiger, und da hat es noch viel mehr Schönheiten.

Ich kenne niemanden, der alle Schönheiten von der ganzen Schweiz kennt.

Die Schweizer Männer kennen mehr Schönheiten als die Schweizer Frauen, weil die Frauen dürfen nicht in den Militärdienst. Im Militärdienst kommt man nämlich ziemlich herum, in der Schweiz. Zum Beispiel haben wir hier bei uns in Mellikon immer wieder Soldaten. Die übernachten dann in unserer Schule, und wir haben frei. Die kommen oft zu uns, weil Mellikon am Rhein liegt. Aber, Achtung: Ab Mitte Rhein ist dann nämlich schon Deutschland! Wir sind also nur ein paar Meter neben dem Ausland, also schändlich nah dran, hä. Und dort haben die schon ihre eigenen Soldaten, so Deutsche, und darum müssen wir hier *auch* unsere eigenen Soldaten haben.

Die Unseren bauen dann vor dem Schulhaus ein Zelt auf, mit einer Küche drin, und dann riecht es gut im ganzen Dorf. Nach Fleischvögeln und nach Rüäbli-Suppe, und als Kind kann man da hingehen und fragen, ob sie vielleicht foorigi Militär-Schoggi haben oder Militär-Guätzli oder Panzer-Chäásli, und meistens bekommt man dann etwas und darf es mit nach Hause nehmen. Außer, die anderen Kinder waren schneller und es hat nur noch so wenig, dass die Soldaten es für sich selber brauchen.

«Leider, nichts für ungut.»

Diese Soldaten kommen von überall her zu uns, aus der ganzen Schweiz. Sie kommen mit riesigen Militärlastautos, ein paar sogar mit Panzern, damit sie die Schönheit von Mellikon kennenlernen und das Melliker Schulhaus, das ich zwar nicht sooo schön finde, aber trotzdem.

Die Soldaten müssen nämlich bei uns alles kennenlernen, klar, odr? Damit sie es verteidigen können, wenn dann im Ernstfall die Schwaben kommen.

Und dann sind dann die Deutschen schaurig im Nachteil, wenn sie kommen. Die haben im Fall keine Ahnung, wo bei uns welcher Weg wohin geht und wo der Zwissig-Bauer seinen Hof hat. Unsere Soldaten aber schon. Und wir Melliker auch. Und wenn wir auch nur die Wegweiser andersrum hinstellen, wissen wir trotzdem noch, wohin, aber die Deutschen verlaufen sich im Wald und sind verloren. Und wenn sie dann Hunger haben, wissen die nicht einmal, wem der obere und wem der untere Dorfladen gehört.

Das ist für uns ein Standortvorteil, sagt der Vatti. Logisch, weil zum Beispiel: Hörnli darf man nur im unteren Laden kaufen. Als wir hier noch neu waren in Mellikon und es noch nicht besser wussten und im oberen Laden Hörnli kauften, weil das Muätti Älplerhörnli mit Chääs und Apfelmus kochen wollte, da waren kleine Würmchen drin, im Hörnlipack. Die haben sich schön gewunden, als sie merkten, dass wir sie entdeckt haben! Das Muätti hat es richtig durcheinandergeschüttelt, so hat es sie gegruust, vor den Würmli. Da merkten wir: Hörnli nur im unteren Laden kaufen. Dafür muss man Caramel-Bouchées und Fünfer-Möcken im oberen Laden kaufen, weil: Im unteren hat's die gar nicht.

Das muss man wissen!

Und unsere Soldaten wissen das eben, wenn sie im Militär die Schönheit von Mellikon kennengelernt haben. Und die Schwaben nicht. Und wenn dann der Ernstfall da ist und sie über den Rhein kommen, um uns zu überfallen, fressen sie die Würmchen-Nudeln, und ihnen wird schlecht, und sie können nur noch kotzen, und vor lauter Kotzen können sie uns die Freiheit nicht rauben, und dann geben sie auf. Und die guten Hörnli vom unteren Laden können wir für uns alleine behalten.

Auch mein Vatti hat im Militär viele schweizerische Schönheiten kennengelernt, damit er sie verteidigen kann. Zuerst in der Rekrutenschule, RS, und dann im WK. Zum WK kann man auch Wiederholungs-Kurs sagen. Da geht der Vatti jedes Jahr wochenlang hin und übt alles immer wieder von vorne, damit er nicht vergisst, wie das geht mit dem Verteidigen. Der Vatti ist bei den Telefönlern, und darum kann er das Morse-Alphabet auswendig. Da muss er dann in schöne fremde Dörfer der Schweiz einrücken und üben, und dann fährt er zu wieder anderen Schönheiten, wo er lange Drähte von der Kabelrolle abrollt, damit er Soldatengeheimnisse morsen kann.

«In dieser Schule dahinten habe ich auch schon biwakiert», sagt der Vatti oft am Sonntag, wenn er nicht in die Winterthur muss oder mit dem Fauweh zu den Kunden, sondern ein Sonntagsfährtli mit uns macht. Oder: «Da drüben, der Bären, das ist noch eine währschaft gute Beiz, die kenn ich vom WK.» Oder: «Da in dem Tal da rechts, da haben wir in der RS von der Sennerin Ziegenmilch bekommen, die war dann schön fein, die Milch, du, mhmmmm …»

Das Muätti sitzt bei diesen Ausflügen jeweils auf dem Autositz neben dem Vatti. Das sei der Todessitz, sagt der Vatti, weil statistisch gesehen die meisten Toten auf diesem Sitz waren, bevor der Autounfall passierte. Auf dem sitzt also das Muätti und hat die Generalstabskarte auf dem Schoß, wo die ganze Schweiz daraufgezeichnet ist, sogar die Telefonmasten und die Dorfbrunnen. Und sie sagt dem Vatti, ob rechts oder links oder geradeaus. Manchmal streiten sie, weil das Muätti es zu spät sagt oder falsch oder der Vatti es nicht gehört hat oder links abgebogen ist, obwohl sie rechts gesagt hat. Oder sagen wollte. Oder weil das nächste Dorf, huäregopfertami, auf der Tafel am Straßenrand anders angeschrieben ist als auf der Karte. Dann kehrt der Vatti mit dem Fauweh um, und das Muätti gibt ihm einen Schluck Milch-Kafi aus der Thermoskanne mit der pfefferminzgrünen Plastikhülse, zur Beruhigung.

Ich will alle Schönheiten der Schweiz unbedingt kennenlernen. Und darum mach ich die Ausflüge mit dem Fauweh mit. Was ich aber nicht verstehe, ist, warum der Vatti unbedingt will, dass wir genau ausgerechnet gerade *die* Schönheit von *dem* Dorf kennenlernen müssen, das er sich vorher ausgewählt hat auf der Generalstabskarte. Wo wir doch auf dem Weg zu seinem ausgewählten Dorf geschlagene Stunden lang durch Dörfer fahren, von denen wir genauso gut ihre Schönheit kennenlernen könnten, aber eben leider nicht kennenlernen, weil wir nur durchfahren. Beim Durchfahren wird das nichts, mit dem Kennenlernen. Auf der Rückbank vom Fauweh sehen wir Kinder nur die Hausdächer und die Straßenlampen an den Seitenfensterchen vorbeiflitzen, und wenn man in der Mitte auf der Rückbank sitzt, nicht einmal das richtig. Das bin meistens ich! Meistens werde gerade ausgerechnet ich vom Vatti oder vom Muätti oder vom Vreni oder vom Matti gezwungen, in der Mitte zu sitzen, weil ich auch vom Alter her der Mittlere sei, sagen sie.

Ja, gut, dafür sieht man in der Mitte besser nach vorn. Zwischen dem Kopf vom Vatti und dem Kopf vom Muätti hindurch kann man gut sehen, was da vorne auf einen zukommt. Aber kaum sehe ich etwas Schönes, was ich kennenlernen will, wusch, ist es schon nicht mehr vorne, sondern seitlich, und wenn ich den Kopf verdrehe und es seitlich anschauen will, sehe ich nur den Kopf vom Vreni oder vom Matti, und die kenne ich beide schon. Außerdem kommt es mir nicht unbedingt vor, dass die schön sind.

Vom vielen Gucken und Wusch und Neugucken und wieder Wusch wird mir immer schlecht, hinten im Fauweh. Aber Augen zumachen, damit ich nicht mehr gucken muss, hilft auch nichts, weil ich dann, mit Augen zu, den Geruch stärker rieche vom perlweißen Plastikhimmel vom Fauweh, und davon wird mir noch schlechter.

Und wenn ich sage, «mir ist schlecht», wird die Stimmung im Fauweh auch schlecht, und der Vatti sagt, wir sind bald da, und dann sagt das Muätti, das glaube sie nicht, und schaut in die Karte, und dann sagt der Vatti, Kartenlesen sei keine Glaubensfrage, sondern eine Könnensfrage, und dann sagt das Muätti, er solle doch die Schiiss-Karte selber lesen, und dann sagt der Vatti, das könne er nicht, weil er ja fahren müsse, und dann sagt das Muätti, das habe er jetzt davon, dass sie keinen Fahrausweis habe, und dann sagt der Vatti, wenn sie Karte lesen könnte, brauche sie keinen Fahrausweis, dann könne er uns überall hinfahren, und dann sagt das Muätti, wenn sie den Fahrausweis hätte, dann könne sie uns auch überall hinfahren, weil ja dann *er* auf dem Todessitz die Karte lesen würde, was er ja angeblich so gut könne, und dann sagt der Vatti, nicht angeblich, sondern echt, und wenn sie so Auto fahren würde, wie sie Karte lese, dann würde sie ja nie wohin kommen, außer in den Straßengraben, vielleicht *beim Eid*, noch mit Toten, und das könne er nicht verantworten, so eine Katastrophe, und dann sagt das Muätti, das reiche ihr jetzt, er könne ihr in die Schuhe blasen, und wirft dem Vatti die Karte an den Kopf, und dann sieht er nicht mehr die echte Straße, sondern nur die gezeichnete von der Karte, und dann macht der Vatti eine Vollbremsung, und die hinter uns hupen, und der Vatti reißt sich die Karte vom Gesicht, und davon geht sie kaputt, und dem Vatti ist es peinlich, dass sie hinter uns gehupt haben, wegen ihm, und jetzt sicher denken «Achtung Gefahr, typisch Aargau», und er fragt das Muätti, ob sie spinne oder was, doch das Muätti sagt nichts, sondern reibt sich die Stirne, die an die Windschutzscheibe gekracht ist bei der Vollbremsung, und ich denke, warum die Scheibe nicht nachgegeben hat, wo doch der Vatti ganz stolz ist auf die Windschutzscheibe, weil aus Sicherheitsglas. Aber sicher ist die eben doch nicht, weil das Muätti jetzt laut «auaaaaa» ruft und der Vatti noch lauter «huäregopfertami», und der Matti sagt leise «mir ist auch schlecht».

Der Vatti lässt mit der Drehkurbel die Scheibe hinab und fährt an den Straßenrand, das Muätti steigt aus, klappt ihren Sitz nach vorn, und dann steigen wir Kinder aus, und der Matti hat nasse Hosen, und es riecht nach Abgas und Wiese, und der Vatti bleibt sitzen.

Der Matti ist nass, dem Dietr ist schlecht, und ich hab Kopfweh, sagt das Muätti, mir ist auch schlecht, sagt das Vreni, der Matti tut, als wäre ihm nicht mehr schlecht.

Also, ich fahre nicht mehr weiter, sagt das Muätti, wir picknicken gleich hier, da, schau, auf der Wiese dahinten. Der Vatti sagt zu mir, mach die Tür zu, und ich gebe der Fauwehtür einen starken Schubs, dass sie ins Schloss scheppert. Nicht so grob, die geht doch kaputt, du Lööli, ruft der Vatti, aber ich höre ihn nur schwach, hinter der Fauwehtür. Dafür höre ich sehr laut, wie er den Motor aufheulen lässt, und jetzt fährt er davon.

Ich erschrecke, weil wir ohne den Fauweh und ohne Generalstabskarte nie mehr nach Hause kommen. Dann fällt mir ein, dass die Generalstabskarte sowieso kaputt ist, und sowieso kann das Muätti sie ja nicht lesen, und wir biegen falsch ab und kommen trotz Karte nie nach Hause. Sondern in fremde Dörfer.

Die wir aber dann immerhin kennenlernen können.

Dann sehe ich, der Vatti fährt gar nicht davon, sondern biegt da vorne in den Feldweg ein, macht darauf eine Staubwolke und hält in der Wiese. Er steigt aus, öffnet vorne den Kofferraumdeckel und holt das Picknick aus der Fauwehschnauze.

Beim Picknick sind der Vatti und das Muätti wieder lieb und sagen nicht, wie sonst immer, Moni und Geeri zueinander, sondern «Spatz», wie früher, bevor ich auf die Welt gekommen bin.

Der Matti ist untenherum blutt, seine Hose trocknet an einem Apfelbaumast in der Sonne, das Vreni sucht Blumen für einen Blumenkranz, und mir ist nach einem Riegeli Ovo-Sport schon ein wenig weniger schlecht.

Ich bin froh, dass ich da nie mehr herkommen muss, zu diesem Stück Schweiz, weil diese Schönheit kenne ich ja jetzt.

Später hat der Vatti dann auch das Gefühl bekommen, mehr als zwei Stunden hinausfahren sei eigentlich zu weit. Also sind wir nie mehr mehr als zwei Stunden hinausgefahren. Dafür sind wir den Rest vom Sonntag gewandert. Der Vatti hat uns extra Wanderschuhe gekauft und Rucksäcke mit kariertem Muster. Rot für Vreni, grün für Matti, und ich bekam den blauen.

Die Vorfreude auf das Wandern war bei allen groß, und schon nach anderthalb Stunden im Fauweh durften wir aussteigen und loswandern.

Beim Wandern lernt man die Schönheiten der Schweiz viel besser kennen als im Fauweh. Man merkt, wenn es bergauf geht. Dann tun die Oberschenkel weh. Und man merkt, wenn es bergab geht. Dann tun die Knie weh. In der Schweiz geht es fast immer bergauf oder bergab. Und wenn es doch einmal flach ist, tut an den Beinen nichts weh, aber dafür merkt man dann viel besser die Füße, die in den neuen Wanderschuhen weh tun. Und den Rücken, der weh tut, weil sich der Rucksack immer daran wetzt. Und die Schultern, weil der Rucksack sie immer nach hinten zieht. Und das Kreuz, weil man nach vorn gebeugt geht, damit der Rucksack weniger nach hinten zieht und sich am Rücken wetzt.

Am Abend hat man dann die Schönheiten der Schweiz wieder nicht richtig kennengelernt, weil zu viel Weh. Aber immerhin: In den Wanderpausen lernt man den Stein kennen, auf dem man sitzt, und die roten Ameisen, die auch daraufsitzen. Und man sieht auch die Aussicht, von der der Vatti und das Muätti immer wieder abwechselnd sagen, wie schön sie ist. Ich finde das nicht, weil: Die Aussicht ist immer viel zu weit weg zum Kennenlernen. Und darum nicht schön, sondern gefährlich, weil ich Angst haben muss, die Eltern könnten beschließen, dass wir zu der schönen Aussicht hinwandern müssen, statt zur Postautostation oder zur Alpenvereinwirtschaft, wo der Fauweh auf uns wartet und das Gehen zu Ende geht.

Eines Tages verkündet der Vatti, wir müssten die Schönheit «vo de Heimet» kennenlernen und darum über den Gotthard wandern. Ich weiß zwar nicht, wo dieses «Vodeheimet» genau liegt, aber ich habe nichts dagegen, auch seine Schönheit kennenzulernen. Und den Gotthard kenne ich schon ein wenig von der Schule her, da haben wir den Bau vom Gotthard-Eisenbahntunnel kennengelernt, er ist der längste Eisenbahntunnel von der ganzen Welt. Aber die Arbeiter wollten nicht mehr weitermachen, und die Zürcher schickten Soldaten, die dann auf die Arbeiter schossen, die cheiben Zuchthäusler, es gab Tote, und alle sind erschrocken, und dann wurde der

Tunnel doch noch fertig durchgestochen. Eigentlich heißt der Gotthard «Sankt Gotthard». Sankt heißt heilig. «Heiliger, Gott, hart». Darum sagen wir Schweizer Gotthart, mit hartem «t» ohne heilig.

Viele Berge haben ein «Sankt» vor dem Namen. Zum Beispiel auch der Sankt Bernhardino. Weil die Menschen früher dachten, die Berge seien Götter. Aber die alten Römer haben uns dann erklärt, dass es einen noch höheren Gott gibt als die Berge. Eben: Gott. Seither lassen wir das «Sankt» bei den Bergen weg und sagen nur noch bei der Stadt Gallen «Sankt Gallen». Obwohl Gallen ja auch keine Götter sind, sondern Organe. Logisch ist das nicht, aber so machen wir es.

Bei den Bergen, wie gesagt, sagen wir seit den Römern nur noch «Gotthart» oder «Bernhardino». Auf dem Bernhardino hat es Bernhardiner. Die scharren die Leute aus den Lawinen und haben auch Schnaps dabei, im kleinen Fässli am Halsband. Wenn die Ausgescharrten davon trinken, wird ihnen wieder warm, und sie überleben. Dann sind sie den Bernhardinern zu ewigem Dank verpflichtet, und drum sind die Bernhardiner auch so beliebt auf der ganzen Welt. Sie sind eine sehr schöne Schweizer Schönheit. Ich kenne leider noch keinen einzigen Bernhardiner, und darum wäre ich lieber über den Bernhardino gewandert, aber der Vatti hat auf der Generalstabskarte gelesen, der Bernhardino sei zu hoch für uns, darum der Gotthart. Der Bernhardino dann vielleicht ein anderes Mal.

Der Vatti sagt, wir würden einige Tage unterwegs sein. Mit dem Fauweh nach Züri Hauptbahnhof, dann mit der SBB nach Hoschpental, dann zu Fuß bis Airolo und von dort per SBB retour zum Fauweh und mit dem wieder nach Hause.

Alle diese vielen Schönheiten würde ich kennenlernen, ich

finde das maximal gut. Die Schönheit vom Gotthart kenne ich auch schon ein bisschen von den Diabildern vom Lehrer Diriwächter und vom Drüberfahren. Den Gotthart haben wir nämlich schon einmal mit dem Fauweh gemacht, auf dem Weg ins Tessin. Das ist ein sehr weiter Weg, wir sind erst am Abend ins Tessin gekommen, obwohl wir schnell gefahren sind, einmal rasten wir volle hundertzwanzig, aber nur bis das Muätti sagte, sie halte das nicht aus.

Am Gotthart selber waren wir dann sogar schneller als die Schwaben. Die sind nämlich am Straßenrand gestanden und haben statt zur Schönheit vom Gotthart nur auf ihre dicken Märzedesse und Opel Admirals geschaut und traurig zugesehen, wie es denen aus dem Motor raucht. Unser Fauweh rauchte kein bisschen, weil luftgekühlt, und der Vatti freute sich und fräste im zweiten Gang an denen vorbei und sagte, er käme sich vor wie der Jochen Rindt. Das ist ein Autorennfahrer. Der Vatti wollte das auch sein. Das Muätti hielt sich am Griff über dem Handschuhfach fest und sagte nichts, aber wenn sie einen Fahrausweis gehabt hätte, ich glaube, sie wäre lieber selber gefahren.

Ich war stolz auf den Fauweh und meinen Jochen-Rindt-Vatti, weil wir alle Ausländer und alle Zürcher mit ihren dicken Schlitten überholten, und ich hörte gerne zu, wie uns der Vatti die Schönheit der Tremula erklärte, so heißt die Straße über den Gotthart. Sie sei eine Meisterleistung der schweizerischen Ingenieurskunst im Straßenbau, weil sie die vielen engen Kurven habe, die heißen Serpentinen, und nirgends gäbe es eine Straße mit so vielen Serpentinen wie hier am Gotthart, und jeder Schweizer müsse wenigstens einmal im Leben die Tremula gemacht haben, am besten luftgekühlt. Die Serpentinen müsse man immer im Außenradius anfahren, dann in der Kurvenmitte den Innenradius anpeilen und wieder im Außenradius ausfahren, sagte der Vatti, so erweitere man den Durchschnittsradius der Kurve und habe keine Schleudergefahr. Ich verstand das nicht so richtig, aber ich merkte, dass der Vatti nicht, wie sonst immer, nur am rechten Straßenrand fuhr, sondern oft zum linken herüberzog. Wo der Gegenverkehr war. Das Muätti sagte, er solle damit aufhören, und der Vatti sagte, das sei die sicherste Kurventechnik, das habe der Jochen Rindt im Radio erklärt. Das Muätti sagte, der Fauweh sei aber kein Rennauto und Jochen Rindt würde seine Rennen machen ohne Familie im Rennauto. Der Vatti wollte dann darauf noch etwas sagen, aber dann bemerkte er das große Postauto, das uns entgegenkam. Und auch die Jochen-Rindt-Technik anwendete. Unser Fauweh und das Postauto waren beide korrekt auf der Innenseite der Kurve, aber da war zu wenig Platz für beide. Blitzschnell drehte der Vatti das Lenkrad nach links, sodass der Fauweh zur Außenseite der Kurve raste, Richtung Abgrund. Dadurch fuhren wir nicht in das Postauto hinein, das dankbar ein fröhliches «Tatütata» hupte, dafür fast in die Aussicht.

Leider kam hinter dem Postauto ein Zürcher, der die Jochen-Rindt-Technik *nicht* kannte und darum auf der Außenseite der Kurve fuhr, aber die war schon von unserem Fauweh besetzt. Schnell riss der Vatti das Lenkrad wieder nach rechts, und der Fauweh schleuderte knapp am Zürcher vorbei wieder zur Innenseite der Kurve, wo das Postauto nicht mehr war, dafür die Felswand. Das Muätti bekam Angst vor der Felswand und warf sich nach links auf den Vatti, was aber nicht nötig gewesen wäre, wir streiften den Fels nur leicht mit dem Kotflügel, aber es reichte, dass der Fauweh wieder gerade auf die Fahrbahn geworfen wurde.

Der Vatti und das Muätti waren jetzt weiß im Gesicht und sagten nichts zueinander. Der Vatti nahm die nächsten Serpentinen dann so, wie man es eben *nicht* macht, er blieb immer am rechten Straßenrand, ohne den Durchschnittsradius zu erweitern.

Bei einer blauen Tafel, mit einem weißen Feldstecher darauf, fuhr der Vatti auf den Parkplatz. Solche Tafeln stehen immer an den Aussichtspunkten, wo die Schönheit der Schweiz besonders ist. Da standen auch ein paar Bonzenautos mit deutschen Nummernschildern, und die Deutschen guckten, wie es ihnen die Tafel befahl, mit ihren Feldstechern die schöne Aussicht an.

Wir stiegen aus, obwohl wir keinen Feldstecher dabeihatten. Der Vatti war immer noch bleich, aber schon nicht mehr so bleich wie das Muätti. Obwohl ich froh war, dass wir eine Pause machten, weil mir nämlich schon wieder ein wenig kötzelig war, ärgerte es mich, dass jetzt all die Zürcher und Ausländer, die wir vorher überholt hatten, einfach an uns vorbeirauschen konnten und wir jetzt wieder von vorne anfangen mussten mit dem Überholen.

«Diese Luft», sagte mein Vatti, «riecht ihr diese Bergluft!» Er musste es laut sagen, weil der Gotthart-Verkehr so einen Krach machte. «Und die schöne Aussicht, seht ihr diese Aussicht!» Aber er schaute die Aussicht gar nicht an, sondern den Märzedes neben uns. Dann sagte er: «Mit so einem Bonzenschlitten da wären wir jetzt alle tot. Habt ihr gesehen, was für eine Granatenbodenhaftung unser Fauweh hat, hä? Mit dem da ...», er hackte mit dem Zeigefinger Richtung Märzedes, «mit dem da wären wir garantiert in den Abgrund gestürzt. Oder wir hätten uns überschlagen, und das Postauto hätte uns erdrückt. Oder wir wären in die Felswand gedonnert, stellt euch das vor, mit dem Motor voran in den Fels, der wäre glatt explodiert, der Motor, und wir wären verbrannt, weisch wiä. Beim Fauweh kann das eben nicht passieren, odr! Weil wir den Motor hinten haben. Da habt ihr ein schönes Glück, dass ich einen praktischen und vernünftigen Fauweh gekauft habe und nicht so einen blöden Blöffer-Märzedes.»

Ich beschloss, wenn ich groß bin und den Gotthart mache, dann mach ich den ganz sicher nicht im Märzedes. Außer, er hat den Motor hinten.

Als wir mit dem verbeulten Kotflügel weiterfuhren, sagte der Vatti, ein Drittel der Serpentinen hätten wir schon. Er fuhr weiterhin falsch, nämlich rechts, und auch viel langsamer. Hinter einem Wohnwagen her.

Hinterher!

Ohne zu überholen. Ich hatte das Gefühl, dass es dem Vatti schon ein wenig leidtat um die schönen Serpentinen, aber er wusste halt nicht, wie viele Postautofahrer es am Gotthart noch gibt, die die Radiosendung mit dem Jochen Rindt auch gehört haben.

Schlecht ist mir trotzdem geworden, und wir lernten noch die Schönheiten von vier weiteren Aussichtspunkten kennen, an denen wir anhielten zum Kotzen.

Also, vor der Gotthart-Wanderung kannte ich die Schönheit vom Gotthart schon vom Drüberfahren her, mit dem Fauweh.

Und von einmal mit dem Zug, also unserer SBB, unten durchfahren, bei der Schulreise mit dem Lehrer Diriwächter. Dabei lernte ich auch die Schönheit vom Kirchlein von Wassen kennen, wegen den Kehrtunnels, die auch eine weltberühmte Schweizer Ingenieursleistung sind. Nur eben im Kehrtunnelbau. Wegen denen sieht man das Kirchlein von Wassen zuerst von unten durch das Zugfenster und dann noch einmal von der Seite durch das gegenüberliegende Zugfenster und dann wieder durch das erste Zugfenster von oben. Da meint man, es gäbe drei Kirchlein von Wassen, aber es ist immer wieder nur dasselbe.

Auch mit der SBB kann man bis zum Abend fahren, und die Schweiz ist immer noch nicht zu Ende, obwohl die SBB auch tifig vorwärz kommt. Es gibt so weit abgelegene Gegenden in der Schweiz, dass die Leute dort gar kein Schweizerdeutsch mehr verstehen und das ganze Leben lang nur italienisch sprechen müssen oder rätoromanisch oder französisch. Am abgelegensten von allen ist das Tessin. Das liegt sogar noch hinter dem Gotthart. Dort reden sie italienisch. Ich bin mal gespannt, wie das wird, wenn wir dann über den Gotthart wandern. Da sagen dann immer mehr Leute um uns herum «bontschorno» statt «grüätzi» oder «ariwerdertschi» statt «uf widerluäge». Bis wir am Ende noch die Einzigen sind, die normal reden. Das wird maximal interessant!

Mir gefällt dem Vatti sein Plan sowieso immer besser, auch, weil ich in der Schule nicht schlecht Punkte gemacht habe, als ich ihnen sagte, dass ich zu Fuß über den Gotthart wandere. Und der Lehrer Diriwächter erzählte uns, dass früher auch schon einmal einer über den Gotthart gewandert sei. Der hieß Haniball und hat Elefanten dabeigehabt. «Und du wandelst jetzt also auf den Spuren Haniballs», sagte der Diriwächter, und ich sagte «jawoll», und alle staunten mich an. Sogar das Lilian aus der Achten, die immer so gut riecht.

Als der Vatti, das Muätti, der Matti, das Vreni und ich dann schließlich in Hoschpental, das mir gar nicht so besonders schön vorkommt, loslegen mit der Wanderei, merke ich schnell, dass das keine schlechte Idee war von dem Haniball, Elefanten mitzunehmen. Es geht nämlich die ganze Zeit nur bergauf hier, und der Rucksack wird immer schwerer. Meine Oberschenkel fangen schon wieder an mit dem Wehtun. Und ich kann nicht hinaufschauen, zur Schönheit der Schweizer Bergwelt, sondern immer nur runter, auf die Wanderschuhe, wegen dem vielen Geröll, das da überall im Weg herumliegt. Ich will einen Elefanten, auf dem ich reiten kann, und die Schönheit der Aussicht kennenlernen, weil ich nicht auf die Elefantenfüße schauen muss, weil der Elefant schaut ja selber schon auf seine Füße. Und hoch oben auf dem Elefanten wäre die Aussicht *sehr* schön, aber trotzdem nah genug zum Kennenlernen. Und ich hätte rundherum freie Sicht, ohne Fauwehfenster und Matti- und Vreni-Köpfe. Und ohne Wusch, sondern schön langsam. Den Rucksack könnte ich ebenfalls auf den Elefanten tun, der würde das Gewicht gar nicht spüren mit seinem starken Rücken, und er würde bergauf wandern auf seinen dicken Beinen, ohne dass ihm etwas weh tun würde. Und mir würde auch nichts weh tun.

Aber ich habe keinen Elefanten, nur dünne Oberschenkel.

Als ich zum Vatti sage, ich habe eine gute Idee, wir sollen umkehren und zurück nach Hoschpental wandern und dort ein paar Elefanten holen, weil wir dann viel leichter die schöne Aussicht kennenlernen, behauptet er, das sei ohne jede Aussicht, die hätten keine Elefanten in Hoschpental und fertig. Ich glaube nach wie vor, dass das mit den Elefanten sogar sehr viel Aussicht gehabt hätte. Ich sage es aber nicht, weil ich weiß, warum der Vatti keine Elefanten will. Nämlich, weil er die Idee nicht selber hatte, darum.

Ich frage mich, wie der Haniball das wohl fertiggebracht hat, dass er damals schon Elefanten hatte. Und ich hab bis heute noch keinen einzigen.

Also wandere ich halt eben ohne Elefant und sehe keine Schönheit, sondern schaue auf die Wanderschuhe, wie sie abwechselnd unter mir hervorkommen, einer auf den Pfad trampt und wieder unter mir verschwindet, während der andere Wanderschuh unter mir hervorkommt, auf den Pfad trampt und wieder unter mir verschwindet, während wieder der erste unter mir hervorkommt und unter mir verschwindet.

Ich bleibe stehen, damit ich nach oben schauen kann, dorthin, wo wir hinmüssen, aber ich sehe den Gotthart nicht. Der Vatti sagt, das ginge ja gar nicht, der Gotthart sei noch viel zu weit weg, dass man ihn schon hier sehen könne. Aber ich sehe auch keine einzige andere Bergschönheit, sondern nur, wie der Pfad über der nächsten Kuppe im Dunkelgrau verschwindet.

Aus dem Dunkelgrau beginnt es zu regnen. Der Vatti sagt, dass es gleich wieder aufhöre, dahinten werde es ja schon wieder hell, das Wetter wechsle eben rasch in den Bergen. Aber es wechselt nicht, sondern wird immer nasser, und das Helle dahinten ist jetzt auch dunkelgrau. Wir ziehen unsere Regenpelerinen aus den Rucksäcken und uns an. Jetzt bleiben wir schön trocken, obwohl es regnet, sagt der Vatti.

Ich werde trotzdem nass. Das Regenwasser rinnt mir überall unter die Pelerine, bei den Händen hinein bis zu den Ellenbogen, auf meinen Haaren landen Millionen von Tropfen, rinnen von dort in die Augen, unter die Nase und dann vom Hals bis zum Bauch und auch von den Haaren hinten herunter ins Genick, dann bis zum Rücken, unter dem Rucksack durch, bis in die Hosen, an den Beinen entlang, runter bis in die Wanderschuhe. Ich verkünde, dass ich auch mit Pelerine nass werde, weil sie nicht funktioniert. Das Muätti zerrt am Hinterteil von meiner Regenpelerine herum, dann rupft sie dort eine Kapuze heraus und mir über den Kopf. «Damit er nicht nass wird», sagt sie, obwohl sie sieht, dass er schon maximal nass ist.

Unter der Regenpelerinenkapuze ist die Sicht noch viel schlechter als auf dem mittleren Platz auf der Rückbank vom Fauweh. Sobald ich ein wenig zur Seite oder nach oben schauen will, rutscht mir die Regenpelerinenkapuze vor die Augen, weil sie die Kopfbewegung nicht mitmacht. Und alle Geräusche hören sich unter der Regenpelerinenkapuze an wie ein Radio unter Wasser mit schlecht eingestelltem Sender. Die Schritte der Wanderschuhe tönen wie ein Huhn auf einer leeren Schuhschachtel, der Regen hingegen ist viel zu laut, jeder Tropfen wie ein Knall von meiner Chäpsli-Tättscher-Kauboi-Pistole. Jetzt kann ich die Schönheit der Bergwelt nicht nur nicht richtig sehen, sondern auch noch nicht richtig hören, ich bin total von ihr abgeschnitten unter der Regenpelerinenkapuze, obwohl ich doch mitten in ihr herumwandere. Das würde ich ja sogar noch ein Weilchen aushalten, aber was mich wahnsinnig macht, ist, dass die Regenpelerinenkapuze bei jeder Bewegung an meinen Ohren reibt und darum in den Ohren ein Höllenlärm ausbricht. Ich sage dem Vatti, dass die Regenpelerinenkapuze, wenn ich mich bewege, einen Höllenlärm macht, er sagt nur, dann solle ich mich halt eben nicht bewegen.

Ich versuche es, finde aber nicht heraus, wie ich, ohne mich zu bewegen, wandern kann.

Ich bleibe stehen, damit der Krach aufhört. Der Vatti, das Muätti, das Vreni und der Matti wandern weiter. Sie können ja unter ihren Regenpelerinenkapuzen nicht zu mir zurückschauen, um zu sehen, ob ich noch da bin. Und hören können sie es auch nicht, dass ich nicht mehr da bin, unter ihren Regenpelerinenkapuzen. Obwohl, zugegeben, man kann etwas, das nicht mehr da ist, auch ohne Regenpelerinenkapuze nicht hören. Vielleicht denken sie, sie hören mich nicht, weil ich mich mit der Regenpelerinenkapuze abgefunden habe, also dass ich noch da bin, aber unhörbar, weil still. Aber da sollten sie mich eigentlich besser kennen.

Es dauert ziemlich, bis sie merken, dass sie schon lange ohne mich wandern. Sie sind so weit weg, dass ich vom Matti und vom Vreni nur noch die gelben Spitzen ihrer Regenpelerinenkapuzen leuchten sehe. Das Muätti kehrt um und klettert zu mir herunter. Ihre Stimme tönt nach Unterwasserradio, als sie mit mir schimpft und sagt, was mir denn einfalle, einfach stehen zu bleiben? Ich schimpfe auf die Regenpelerinenkapuze und gebe ihr die Schuld, weil sie mich zum Stehenbleiben zwingt. Ich reiße sie mir vom Kopf runter, nach hinten ins Genick. Das Muätti rupft mir die Regenpelerinenkapuze wieder über den Kopf und sagt, ich solle nicht so blöd tun. Ich reiße sie mir wieder ins Genick und schreie, ich tu nicht blöd, die blöde Regenpelerinenkapuze tut blöd mit ihrem saublöden Saulärm. Das Muätti rupft mir die Regenpelerinenkapuze schon wieder über den Kopf und schreit, sie habe keine Lust, ein krankes Kind über den Gotthart zu schleppen! Ich reiße mir die Regenpelerinenkapuze wieder nach hinten und schreie, ich bin nicht krank! Das Muätti schreit, ohne mir die Regenpelerinenkapuze über den Kopf zu rupfen, dass ich aber krank *werde*, mit dem nassen Kopf, und ich brülle, das der Kopf doch schon längst maximal nass *ist*, und schüttle ihn zum Beweis so fest, dass die Wassertropfen von den Haaren stieben und es um mich herum noch stärker regnet. Da kommt dem Muätti ein Geräusch aus dem Hals, das komisch klingt, obwohl ich ja die Regenpelerinenkapuze gerade nicht über den Ohren habe: Das Muätti macht wie die Katze von der Frau Krummenacher, wenn sie eine Maus hat, und dreht die Augen nach oben, bis ich das Weiße sehe. Dann sagt sie «mach doch, was du willst» und wandert davon, wieder zu den anderen. Ich gehorche und mache, was ich will. Ich lasse die Regenpelerinenkapuze im Genick, und jetzt muss ich auch nicht mehr stehen bleiben, sondern kann meiner Familie hinterherwandern, ohne Regenpelerinenkapuzenkrach.

Zum Mittagessen finden wir keinen trockenen Platz. Dafür eine Stelle, wo man auf Steinen sitzen kann. Die Steine sind aus Granit, und ich lerne ihre Schönheit kennen, wie sie da im Regen vor sich hin glänzen, grünlich und bläulich und rosarot. Aber wie ich mich auf den Schönsten von ihnen setze, merke ich, dass die Regenpelerine sich hinten kurz macht, und ich spüre, wie meine letzte trockene Stelle, der Hosenboden, sich mit Granitwasser vollsaugt.

Die Servilat-Würste, die wir grillieren wollten, packen wir gar nicht aus, weil hier hat es weit und breit kein trockenes Holz für ein Feuer. Darum gibt es nur Studentenfutter, dazu, aus der pfefferminzgrünen Thermoskanne, Lindenblütentee mit Traubenzucker. «Zum Krafttanken», sagt das Muätti. Aber mein Tank ist so leer, dass die Kraft vom Traubenzucker gar nicht bis zu ihm durchkommt. Sie wird bereits im Mund ganz verbraucht, vom Studentenfutterkauen und -runterwürgen.

Jetzt würde höchstens der Brennstoff-Spazierstock vom Grosvatti noch etwas nützen, aber vielleicht auch nicht einmal mehr der.

Dann wandern wir weiter, mitsamt den Servilat im Rucksack, drum ist der noch genauso schwer wie vor dem Mittagessen.

Als es langsam dunkel wird, sagt der Vatti, jetzt ist es nicht mehr weit bis zur Hütte. Ich weiß nicht, woher er das weiß. In der Generalstabswanderkarte jedenfalls hat er es nicht nachgelesen, er hat sie nämlich im Rucksack gelassen, damit sie nicht nass wird. Ich frage ihn, woher er das weiß, ob er denn die Wanderung schon einmal vorher gemacht hat, wie der Diriwächter, der die Schulreisen auch immer schon vorher macht, ohne uns, damit er, wenn wir dann mit dabei sind, weiß, wann die Hütte kommt. Aber der Vatti antwortet nicht, und ich frage ihn, ob er vielleicht die Frage nicht gehört hat, und das Muätti sagt, ich soll jetzt endlich aufhören.

Gut, aber: womit?

Es ist dann tatsächlich alles andere als nicht mehr weit zu der Hütte, aber zum Glück wird es am Gotthart, wenn es regnet, früher dunkel als sonst, drum dauert es länger, bis die richtige Nacht kommt, und der Vatti muss seine Militärtaschenlampe nur eine halbe Stunde lang einschalten, damit er den Weg findet, und dann ... ja, dann sind wir wirklich und endlich bei der Hütte.

Drinnen gibt es eine Petroleumlampe, ein Schminee, Feuerholz und Zeitungen, zum Holzanzünden. Ich helfe dem Vatti beim Feuermachen, das Muätti packt die Servilat aus und eine Büchse Ravioli, und bald haben wir ein warmes Znacht-Essen. Wir stopfen die Wanderschuhe mit Zeitungspapier aus, damit sie morgen wieder trocken sind. Der Vatti sagt, an der Alpennordseite vom Gotthart würde es eben häufig regnen, das sei ganz normal hier, die hätten in Hoschpental so viel Regen, dass den Kühen auf dem Rücken Moos wachse. Ich kontrolliere mit den Fingern, ob mir auf dem Kopf Moos wächst, spüre aber nichts.

Wir legen uns, alle nebeneinander, auf die dünnen Matratzen im Dachbödeli der Hütte und bleiben einfach in unseren schon fast trockenen Kleidern. Mir gefällt das, daheim muss ich nämlich immer ein Pischamaa anziehen zum Schlafen. Ich habe noch nie begriffen, wozu diese Umzieherei nötig sein soll, nur weil man schlafen will. Jetzt habe ich den Beweis: Die Umzieherei ist eben *nicht* nötig.

Ich kann aber nicht schlafen. Nicht, weil ich Kleider anhabe, sondern weil der Vatti maximal laut schnarcht. Ich stelle mir vor, der Vatti wäre ein Elefant und ich der Haniball. Beim Nicht-schlafen-Können habe ich schön Zeit, die Schönheit der Bergwelt in der Nacht kennenzulernen. In den Pausen zwischen dem Röhren vom Vatti-Elefant höre ich den Regen. Er tönt viel schöner, wenn man unter einem Hüttendach liegt statt unter einer Regenpelerinenkapuze wandert.

Am Morgen gibt es Äpfel, die nach Rucksack schmecken, dazu Sport-Ovo-Riegeli, Knäckebrot, Lindenblütentee für die Kinder, Nescafé für die Eltern und Traubenzucker. Und für jeden ein gekochtes Ei, da streuen wir Aromat drüber. Mit Aromat schmeckt sogar das Weiße vom Ei noch ganz gut. Eiweiß ist wichtig, sagt das Muätti, das gibt Kraft. Ich bin trotzdem müde, weil ich nämlich die ganze Nacht nicht geschlafen habe, höchstens ein bisschen, dabei träumte ich, dass ich lauter laute Elefanten über den Gotthart bringen muss.

Nach dem Essen sagt der Vatti, so, jetzt geht jeder noch auf das Wehzeh, bevor wir weiterwandern. Das Wehzeh ist nicht in der Hütte, sondern in einem eigenen Bretterhäuschen. Es sieht aus wie die Bretterhäuschen vor der Kavalleriekaserne Aarau. Dadrin stehen dann, wenn es regnet, die Soldaten und bewachen das Hüttchen. Wenn es nicht regnet, stehen sie davor. Das Wehzeh-Häuschen am Gotthart bewacht niemand, dafür hat es eine Tür mit Riegel.

Innen sieht es aus, wie das Wehzeh vom Tanti Lotti in ihrem Appenzeller Haus: ein Sitzbrett mit rundem Loch, darunter die Güllegrube. Ich setze mich auf das Brett, in der Hand ein Beiglein Zeitungspapierfetzen. Ich drücke und höre zu, wie mein Stink in die Gülle platscht. Ich putze mich hinten ab und werfe das verbrauchte Papier in das Loch hinunter. Den Rest nehme ich wieder mit, für die anderen. Spülen muss man bei einem solchen Wehzeh nicht. Hände waschen auch nicht, weil es hat nämlich gar kein Lavoboo.

Als ich wieder in die Hütte komme, verkünde ich, draußen ist immer noch der blöde Regen und darum können wir nicht weiterwandern. Das Muätti nimmt mir das Zeitungspapierbeiglein weg und fragt, ob ich die Hände gewaschen habe, ich sage, nein, es gibt kein Lavoboo. Aber einen Brunnen, sagt das Muätti, und ich frage, wo denn?, und das Muätti sagt, draußen vor der Hütte, und ich sage, aber ich habe doch gesagt, draußen regnet es. Da sagt der Vatti, Hände waschen, aber tifig!

Ich gehe raus in den Regen und halte die Hände unter den kalten Wasserstrahl vom Brunnen, bis sie rot sind und weh tun. In der Hütte zeige ich dem Vatti meine roten Hände, damit er sieht, was er jetzt davon hat, und es bereut.

Dann ziehen wir die Zeitungspapier-Knäuel aus unseren Wanderschuhen. Sie sind ganz nass geworden. Die Wanderschuhe sind ganz nass geblieben. Ich sage, dass ich nicht verstehe, wie die Wanderschuhe trocken werden sollen, wenn sie mit nassem Zeitungspapier ausgestopft sind. Der Vatti sagt, fängst du schon wieder an, und ich spüre, er bereut gar nichts.

Ich ziehe die nassen Wanderschuhe an und merke, wie in ihnen die Wollsocken, die das Muätti extra für die Wanderung glismet hat, auch nass werden und dann auch noch die Füße.

Der Vatti sagt, der Regen sei nur auf der Alpennordseite, sobald wir die hinter uns haben, hört der Regen auf, wir werden schon sehen, wenn wir auf dem Scheitelpunkt vom Gotthart sind, scheint, *beim Eid*, die Sonne, und wir haben das schönste Wetter. Ich wundere mich, warum der Gotthart einen Scheitelpunkt hat. Der Scheitel in meiner Frisur ist eindeutig ein Strich. Wie sieht wohl ein Scheitelpunkt aus? Wie die Stelle, wo der Vatti auf dem Hinterkopf keine Haare mehr hat? Aber dann müsste es eher Scheitelfleck heißen.

Ich frage ihn, ob das, was er hinten auf dem Kopf habe, ein Scheitelpunkt sei? Aber der Vatti verrät es mir nicht, sondern sagt nur, man könne auch Höhepunkt sagen und er habe schon einmal gesagt, ich soll nicht wieder anfangen, und ich sage, habe er eben nicht, er habe nur gesagt, dass ich schon wieder anfange, aber nicht, dass ich nicht wieder anfangen soll, außerdem womit denn? Der Vatti sagt, jetzt sei dann genug Heu drunten, hä, und das Muätti schaut den Höhepunkt vom Vatti an und grinst.

Immerhin.

Wir ziehen uns die Regenpelerinen an und verlassen die Hütte. Leider.

Die Wanderung zum Höhepunkt vom Gotthart ist genau

wie gestern. Ohne Schönheit. Außer die Schönheit von Kuhfladen, leider kalt, und ihre Schönheit kenne ich schon von Mellikon her. Und noch: Die Schönheit von einem Feuersalamander, aber er gibt keine Wärme ab, obwohl er doch ein Feuersalamander ist. In meiner Hand ist er so kalt wie alles andere im Regen. Der Vatti sagt, der Feuersalamander heiße so wegen seiner Zeichnung, aber wenn ich in der Schule ein Feuer so zeichnen würde wie die Haut vom Feuersalamander, der Diriwächter würde schön lachen.

Dann wieder Studentenfutter, Lindenblütentee und Traubenzucker, diesmal sitzen wir auf nassen Panzersperren. Die stehen da, damit die Deutschen nicht über den Gotthart können, mit ihren Panzern. Und die Italiener auch nicht. Nur der Haniball kommt trotz der Panzersperren über den Gotthart. Und natürlich wir.

Plötzlich bleibt der Vatti stehen und sagt, so, wir sind am Scheitelpunkt. Ich schaue trotz dem Regenpelerinenkapuzenkrach um mich, sehe aber den Scheitelpunkt nicht. Und auch keine Sonne. Sondern nur wieder das Dunkelgrau, aus dem es regnet. Ich sehe auch noch einen Parkplatz mit vielen Bonzenautos und daneben eine Wirtschaft. Wir gehen hinein und hängen die Regenpelerinen an den Garderobenhaken auf. Sie machen sofort Seen auf dem Bretterboden unter sich.

Die ganze Wirtschaft ist voll. Kein einziger Tisch ist frei. Ich finde es maximal ungerecht, dass alle diese Deutschen und Ausländer, die gemütlich mit ihren Bonzenkarren da heraufgefahren sind, satt und warm und trocken, dass die jetzt einer nassen, frierenden und müden Schweizer Wanderfamilie, die Hunger hat, den wohlverdienten Platz am Tisch wegnehmen, obwohl der Gotthart eigentlich uns Schweizern gehört. Ich verkünde dem Vatti und dem Muätti laut diese Ungerechtigkeit, und das Muätti sagt zum Vatti «mach öppis». Der Vatti sagt zu mir, ich soll gefälligst still sein, er organisiere das.

Er geht an einen Tisch beim Kachelofen und redet mit den Deutschen, die dort sitzen. Sie nicken, und der Vatti geht zu anderen Tischen und redet mit anderen Ausländern, und ab und zu nimmt er ihnen einen Stuhl weg. Den trägt er dann zum Deutschentisch. Er winkt uns, und wir gehen zu ihm. Die Deutschen sagen zu uns «Tach» und «grüß Gott», und wir sagen «grüätzi». Eine deutsche Frau mit roten Lippen, gelben Haaren und grünen Punkten auf der Bluse versucht es gleichfalls, kann es aber nicht, sie kann nur «grüüütsiii», mit so einem falschen «r», das nicht rrrichtig rrrollt.

Die anderen Deutschen lachen trotzdem.

Ich weiß nicht, ob ich denen jetzt die Hand geben muss, zur Begrüßung, weil die schon vor uns da waren. Ich mache es lieber nicht und setze mich einfach. Ohne Handgeben. Der Vatti fängt sofort an, mit den Deutschen zu reden, er kann nämlich auch Schriftdeutsch, wie der Lehrer Diriwächter. Weil sie ihn sonst nicht verstehen, muss er so komisch zu ihnen reden. Sie fragen ihn immer wieder, was das oder das auf Schweizerdeutsch heißen würde, er sagt es ihnen dann, und sie müssen lachen. Ich frag mich, warum. Ich finde nicht heraus, was an einem Chuchichäschtli lustig sein soll.

Die Deutschen kommen mir komisch vor.

Obwohl: Die Frau, die «grüüütsiii» gesagt hat, mir eigentlich schon noch gefällt. Sie sieht aus wie die Büstenhalterfrauen vom Katalog. Nur, leider kann sie nicht richtig reden. Aber gut, die Frauen im Büstenhalterkatalog reden ja auch nicht, und trotzdem will man ihre Schönheit kennenlernen. Vermutlich denken die Deutschen, das Kennenlernen geht auch ohne richtig reden.

Der Vatti schaut jetzt zu der Frau, und ich merke, er denkt wie die Deutschen.

Als der Kellner kommt, sagt er «bontschorno». Aha, jetzt geht es los mit dem Italienischen! Wir sagen ebenfalls «bontschorno», und dann redet der Vatti ein wenig Italienisch mit ihm. Aber der Kellner versteht den Vatti nicht und sagt: «io sbrecke deutsche». Dabei redet er nur in einer Art falschem Schriftdeutsch. Der Kellner bringt große Lederbücher, in denen ist das Essen abgedruckt, das man bestellen kann. Sogar mit Bildern. Der Vatti schaut hinein und fragt den Kellner, ob es auch eine Preisliste für Einheimische gebe. Der Kellner sagt «no, Sinnjore», und der Vatti bestellt Servilat mit Röschti für alle. Also nicht für die Deutschen, nur für alle von uns.

Nach dem Essen gehen die Deutschen weg. Durch das Fenster hinter mir sehe ich, wie sie in einen Märzedes einsteigen. Die Büstenhalterkatalogfrau nimmt den Todessitz.

Ein wenig tut es mir leid um sie.

Der Vatti sagt, nach seinem Plan müssten wir jetzt eigentlich weiter, aber bei dem Regen sei es *doch* besser, hier zu übernachten. Die Wirtschaft hat nämlich auch einen Massenschlag, ein Zimmer mit vielen Betten, mit noch einem Bett obendrüber. Da schlafen alle zusammen, jeder, der will, auch Fremde, wild durcheinander. Ich will auf gar keinen Fall mit Fremden im selben Zimmer sein, und verkünde das, aber der Kellner sagt, wir sind die Einzigen, wegen dem Regen. Gott sei Dank, lieber Regen, dass wir die Einzigen sind!

Vor dem Schlafengehen nehmen wir in der Gaststube noch eine heiße Ovo für die Kinder und einen Märloo für die Eltern. In der Wirtschaft sind jetzt nur noch solche, die normal reden. Auch der Kellner mit dem falschen Schriftdeutsch ist weg. Für ihn bedient eine Saaltochter, und jetzt sitzen die

Leute alle beisammen in der Ecke an einem großen runden Tisch, in der Mitte steht ein enormer Aschenbecher aus Eisen und mit einem Kupferhenkel obendrüber, auf dem steht «Stammtisch». Aber leider nicht, ob von einem Eichenstamm oder Buchenstamm oder was für einem Stamm. Auf jeden Fall muss es ein großer gewesen sein, aus dem sie da diesen Stammtisch gemacht haben.

Wir nehmen den viereckigen Tisch daneben und sagen zu den Leuten «bontschorno», und sie sagen «grüätzi» und «guätenaabig». Der Vatti ruft «Frölein!», die Saaltochter kommt, und er bestellt bei ihr. Sie hat einen schwarzen Minirock an, mit so einem weißen Häkeldeckchen vorne, unter diesem Deckchen versorgt sie ihr Portemonnaie und ihre Zigaretten. Oben hat sie ein dünnes, schwarzes Pullöverli, mit einem dreieckigen Ausschnitt. Die Neilonstrümpfe sind auch schwarz und ihre Bubikopffrisur gleichfalls. Nur die Fingernägel sind rot und der Mund. Die Augendeckel hat sie sich blau gemacht, und die Striche um die Augen sind dann wieder schwarz. Dann hat sie auch ein goldenes Chettelli am Hals mit einem Kreuz dran und dazu goldene Ohrenringe, wie ein Pirat. An den Füßen hat sie grau-gelbe Sandalen. Dann bringt sie die heißen Ovos und den Wein, und ich rieche ihr Parfüm und weiß: Die hat auch Fenjal. Während sie hin und her läuft und Bier oder Schnaps zum Stammtisch bringt oder am Buffet eine raucht, lerne ich die Schönheit der Saaltochter kennen. Dazu die Schönheit der Ovo. Maximal.

Später wirft der Vatti Geld in den Musikautomaten und tanzt mit dem Muätti einen Ländler. Das Vreni und der Matti machen mit. Ich nicht. Einer vom Stammtisch fängt an, gleichfalls zu tanzen, und nimmt sich dafür die Saaltochter. Sie macht ohne weiteres mit. Plötzlich hört die Musik auf, aber der vom Stammtisch wirft noch mehr Geld in den Musikautomatenschlitz, und dann tanzt er mit dem Muätti und der Vatti mit der Saaltochter. Die Leute am Stammtisch kennen alle Schlager vom Musikautomaten auswendig und singen mit. Die Saaltochter bringt noch mehr Märloo, und dann stellt sich der Vatti an die Tür zum Sääli. Er öffnet sie und lehnt das Türblatt so an sein Bein, wie ein Kontrabassmusikant den Kontrabass. Er fährt mit seinen Fingerbeeri über die Zunge und reibt sie dann feucht über das Holz. Sie machen auf dem Türblatt einen grunzigen Ton, wirklich fast wie ein Kontrabass. So spielt er mit der Tür zu der Ländlermusik vom Musikautomaten, und alle klatschen in die Hände und lachen über den Vatti. Ich auch. Ich bin stolz, dass er ausgerechnet gerade mein Vatti ist.

Die Saaltochter holt zwei Suppenlöffel aus der Küche, kommt zu unserem Tisch und setzt sich auf den leeren Platz vom Vatti, also exakt neben mich. Sie nimmt beide Löffel in eine Hand und lässt sie im Takt der Musik zwischen der anderen Hand und ihrem Oberschenkel hin- und herschletzen. Das klingt maximal rassig. Der Oberschenkel von der Saaltochter zittert ein bisschen von den Löffelschlägen und schimmert weißlich durch den Neilonstrumpf. Ich kontrolliere mit den Augen, ob der Neilonstrumpf eine Fallmasche bekommt vom Zittern, aber er hält. Die Saaltochter zeigt mir, wie das mit dem Löffelschletzen geht. Ich darf es auch probieren, aber sie dreht ihren Oberschenkel weg, und ich muss meinen eigenen nehmen. Ich kann es nicht so gut wie die Saaltochter. Sie klatscht trotzdem in die Hände und lacht mich an.

Das Muätti sagt, wir müssen jetzt tifig ins Bett, und bringt uns in den Massenschlag. Aber sie bleibt nicht, sondern geht

wieder rüber, zum Vatti und den anderen. Ich finde es ungerecht, dass alle drüben sein dürfen, nur weil sie erwachsen
sind, ich aber nicht, nur weil ich noch nicht erwachsen bin.
Wenn ich erwachsen bin, gehe ich überhaupt gar nie ins Bett,
und wenn, dann nur mit Kleidern, und die Saaltochter nehme
ich auch noch dazu.

Dann schlafe ich ein.

Am Morgen sagen die Wetterfrösche in dem Radio auf
dem Regalbrett über dem Musikautomaten, dass der Wind
auf Süden gedreht hat, am Alpennordhang gibt es in den
nächsten Tagen sonniges Föhnwetter, am Alpensüdhang
und im Tessin Regen, über fünfzehnhundert Meter auch
Graupel.

Wir nehmen das Postauto nach Hoschpental und von dort
die SBB nach Göschenen und dann die Gotthart-Bahn bis Züri
Hauptbahnhof. Im Zug bin ich sehr froh, dass die Wanderung
zu Ende ist. Wir sind zwar nicht über den Gotthart gewandert,
aber immerhin *auf* den Gotthart, bis zum Höhepunkt. Ohne
einen einzigen Elefanten, das soll er uns mal nachmachen, der
Haniball. Ich schaue aus dem Zugfenster, und als ich im son-
nigen Föhnlicht das Chileli von Wassen sehe, denke ich an all
die Schönheiten, die ich kennengelernt habe auf der Wanderung. Ich nehme mir vor: Solang ich lebe, will ich weitermachen mit dem Schönheitenkennenlernen.

Vom regelmäßigen «tugg-tugg ... tugg-tugg ...», das die
Eisenbahnräder mit den Eisenbahnschienen singen, schlafe
ich schon fast ein, da sehe ich eine kleine Werbetafel der SBB.
Sie hängt unter dem Gepäcknetz vis-à-vis und schwankt dort
immer hin und her. Ich kann die Schrift trotzdem lesen:
«Der Kluge reist im Zuge». Mir fallen die Augen zu.

Also. Am Gotthart habe ich gemerkt, wie das so ist, mit dem Zeitverbrauch beim Kennenlernen von den Schönheiten der riesengroßen Schweiz: Mit der SBB oder dem Fauweh geht es zwar schnell, aber man lernt die Schönheiten nicht so gut kennen, eben: weil schnell. Beim Wandern hingegen lernt man die Schönheiten viel besser kennen, sogar trotz Regenpelerinenkapuze, aber eben: Schnell geht es nicht, wenn man geht.

Aber so oder so kann man ja nur das kennenlernen, was einem zufällig gerade begegnet. Da sind die vielen Varianten noch nicht eingerechnet, die auch noch möglich gewesen wären.

Was es noch alles gegeben hätte zum Kennenlernen, wenn wir in der Sonne gewandert wären und mit Elefanten. Oder mit Elefanten, aber im Regen, oder ohne Elefanten, dafür mit Sonne. Oder wenn wir die Servilat bei der Mittagsrast grilliert hätten. Oder nach dem Höhepunkt den Gotthart weitergemacht hätten, bis Airolo hinunter. Oder wir einen anderen Weg gewandert wären oder in einer anderen Hütte übernachtet hätten oder eine andere Saaltochter bedient hätte oder die deutsche Frau im Massenschlag gewesen wäre statt im Todessitz. Maximal mehr Schönes zum Kennenlernen, huäresiäch, aber all das hätte Zeit verbraucht!

Und das wäre ja dann noch lange nicht alles gewesen, odr. Das wäre ja erst der Gotthart gewesen. Ohne den Bernhardino. Und ohne alle anderen Berge. Die Schweiz hat vermutlich so viele Berge wie Mellikon Einwohner. He, das ist dann viel! Einmal musste mein Vatti *alle* Leute von Mellikon kennenlernen, damit er Gemeinde-Ammann wird, und dafür hat er viel Zeit verbraucht, er konnte fast nie mehr zu Hause sein. Obwohl er zu denen nur schnell sagen musste: «Grüätzi, ich bin der Moor

Geeri, und geben Sie mir bitte Ihre Stimme, wänn Sie wänd so guät sy», und dann noch ein wenig plaudern, trotzdem hat er ganz, ganz lange gebraucht, bis er alle durchhatte und kennengelernt.

Bei den Bergen dauert das dann noch viel länger, das habe ich am Gotthart gemerkt. Bis ich alle Berge der Schweiz kennengelernt habe, bin ich eventuell schon groß, vielleicht sogar schon alt. Und dann kommen ja noch alle Seen dran. Und dann alle Städte und alle Dörfer und alle Gassen und alle Felder und alle Burgen und alle Kirchen und alle Bahnhöfe und alle Wirtschaften und alle Saaltöchter. Bis ich das alles durchhabe, das verbraucht dann das ganze Leben, hä!

Gut, «das ganze Leben» ... das ist ja eigentlich viel. Wenn man bedenkt, dass der Vatti schon vor sooo langer Zeit mit Leben angefangen hat, dass damals noch alles war wie früher. Und er lebt immer noch weiter. Und hat dabei immer noch nicht so viel Leben verbraucht wie der Grosvatti. Oder wie der Urgrosvatti hatte, bis zu diesem Morgen, wo er eben merkte: Jetzt steht der Lebenstank auf null, und es ist vorbei.

Aber ich bin ja noch ein Buäb und habe viel mehr unverbrauchtes Leben im Tank als der Vatti. Viel, viel mehr ...

Also doch vermutlich genug für alle Schönheiten der riesengroßen Schweiz! Und wenn ich mir maximal Mühe gebe, auch noch für das Übrige der Welt.

Habe ich mir so gedacht, bis ...

Bis jetzt. Nämlich: Der Grosvatti hat eine neue Lampe gekauft.

Er hat sie in der Stube auf das kleine Tischli neben dem Kanapee gestellt, damit er sie immer anschauen kann, wenn er erwacht von seinem Mittagsschläfchen und dann wieder in die Fabrik muss. So eine komische Lampe habe ich noch nie gesehen: Sie ist eine Plastikkugel und hat eine Glühbirne innen drinnen. Wenn man die anzündet, leuchtet der Plastik. Auf einer Seite ist fast alles schwimmbassinblau, mit ein paar winzigen Farbfleckli drin. Wenn einem das nicht gefällt, kann man die Plastikkugel drehen, und dann sieht man auf die andere Seite, und die hat enorm viele Farbflecken, große, kleine und winzige, es hat auch Schwimmbassinblau, aber nur wenig. Wenn man der Lampe einen maximalen Schupf gibt, dreht sie sich ganz schnell, und die Farbflecken verschmieren zu einer Art Hellgrau. Wie beim Surrli.

Ich versuche herauszufinden, ob das Hellgrau mit mehr Tempo heller wird, da fragt mich der Grosvatti, ob ich denn überhaupt weiß, was das ist. Ich sage, ja, klar, eine Surrli-Lampe. Aber der Grosvatti stoppt meinen schönsten Schwung und behauptet, nein, das ist der Globus. Ich stelle mich vor den Grosvatti hin und frage, warum er meinen schönsten Schwung stoppt und warum er meint, das ist der Globus, das ist ganz sicher nicht der Globus, der Globus ist in Züri und keine Lampe, sondern ein enormes Warenhaus, mit Rolltreppen und geschminkten Frauen, die einem Parfüm anspritzen, wenn man unten reinkommt durch den Eingang, und der ist eine Tür aus heißer Luft, und die drückt dem Muätti immer die Frisur flach, obwohl sie nach dem Toupieren immer Haarspray dransprayt, bis man im Badezimmer nicht mehr schnaufen kann, weil es so nach Elnett stinkt.

Der Grosvatti sagt, ja, das stimmt schon, aber der Globus in Züri heißt nur Globus, weil «Globus» ein anderes Wort ist für «Weltkugel» und der Globusbesitzer damit behaupten will, er habe Waren aus aller Welt, aber das ist nur Reklame, weil so ein Warenhaus ist eben nicht die Welt, dafür seine Lampe hier, das ist die Welt, oder wenn er ehrlich ist, auch nicht wirklich,

50

sondern ein Modell von der Welt, so wie meine Märklin auch keine echte, sondern eine Modelleisenbahn ist.

Aha, sage ich und dann nichts mehr, weil ich staune über den Grosvatti, dass der die Welt hat und der Globusbesitzer nicht.

Dann frage ich den Grosvatti, ob seine Lampe eine Art Generalstabskarte ist, auf der ich lesen kann, wo ich wandern muss, wenn ich nach Afrika will, Elefanten holen, und er sagt, nein, der Globus ist viel weniger genau wie die Generalstabskarte, weil für alle Kleinigkeiten ist auf so einem Modell zu wenig Platz. Ich frage ihn, ob es denn so ist wie bei meiner Märklin-Schnellzug-Dampfloki, wo zwar Rauch rauskommt, aber für echtes Feuer ist kein Platz, und er sagt: hä, ja, so ungefähr.

Der Grosvatti zeigt mir einen schwimmbassinblauen Fleck und sagt, das sei ein Meer. Es ist angeschrieben mit «Atlantischer Ozean» und ein anderes mit «Indischer Ozean» und ein ganz munzi-winzig kleines, wo die Buchstaben kaum draufpassen, ist «Mittelmeer» getauft. Ich frage den Grosvatti, was denn das für ein Mittel ist, in diesem Meer da, und er sagt, kein Mittel, nur Salzwasser. Ich finde Salzwasser maximal gruusig und bin froh, dass das Mittelmeer so munzi-klein ist.

Die farbigen Flecken sind die Länder. Sie sind auch angeschrieben. Ein recht großes heißt «China», dort kommt der Daläilahma her, aber viele von seinen Untertanen wollen lieber in der Schweiz sein. Ein anderes, größeres hat sogar zwei Namen, Sowjet und Union, dort kommt der Ivan Rebroff her, den der Vatti so gerne nachmacht, wenn er «Im tiefen Keller» singt. Nur die riesengroße Schweiz ist nirgends. Auch bei den kleinen Ländern steht nirgends «Schweiz» oder «Eidgenossenschaft» oder «Helvetia». Aber ich habe eine gute Idee, nämlich: dass auf den SBB-Personenwagen nicht nur «Schweiz» steht, sondern auch noch «Suisse» und «Svizzera». Vielleicht ist das ein italienischer Globus oder ein französischer, also suche ich auch diese Worte, finde sie aber nicht. Nur Brasilien oder Indien oder Kanada oder so ein Zeug. Das kleine Land unter Kanada ist so klein, dass es nicht einmal einen richtigen Namen hat, nur ein U und ein S und ein A.

Die Leute von der Weltkugelfabrik haben die Schweiz einfach vergessen. Einen Globus ohne Schweiz ... das finde ich maximal ungerecht. Ich verkünde dem Grosvatti, dass da sein Globus da, also der ist viel weniger genau wie meine Schnellzug-Dampfloki, weil: Da ist die Schweiz ja gar nicht auf der Welt! Das ist ja, wie wenn die von der Märklin-Fabrik das Lokiführerhäuschen von meiner Loki vergessen. Das ist doch dann keine Loki mehr, sondern nur ein Tankwagen. Und wenn die beim Globus die Schweiz vergessen, das ist doch dann keine Welt mehr, sondern nur noch Ausland.

Der Grosvatti lacht und fragt, ob er mir die Schweiz zeigen solle, da auf dem Globus, und ich sage, ja, soll er doch, wenn er meine, dass er mir zeigen könne, was gar nicht da ist, weil die es vergessen haben, und er sagt, doch, sie ist schon da, und ich sage, nein, ich hab's gesehen, dass sie nicht da ist, und er sagt, wollen wir wetten? Und ich sage, gut, um wie viel? Und er sagt, wenn er gewinnt, muss ich den Rasen mähen, und ich sage, das ist eine schlechte Wette, weil er so einen anstrengenden Rasenmäher hat, ohne Motor, und der macht mich maximal fertig, wenn ich damit Rasen mähen muss, und er sagt, aber die Wette ist nicht so schlecht, weil wenn er verliert, dann ... was dann, hä?, frage ich, und der Grosvatti sagt, dann muss *er* den Rasen mähen, also sei die Wette doch gerecht, und ich sage, nein, das ist dann nicht gerecht, weil: Er muss den Rasen sowieso mähen, weil es ist ja *sein* Rasen, ich muss nur *unseren* Rasen sowieso mähen, aber mit Motor, und er sagt, da hast du auch wieder recht, aber er habe es ja wohl noch probieren dürfen, odr?

Ich sage, ich weiß, dass ich gewinne und den Rasen sowieso nicht mähen muss, und, also gut, einverstanden, wenn er gewinnt, mähe ich den Rasen, aber er gewinnt sicher *nicht*, und was ist dann, was bekomme ich dann?

Und der Grosvatti denkt nach, und dann sagt er, eine Weiche für die Märklin, eine mit Strom zum Fernsteuern.

Diese Weiche wünsche ich mir schon so lange und so fest und bekomme sie nie, nie, nie, und mein Herz hüpft wie wild, und ich will schon sagen, einverstanden, aber dann fällt mir ein, wenn der Grosvatti diese Weiche als Wetteinsatz nimmt, dann ist er maximal sicher, dass er gewinnt, weil im Globus-Katalog hab ich nämlich geschaut, was die Weiche kostet, und der Vatti hat gesagt, so viel Geld hat nicht einmal das Chrischchindli.

Also, Weiche gegen Rasenmähen, sagt der Grosvatti und streckt mir die Hand hin, und ich merke, dass ich nicht mehr so sicher bin, dass ich gewinne, wenn der Grosvatti so sicher ist, dass er gewinnt und mehr wettet, als das Christkind Geld hat, und ich sage, ich wette schon, aber ich will vorher lieber noch einmal schauen, ob die die Schweiz wirklich vergessen haben. Der Grosvatti nimmt die Hand retour und kratzt sich damit im Genick und sagt, guät, dann schau halt noch einmal nach auf dem Globus, du hast genug Zeit, weil ich muss jetzt in die Fabrik, und dann wetten wir dann eben am Abend. Er steht vom Kanapee auf und geht.

Das Grosmuätti richtet bereits das Abendessen, geschwellte Kartoffeln mit Schnittlauchbutter und Käse. Obwohl der Grosvatti immer sagt, das Grosmuätti mache zwar die besten

Gschwellti weit und breit, aber leider, leider bekomme er von Kartoffeln immer Kopfweh, darum kann er keine essen, nur Schnittlauchbutter und den Käse ohne Gschwellti, dafür mit Brot.

Ich habe den ganzen Nachmittag die Schweiz gesucht, aber nicht gefunden. Ich bin ziemlich sicher: Ich habe recht mit der vergessenen Schweiz. Aber eben nur *ziemlich* und nicht *maximal* sicher, und darum erfinde ich jetzt ein maximal sicheres System: Auf dem Globus sind nämlich auch so Linien gezeichnet, wie das Netz von den Gasballons, die immer in Reckingen bei der Sodafabrik losfliegen, aber dort sind die Linien schräg und hier gerade, wie auf dem Hüüsli-Papier in meinem Rechnungsheft. Ich muss nur alle Linien, eine nach der anderen, mit dem Zeigefinger nachfahren und dabei alles Angeschriebene lesen, und wenn dann die Schweiz immer noch nicht dabei ist, dann ist mir die Weiche ganz sicher sicher.

Die Linien haben Zahlen, und ich bin gerade bei der 45er-Linie, oberhalb vom winzigen Meer, das nur Salzwasser hat. Hier sind nur noch die allerkleinsten Länder vorhanden, die Schweiz kann hier unmöglich sein. Aber ich habe mir ja gesagt, jetzt mach ich's mit System, und gesagt ist gesagt.

«Rumänien», lese ich laut. Auf der 45er wandert mein Zeigefinger nach links, «Jugoslawien». So klein, dass es mit Aarau voll wäre. Links darüber steht «Österreich». Noch kleiner, in dem Land hätte höchstens Wettingen Platz oder Baden. Und links daneben ein noch kleineres Land, lächerlich, nicht größer als Mellikon oder vielleicht Reckingen, wie kann so etwas Munziges noch ein Land sein, der Name steht so klein in dem kleinen Land, dass ich die Augen maximal scharfstellen muss, aha, jetzt: Das munzi-winzige Land heißt Schweiz.

Gopferdamihuäresiächläckmeramfüdlinamai.

Dieses gelbliche kleine Nichts, dieser vertrocknete Nasen-Böög soll die wunderschöne riesengroße Schweiz sein? Dem Grosvatti sein Globus spinnt. Aber total!

Ich sehe mir das Gelbliche genauer an und merke, es hat so ziemlich die gleiche Form wie die Schweiz auf der Generalschulkarte, die der Lehrer Diriwächter immer an einem Schnüürli vom Rollo, der an der Decke hängt, herabreißt, wenn er uns zeigen will, wohin die Schulreise geht. Danach kann er die Karte wieder nach oben schnalzen lassen. Diese Schweiz verdeckt die ganze Wand vom Schulzimmer! Und die hier auf dem Globus ist so klein, dass sie unter dem Fingerbeeri verschwindet. Und die echte Schweiz, in der ich herumwandere, ist so riesig, dass ich mein Leben verbrauche, dass ich all ihre Schönheiten kennenlernen kann, da stimmt doch etwas nicht, huäresiäch!

Ich renne aus der Stube und aus dem Haus, das Herz klopft bis in den Hals hinauf, die Beine sind aus Butter, und im Kopf ist alles durcheinander, wie hinter dem Glas von der Waschmaschine vom Muätti.

Unter dem Chriäsi-Baum bleib ich stehen und schaue auf den Boden, wo die Walderdbeeri wachsen. Ich pflücke eines und schiebe es mir in den Mund. Dann zerdrück ich es mit der Zunge und spüre das Waldig-Süße. Ich pflücke noch eines und schaue es in der Handfläche an. Ich lasse es ein wenig darauf herumrollen.

Vielleicht denkt dieses kleine Beeri, es sei auch ein Globus. Vielleicht ist es aber auch wirklich ein Globus. Mit allem. Mit Meeren und Ländern und einer Schweiz und einem Gotthart und einem Dietr, der herumwandert, weil er alles kennenlernen will, und der jetzt auch gerade auf dem Globus vom

Grosvatti gesehen hat, wie klein die Schweiz ist, und im Garten steht und ein Walderdbeeri betrachtet und denkt, dass das Erdbeeri ein Globus ist, mit Meeren und Ländern und einem Dietr, der jetzt auch ... mir wird schwindlig, das geht ja immer weiter, bis in alle unendliche Kleinheit.

Ich nehme das Walderdbeeri mit den unendlichen Dietrn zwischen Daumen und Zeigefinger und halte es zwischen mein Auge und den Himmel. Dort ist der Erdbeeri-Globus genauso groß wie die Sonne. Vorsichtig lege ich ihn auf die Zunge und drücke den Globus ganz langsam gegen den Gaumen, bis es ihn vermüäslet.

Ich schaue über den Garten der Großeltern, über den Fußballplatz dahinter, zum Klettergerüst dahinter, zur Kirche dahinter, zu den Bergen dahinter. Weiter sehe ich nicht. Aber ich weiß, dahinter sind noch andere Kantone, dahinter ein anderes Land, dahinter ein Meer, dahinter wieder Länder, dahinter wieder ein Meer und links daneben gleichfalls Länder und Meere, rechts daneben auch, mehr Länder, als Mellikon Einwohner hat, und alle tausendmal größer als die riesengroße Schweiz. Und alles Ausland.

Ich merke: Wer sein ganzes Leben verbraucht hat und jetzt alle Schönheiten der ganzen Schweiz kennt, der kennt von der Welt erst einen winzi-munzigen Nasen-Böög. Darum kann ich niemals die Schönheiten der ganzen Welt kennenlernen, weil: Das Leben reicht dafür einfach nicht aus.

Und ich merke, was für ein schönes Gefühl das gewesen ist, als ich noch wusste, die Schweiz ist die Welt. Nie wieder kann ich dieses Gefühl haben, weil: Jetzt weiß ich ja, dass es so gar nicht ist.

Und dass ich das jetzt weiß, das tut mir maximal leid.

Dietr
erzählt, wie man verteidigt, was man hat,
oder aber nicht

Heute haben wir ein Päckli bekommen von der Schweiz.
Wir *alle*. Nicht nur der Vatti, der sowieso immer die meiste Post
bekommt, oder das Muätti, das zwar weniger bekommt, aber
immerhin manchmal doch. Auch wir Kinder haben das Päckli
von der Schweiz bekommen. Das ist schon etwas Besonderes,
weil das Vreni, der Matti und ich bekommen sonst eigentlich
nie Post. Außer wenn Geburtstag ist. Oder Weihnachten. Aber
dann müssen wir vorher selber viel Post schreiben.

Dem Vatti seine Post kommt einfach so. Er muss nicht einem
schreiben, damit einer ihm schreibt. Seine Post kommt freiwillig. Er sagt zwar, er freue sich nicht speziell darüber, weil:
Das meiste seien Rechnungen. Gut, das kenne ich, ich freu
mich auch nicht, wenn ich vom Lehrer Diriwächter Rechnungen bekomme, als Hausaufgabe, und die ich dann stundenlang
lösen muss, statt freizuhaben. Die vielen Rechnungen seien
eine Plage, sagt der Vatti.

Einverstanden.

Auch dem Muätti seine Post kommt freiwillig. Manchmal ist eine Rechnung mit dabei, die gibt sie dann dem Vatti
zum Lösen. In ihren Päckli hat das Muätti praktisch jedes
Mal ein Geschenk drin. Zum Beispiel, letzthin bekam sie eins

vom Ackermann-Versand. Da war etwas ganz Bombiges drin, nämlich: ein neuer Triumpf-Pleytex-Hart-Beha mit Zauberkreuz. Ehrenwort! Der genau Gleiche wie der in der Fernsee-Reklame, wo die Fernsee-Büstenhalterfrau mit der Hand immer so langsam über das Zauberkreuz zwischen ihren Brüsten streicht. Zuerst von links oben nach rechts unten und dann von rechts oben nach links unten. Und das zweimal. Kreuzweise. Und ein unsichtbarer Mann sagt dazu ganz sanft: «Der neue Triumpf-Pleytex-Hart-Beha. Der mit dem Zauberkreuz.» Diese Reklame gefällt mir maximal.

Das Muätti zog sich das Zauberkreuz gleich an, um es auszuprobieren. Aber es funktionierte nicht. Statt zu zaubern, tat das Kreuz dem Muätti nur weh. Sie wickelte es wieder in das Seidenpapier ein und schickte das Ganze zurück. Obwohl, das Seidenpapier hätte ich behalten, daraus hätte ich nämlich einen Heißluftballon gebastelt, der wäre richtig geflogen, wenn ich brennende Watte voll Brennspiritus unten drangehängt hätte. Aber das Muätti wollte nicht einsehen, wie wertvoll das Seidenpapier für mich ist, und stopfte es einfach in die Schachtel zurück. Ich glaube, weil sie hässig war, wegen dem Zauberkreuz, das nicht funktionierte, darum wollte sie auch nicht, dass der Heißluftballon funktioniert. Und die Rechnung, die noch dabei war, gab sie nicht dem Vatti, sondern legte sie auch wieder in die Schachtel, genau auf den Hart-Beha im schönen Seidenpapier. Sollen die doch ihre Rechnung selber lösen, odr, wenn der Pleytex nicht funktioniert!

Mich interessiert aber schon ziemlich, warum das Zauberkreuz bei den Frauen im Fernsee funktioniert und beim Muätti nicht.

Wahrscheinlich geht es eben leider nur bei schönen Frauen.

Bei der Tante Lotti würde es wahrscheinlich funktionieren. Oder beim Heidi Abel, bei der sogar sicher. Das ist die, die im Fernsee immer sagt, was kommt, bevor's kommt. Die hat, glaube ich, selber auch schon das Zauberkreuz, jedenfalls sieht sie vorne herum genauso dreieckig aus wie die Zauberkreuz-Frau in der Reklame. Der Vatti sagt, die sei aber schon noch sexi, die Heidi Abel. Als ich ihn einmal fragte, was das sei, sexi, sagte er, das sei ein modernes Wort von den Engländern und Englisch müsse ich noch nicht können. Da sagte das Muätti, der Vatti könne auch nur Englisch, wenn er die Heidi Abel sehe. Stimmt nicht, sagte der Vatti, er kenne das Wort, weil er ein moderner Mann sei. Da sagte das Muätti, wenn er modern wäre, dann würde er den Oswalt Kolle nicht auslachen, sondern lieber etwas lernen von ihm, zum Thema sexi. Da bekam der Vatti eine Flüsterstimme, die sagte: Nicht vor dem Dietr. Das Muätti sagte, sie sei eine moderne Frau und würde offen darüber reden, der Kolle empfehle das auch. Jetzt wurde dem Vatti seine Stimme so leise, dass sie nur noch zischte: Er verbiete ihr, das vor den Kindern ... Da fuhr ihm das Muätti dazwischen, sie lasse sich gar nichts verbieten, schon gar nicht von einem wie dem Vatti.

Was der Vatti für einer sei, sagte sie aber nicht, sondern zu mir: Wenn mir etwas nicht klar wäre, ich könne immer alles fragen, auch über Sex. Der Vatti ist schnell aus dem Zimmer gegangen. Das Muätti wollte ihm nachlaufen, um ihm noch etwas zu verkünden, dann fiel ihr aber ein, dass sie noch abwarten musste, ob ich vielleicht jetzt etwas zu fragen hätte. Weil sie mich so fragend ansah, fragte ich halt etwas: was denn das schweizerdeutsche Wort für sexi sei. Sexi gäbe es auf Schweizerdeutsch nicht, sagte das Muätti.

Und auf Schriftdeutsch?

Geschlechtlich, sagte das Muätti und lief dem Vatti nach. So lernte ich: Das Heidi Abel ist geschlechtlich. Aber nur auf Schriftdeutsch.

Das Päckli, das uns jetzt die Schweiz freiwillig geschickt hat, das war angeschrieben mit «An die Familie Moor». Das *sind* wir. Birkenweg elf, Mellikon, Aargau, Schweiz, stimmt, da wohnen wir. Mitsamt dem Vreni und dem Matti. Und: mit mir.

Das Päckli war also für uns *alle*.

Trotzdem hat es der Vatti einfach allein für sich genommen und ist damit in sein Büro gegangen. Er wollte es dort ohne uns aufmachen. Aber das Vreni, der Matti und ich sind ihm hinterhergegangen, obwohl der Vatti immer sagt, Kinder haben im Büro nichts verloren. Das Muätti kam auch hinterher, ich weiß nicht genau, um den Vatti vor uns zu verteidigen oder aber vielleicht uns vor dem Vatti. Als wir alle bei ihm waren, habe ich den Vatti dann gefragt, warum er das Päckli nur für sich behalte.

Er sei schließlich das Oberhaupt der Familie, behauptete er, setzte sich mit dem Rücken zu uns an den Schreibtisch, legte das Päckli vor sich hin und schlitzte es mit dem scharfen Brieföffner, der aussieht wie ein Säbel, einfach auf. Ich fand das maximal ungerecht. Ich zeigte mit dem Zeigefinger auf die Schrift auf dem Päckli und verkündete, dass da nicht angeschrieben stehe «an das Familienoberhaupt», sondern «an die Familie», und darum darf die ganze Familie auspacken, nicht nur er. Der Vatti sagte, ohne ihn gäbe es die Familie ja gar nicht, also auch keinen Dietr, oder ob er sich da täusche, und dabei drehte er sich zum Muätti um. Sie lächelte nur komisch und schaute nicht zum Vatti, sondern zu mir.

Ich sagte zum Vatti, das hätte er sich überlegen müssen,

bevor er die Familie gemacht hat, jetzt gibt es sie halt, und das Päckli ist für uns alle, und darum will *ich* es auspacken, nicht er.

Da nahm der Vatti ein Tesafilm aus der Schublade von seinem Schreibtisch und klebte das Päckli mit dem Klebestreifen wieder zu. Dann gab er es mir und sagte: Ihm reiche das Theater jetzt, packt eben der Dietr aus, wenn es ums Verrecken sein muss. Ich freute mich, dass mein Theater so gut funktioniert hat, und versuchte, das Ende vom Klebestreifen mit dem Fingernagel aufzukratzen, konnte es aber nicht, weil: Der Fingernagel war viel zu kurz, weil der Vatti hatte uns erst gestern wieder alle Fingernägel mit seinem modernen Fingernagelknipser abgeknipst.

Da sagte das Vreni, immer müsse der Dieti seinen Grind durchsetzen, das sei ungerecht, sie sei nämlich auch noch jemand, schließlich, nicht nur immer der Dieti, und dann riss sie mir das Päckli von der Schweiz einfach aus der Hand.

Die traute sich das! Weil sie wusste: Sie ist stärker.

Ich wollte dem Vreni schon sagen, dass *ich* das Theater gemacht habe und nicht sie und darum *ich* das Päckli aufmache und nicht sie. Aber dann merkte ich, dass ich den blöden Klebestreifen sowieso nicht abbekomme und sie dann ja gleichfalls nicht, weil sie ja auch keine Fingernägel mehr dranhat nach der Knipserei vom Vatti, und darum sagte ich: Also mir reiche das Theater jetzt, packt eben das Vreni aus, wenn es ums Verrecken sein muss. Das Muätti sagte, ich soll nicht so gruusig reden, und ich gab zur Antwort, ich rede wie ein Familienoberhaupt. Das Muätti schaute den Vatti an und sagte: «Säg öppis!» Aber der Vatti stöhnte nur.

Das Vreni bekam den Klebestreifen natürlich sofort weg. Das war ja wieder mal typisch. Ich ärgerte mich und sagte, sie soll nicht so lang herumgfätterle da, ich wolle endlich wissen, was drin ist, und der Matti sagte, er auch.

Endlich war das Päckli offen. Das Vreni fuhr mit der Hand hinein und zog ein Buch heraus.

Ein Buuuch.

Ich war so enttäuscht, also ma-xi-mal.

Dass die Schweiz uns nur so ein Tanti-Eulalia-Päckli schickt ... also, das hätt ich von der Schweiz niemals gedacht. In den Päckli vom Tanti Eulalia sind nämlich auch immer nur Bücher. Mit Geschichten über Gott. Und Bildern, die jemand da hineingezeichnet hat, mit seinem braunen Farbstift.

Wenn einer nur einen *braunen* Farbstift hat, soll der lieber *keine* Bilder in Bücher zeichnen. Ich habe viel mehr Farben in meinem Farbstiftkasten als nur Braun, und nicht einmal ich habe je ein Bild in ein Buch gezeichnet. Außer einmal. In das große Sylva-Sammelpunkt-Buch vom Vatti, «Singvögel der Schweiz». Da hab ich neben den Buntspecht ein Bild mit vielen Würmern gezeichnet. Hä dänk, damit der Specht endlich etwas zu essen hat! Und nicht immer nur auf den Baum einhacken muss und davon Kopfweh bekommt. Für diese Zeichnung hätte ich lieber doch nur den braunen Farbstift nehmen sollen, weil: Dem Vatti gefiel mein Bild nicht, er sagte, jetzt werde es ihm zu bunt. Gut, ich gebe zu: Würmer sind ja wirklich nicht bunt, sondern eher braun, aber meine waren eben trotzdem bunt, weil ich einen Trick anwendete: Wenn man viele Farbstifte gleichzeitig in die Hand nimmt und dann mit all denen über das Papier fährt, hat man viel schneller viel mehr Würmer gezeichnet. Und der Specht freut sich. Obwohl sie bunt sind.

Die braunen Bilder in Tanti Eulalia ihren Büchern zeigen keine Würmer, sondern nur Hirten mit Lämmchen. Oder angezündetes Gestrüpp. Oder einen armen kleinen Esel, der einen langhaarigen Mann über Palmenblätter schleppen muss. Solches Zeugs halt.

Das, was mich aber *wirklich* interessieren würde, ist in kein einziges Eulalia-Buch hineingezeichnet: ein Bild von Gott.

Dann hätte ich endlich gewusst, wie der aussieht.

Nach etwa zwanzig Eulalia-Bücher-Durchblättern kam mir der Verdacht: Von Gott kann man gar kein Bild machen, wenn man nur einen braunen Farbstift hat. Außer, er würde aussehen wie ein Wurm, dann ginge es natürlich.

Weil es in den Eulalia-Büchern kein einziges Bild von Gott gibt, weiß ich nicht, wie er aussieht. Dafür, wie er nicht aussieht, eben: nicht wie ein Wurm.

Jedenfalls schickte die Schweiz an unsere Familie nur ein langweiliges Eulalia-Päckli, kein tolles Tante-Lotti-Päckli. Leider.

In den Tante-Lotti-Päckli ist *immer* etwas Tolles. Einmal war eine Puppe drin, die richtig gehen konnte. Der Matti wollte, dass sie «Lisa-Bäbi» heißt, ich hätte «Tscheni» viel schöner gefunden, aber er gewann. Wenn man dem Lisa-Bäbi mit dem Fläschchen beim Mund oben Wasser einfüllte, kam unten ein Bisli heraus. Es funktionierte auch mit Milch. Oder mit Buchstaben-Suppe. Das aber nur einmal, dann war sie innerlich verstopft. Und wurde immer feuchter im Bauch, bis der Motor, der ihre Beine bewegte, zuerst komisch tönte und dann gar nicht mehr und sie nicht mehr gehen konnte.

Das war ein maximal tolles Geschenk vom Tanti Lotti. Leider war es ein Geschenk für den Matti, weil: Das Lotti ist dem Matti sein Gotti. Mein Gotti, das ist leider das Tanti Eulalia.

Mehr möchte ich dazu gar nicht sagen.

Außer: Einmal war in einem Lotti-Päckli ein riesiges

Blechauto, doppelt so groß wie dem Vatti sein Schuh. Es sah aus wie die Autos von früher, als der Grosvatti noch ein Bub war, es glänzte schwarz und hatte goldene Linien an den Kotflügeln, und es fuhr ganz von selber. Wenn etwas im Weg stand, zum Beispiel mein Fuß, wechselte das Auto automatisch die Richtung und fuhr einfach weiter. Das Tollste aber war: Es machte Töne, genau wie ein altes Auto, und seine Scheinwerfer leuchteten, und vorne kamen kleine Rauchwölkchen aus der Schnauze. Auch das war ein maximal tolles Tanti-Lotti-Päckli. Leider wieder nur für den Matti. Er durfte auch jetzt wieder den Namen für das Auto aussuchen. Er taufte es «Ködepietsch». Typisch.

Weil die Ködepietsch und das Lisa dem Matti gehörten statt mir und der Vatti sagte, man müsse fremdes Eigentum respektieren, sonst würde das Faustrecht regieren, und weil ich das ja auch nicht will, weil die anderen haben auch Fäuste, nicht nur ich, leider, und wenn die größere Fäuste haben, bekommen *die* recht, auch wenn das ungerecht ist, nur weil sie stärker sind, ich kenne das vom Vreni her, also: Weil ich darum dem Matti sein Eigentum respektieren musste, konnte ich nie nachschauen, wie Lisa und die Ködepietsch innen drinnen aussehen und wie sie funktionieren. Dabei wäre das maximal interessant gewesen. Aber der Matti wollte und wollte nicht, dass ich mal nachschaue.

Dabei hätte ich ihn doch mitschauen lassen, kein Problem.

Ich überredete ihn, dass wir mit der Ködepietsch draußen spielen sollten, im Sandkasten. Dort probierten wir aus, ob sie durch den extra gebauten Stausee hindurchfährt oder ob sie ausweicht. Sie fuhr durch. Etwa bis zur Mitte vom See. Dann gingen die Lichter aus, es kam kein Rauch mehr, und statt zu tönen wie ein altes Auto, knirschte es nur noch. Erst da hat der Matti endlich auch eingesehen, dass ich die Ködepietsch auseinandernehmen muss. Zum Flicken.

Das ging sehr gut.

Das Wiederzusammenbauen weniger. Aber immerhin: Ich wusste jetzt, woher der Rauch kommt, aus einer winzigen Plastikziehharmonika! Wie der Rauch vorher da hineingekommen ist, das fand ich leider nicht heraus. Ich war einfach zu abgelenkt. Vom Matti, der heulte und behauptete, ich hätte die Ködepietsch kaputt gemacht. Dabei: im Gegenteil! Ich gab mir die härteste Mühe, sie zu flicken. Aber wie soll das einer können, wenn der kleine Bruder danebensteht und Theater macht!

Das Schlimmste war: Trotz meiner Mühe war der Matti jetzt total dagegen, dass ich auch das Lisa-Bäbi flicke. Obwohl sie schon so lange kaputt war und weder gehen noch bislen konnte. Ihn störte das ja wieder überhaupt nicht. Er nahm sie einfach, kaputt, wie sie war, zum Schlafen mit ins Bett, genau wie all seine anderen Stofftiere, die überhaupt nichts können und auch nicht das kleinste Geheimnis haben. Was für eine Verschwendung von diesem tollen Tanti-Lotti-Geschenk!

Überhaupt wäre es viel einfacher und auch gerechter, wenn das Tanti Lotti *mein* Gotti wäre. Dann könnte ich immer ganz genau herausfinden, wie alles funktioniert in ihren Geschenken. Zum Ausgleich könnte ich dann ja dem Matti das Tanti Eulalia überlassen. Dann könnte er mit einem schönen, neuen Buch vom lieben Gott ins Bett gehen statt mit dem alten, kaputten Lisa-Bäbi. Das wäre für ihn ja auch viel besser.

Also, wie gesagt, ich war enorm enttäuscht, dass die Schweiz uns allen, also der ganzen Familie, ein Päckli schickte, und dann war es leider, leider doch nur so ein Tanti-Eulalia-Buch.

Der Vatti nahm es in die Hand und sah es sich genauer an. Dann hielt er es hoch und zeigte es uns. Gut, zugegeben, es sah nicht schlecht aus. Es war schön rot, und vorne stand in großen weißen Buchstaben:

Zivil-

verteidi-

+gung.

Aha, sagte der Vatti, das ist jetzt also das neue Zivilverteidigungsbuch. Ich fragte ihn, warum man Zivilverteidigungsbuch sage, wenn doch drauf geschrieben steht «Zivil weniger, verteidi weniger, und gung».

Er erklärte mir, «Zivilverteidigung» sei zu lang, dass es auf das Buch passt, darum müsse das Wort getrennt werden und das «und» sei kein «und», sondern ein Schweizer Kreuz, Weiß auf rotem Grund. Außerdem sage man beim Rechnen nicht «weniger» und «und», sondern «minus» und «plus».

Aha.

Ich fragte den Vatti, was das sei, Zivilverteidigung, und er sagte, unser Schweizer Volk müsse sich verteidigen, wenn die Schwaben kommen. Dass es das auch könne, habe es schon im letzten Krieg ganz toll bewiesen, die Schwaben hätten es gar nicht probiert zu kommen, weil denen ihr Chef, der Hitler, der habe gewusst, dass wir uns so gut verteidigen, dass auf einen toten Schweizer fünf tote Schwaben kommen, mindestens! Und da sei diesem Hitler der Eintrittspreis zu hoch vorgekommen, und er habe lieber die Ausländer überfallen, weil die sich nicht so gut verteidigen.

Ich sagte dem Vatti, dass er mir das schon oft erklärt habe und ich sowieso schon längst wisse, was eine Verteidigung ist, von den Schulschlägereien her und wegen dem Vreni, und überhaupt würde ich dem Matti die Verteidigung ja gerade beibringen, obwohl er da so blöd tue, wie die Ausländer, ich wisse nur nicht, wie das Zivil geht, in der Verteidigung.

Leider mischte sich jetzt das Vreni ein und sagte, ich soll nicht so tun, als müsse ich mich immer gegen sie verteidigen, im Gegenteil, ich sei doch der, der immer anfange, und dann müsse sie sich verteidigen, gegen mich.

Das Muätti sagte, das sei bei den Kriegen auch immer so, dass hinterher beide behaupten, der andere habe angefangen. Aber am Ende bekomme immer der recht, der gewonnen habe, also der Stärkere. Und am Schluss sei dann der Schwächere ganz allein an allem schuld.

Wie beim Faustrecht?, fragte ich. Genau, sagte das Muätti, wie beim Faustrecht, und schaute dabei den Vatti an. Der sagte, das sei nicht so einfach, wie das Muätti sage, manchmal würde der Schwächere auch so lange provozieren, dass dem Stärkeren, *beim Eid*, gar nichts anderes mehr übrigbleiben würde, als zu zeigen, wer der Stärkere ist.

Gewalt sei nie ein Argument, auch nicht Gewalt mit Worten, sagte das Muätti, und der Vatti stand von seinem Schreibtisch auf, damit nicht er zum Muätti hinaufschauen musste, sondern sie zu ihm, und sagte, Blödheit sei auch Gewalt, und dann begannen sie zu streiten mit komischen Worten, die ich nicht alle verstand.

Der Matti schlich sich aus dem Vatti-Büro, wahrscheinlich ging er wieder zu seinen Stofftieren, schmüsele, wie immer, wenn es wichtig wird.

Ich wollte nicht, dass der Vatti und das Muätti jetzt streiten über etwas, das mit der Zivilverteidigung gar nichts zu tun hat, und verkündete, dass ich jetzt sofort wissen wolle, was

«zivil» sei. Aber sie hörten mir gar nicht zu, der Vatti fuch-
telte mit dem Zivilverteidigungsbuch vor dem Gesicht vom
Muätti herum, und sie stemmte die Arme in die Seite und
sagte, da sehe man wieder, dass er keine Argumente habe
und darum so gewaltig fuchteln müsse. Der Vatti hörte auf
zu fuchteln, legte das Buch auf den Schreibtisch und wollte
anfangen zu beweisen, dass er noch ganz viele Argumente
habe, aber er kam nicht dazu. Weil jetzt ich lauter schrie,
als alle anderen überhaupt schreien können, sogar der Diriwächter hat einmal gesagt, das sei ein Talent von mir, und da
hat er auch recht, ich kann nämlich maximal laut schreien,
und jetzt schrie ich: dass das Muätti gesagt habe, wenn mir
etwas nicht klar sei, könne ich immer alles fragen, und jetzt
würde ich fragen, was das sei, zivil, und ich wolle SOFORT
eine ANTWORT!

Da waren sie still.

Das Vreni verdrehte die Augen und ging auch raus. Wie
immer, wenn es so wichtig wird, dass ich schreien muss.

Dann sagte das Muätti zum Vatti, also gut, lassen wir das,
bei der Schweiz sei das ja auch etwas anderes, da könne hinterher keiner sagen, wir hätten angefangen, weil die Schweiz sei
neutral. Genau, sagte der Vatti, da habe das Muätti recht. Das
Muätti schaute den Vatti verwundert an.

Ich verstand nicht, warum man nicht anfangen kann, bloß
weil man neutral ist, aber das konnte ich jetzt nicht auch noch
erforschen, ich wollte jetzt wissen, was «zivil» ist, und verkündete das ein weiteres Mal. Laut!

Der Vatti und das Muätti sagten, komm, Dieti, wir gehen
in die Küche. Dort setzten wir uns an den Küchentisch, ohne
Matti und Vreni, nur der Vatti, das Muätti und ich. Sie sagten zuerst lange nichts. Ich wollte schon fragen, ob ich einen

Sirup haben könnte, aber da begannen sie plötzlich gleichzeitig, mir zu erklären, was zivil ist, und als sie das merkten, hörten beide sofort wieder auf. Schade.

Da sagte das Muätti zum Vatti: Erklär's du, Spatz, und lächelte ihn an. Ich staunte, wie sie das immer so schnell fertigbringt mit dem Lächeln, ich kann das nicht so schnell, wenn ich gerade gestritten habe. Der Vatti auch nicht. Er versuchte zwar, ihr Lächeln nachzumachen, aber es sah nicht so schön aus wie bei ihr, weil schief, und er sagte, gerne, Spatz, gerne.

Also, sagte der Vatti zu mir, eigentlich würde die Schweiz ja von unseren Soldaten verteidigt ...

Das wisse ich doch schon, sagte ich, darum kämen sie ja zu uns nach Mellikon ins Schulhaus.

Genau, sagte der Vatti, aber die Schweiz habe ja außer den Soldaten noch das ganze Restvolk, ohne Militäruniform und Gewehr zu Hause: Das seien die Untauglichen und andere Behinderte, Frauen, Kinder und alte Leute, das seien dann eben die Zivilpersonen. Man könne zu ihnen auch Zivilisten sagen.

Ich fragte den Vatti, ob er, wenn er ohne Militäruniform und Gewehr sei, weil er alles im Dachboden versorgt habe und nicht dabei, ob er dann auch ein Zivilpersonal ist.

Und er sagte, ja, im Prinzip sei er dann ein Zivilist, aber im Ernstfall eben nicht mehr, weil dann würde der Bundesrat verkünden: Jetzt ist Ernstfall, und dann würde er einen General bestimmen, und es gäbe eine Generalmobilmachung, und jeder, der eine Uniform zu Hause habe, müsse sich die dann anziehen und das Gewehr aus dem Schrank holen und die vierundzwanzig Schuss Munition, und dann müsse er mit der Generalstabskarte seinen Posten finden, und der sei dann ab sofort kein Zivilist mehr, sondern Soldat. So könne die Schweiz, als einziges Land auf der ganzen Welt, innerhalb von wenigen Stunden aus Zivilisten Hunderttausende von Soldaten machen.

Ich sagte dem Vatti, dass ich es jetzt verstanden habe, nämlich, es heiße Zivilverteidigung, wenn die Zivilen, die Soldaten geworden sind, dann die Zivilen, die kein Gewehr haben, verteidigen müssen.

Nein, sagte der Vatti, es heiße Zivilverteidigung, weil die Zivilen sich notfalls auch selber verteidigen müssen, ohne die Soldaten.

Aha.

Ich fragte den Vatti, ob es dann bei der Landesverteidigung auch so sei, also dass es Landesverteidigung heiße, weil das Land sich notfalls selber verteidigen müsse, ohne die Soldaten.

Nein, sagte der Vatti, die Soldaten übernehmen die Landesverteidigung schon, und damit sie dafür eben mehr Zeit haben, machen die Zivilen die Zivilverteidigung.

Und wer macht dann die Soldatenverteidigung?

Das machen auch die Soldaten.

Ich bewunderte den Vatti, dass er im Ernstfall ein Soldat wird, der gleich zwei Sachen verteidigt. Das Land und sich!

Ich weiß nicht, wie das Muätti wissen konnte, dass ich gerne einen Sirup gehabt hätte, jedenfalls stand sie plötzlich auf und machte mir einen. Trotzdem wollte ich mich jetzt nicht ablenken lassen und sagte nicht dankä, sondern trank den Sirup ohne «dankä» aus.

Aber was, fragte ich den Vatti, was verteidigen denn dann die Zivilverteidigungs-Zivilen? Das Land, sagte der Vatti und fragte das Muätti, ob er denn keinen Sirup bekomme.

Aber das Land verteidigen doch schon die Soldaten, rief ich.

Ja, schon, sagte der Vatti, mit der Waffe, im offenen Kampf, aber es gebe eben auch eine Verteidigung der Heimat ohne offenen Kampf mit der Waffe.

Jetzt wurde es aber wirklich sehr, sehr interessant, weil: Ich hirne schon lange herum, wie ich mich ohne offenen Kampf verteidigen könnte. So wie der Sheriff Bill. Der kommt im Buch «Sheriff Bill» vor, das ich mir in der Schulbibliothek ausgeliehen habe: Einmal musste der Sheriff Bill nämlich ganz alleine gegen eine ganze Bande von so bösen Gängschtern antreten. Er konnte nicht wegrennen, weil eine Frau zuschaute und er in sie verliebt war. Aber im offenen Kampf mit der Waffe hätte er keine Chance gehabt, weil die Gängschter, obwohl das ungerecht und feige ist, «Viele-gegen-einen» durchgezogen haben, gnadenlos. Also verteidigte sich der Sheriff Bill lieber ohne Kampf. Er sagte nämlich zum Gängschter-Chef, der ganz vorne vor seiner ganzen Bande stand: «Hinter dir stehen zwanzig Banditen. Aber weißt du, was hinter mir steht? Hinter mir steht das Gesetz der USA.» Da ließen die Gängschter ihre Köpfe aber schön hängen, du, und gaben sofort auf. So hat der Sheriff Bill den Kampf kampflos gewonnen.

Diesen Trick fand ich maximal gut! Ich probierte ihn bei der nächsten Schulschlägerei sofort aus. Aber er hat leider so schlecht funktioniert, wie das Zauberkreuz beim Muätti. Es hat mir enorm weh getan, als der dicke Stirnimann mir in den Magen boxte, obwohl ich es genauso machte wie der Bill. Ich hasse es maximal, wenn's weh tut. Vielleicht funktioniert der Trick ja nur mit Sheriffstern an der Lederweste. Und ich habe keinen. Nicht einmal eine Lederweste.

«Dankä, Spatz», sagte der Vatti, als ihm das Muätti den Sirup hinstellte und mir auch gleich noch einen, und dabei schaute er streng zu mir. Da sagte ich auch «dankä, Muätti», und sie sagte «bitte, Diäti» und dann noch «gern, Geeri».

Ich sagte zu ihnen, dass ich es sehr interessant finde mit der Zivilverteidigung, damit die Schwaben nicht kommen und wie man gegen die dann kampflos gewinnen kann.

Das Muätti setzte sich wieder an den Tisch, ohne Sirup, und sagte, sie glaube nicht, dass die Schwaben noch einmal kommen, die wären nämlich jetzt neuerdings auf der Seite der Amerikaner, und die Amerikaner seien Freunde von uns. Der Vatti meinte, ja, schon, aber bei den Schwaben kann man doch *nie* wissen.

Aber wenn die Schwaben nicht kommen, rief ich, dann kommt ja auch der Ernstfall nicht, und die ganze Verteidigung ist umsonst!

Da lachte der Vatti und sagte, ja, schön wär's. Aber leider will der Kommunismus vom Ostblock her zu uns kommen und uns die Freiheit und den Wohlstand zur Sau machen.

Er solle nicht so reden, sagte das Muätti zum Vatti, und er sagte, wenn's doch aber wahr ist, und das Muätti sagte, sie meine nicht das mit dem Kommunismus, sondern das mit der Sau. Aha, sagte der Vatti, also gut, dann wollen sie uns eben nicht zur Sau machen, sondern kaputt, was ja auf dasselbe herauskomme.

Aber warum der Kommunismus denn wolle, dass unsere Freiheit zur Sau geht, fragte ich, vielleicht, weil sie neidisch sind auf uns, weil der Hitler sie zur Sau machen konnte, uns aber nicht?

Das Muätti schimpfte nicht mit mir, weil ich «zur Sau» gesagt habe, sondern verzog nur den Mund zum Vatti hin.

Sie erklärte mir: Vielleicht auch aus Neid, aber es sei eben so ...

Jetzt machte ich mich auf etwas gefasst, weil: Wenn das Muätti mit «es ist eben so ...» anfängt, dann wird es kompliziert.

Aber es sei eben so, sagte das Muätti, dass die Amerikaner all die tollen Sachen mit der Freiheit und dem Wohlstand der Schweiz abgeschaut hätten und nachgemacht, und jetzt hätten sie auch viel Freiheit und Wohlstand. Aber die Kommunismus-Cheffen würden beides aus der Welt haben wollen, und darum würden sie die Amerikaner hassen und die Freunde von den Amerikanern auch, und wir gehören dazu.

«Zum Kommunismus?», fragte ich. «Nein, zu den Freunden der Amerikaner», sagte das Muätti ungeduldig.

«Also so wie die Schwaben auch zu den Amerikaner-Freunden gehören?», fragte ich.

«Ja, genau wie die Schwaben», sagte der Vatti und war froh, dass ich es verstand, weil sonst das Muätti noch weitererklärt hätte.

Aber was ich verstanden hatte, fand ich gar nicht gut. Nämlich: dass die Amerikaner mit den Schwaben auch eine Freundschaft haben und man bei denen ja nie wissen kann. Aber das behielt ich für mich, weil mir kam plötzlich eine gute Idee in den Sinn.

Mir ist eine gute Idee in den Sinn gekommen, verkündete ich, wir sollen mit den Amerikanern Blutsbrüderschaft machen, und die ist dann stärker als denen ihre Schwaben-Freundschaft, und dann können wir mit unseren Amerika-Blutsbrüdern wie Pech und Schwefel den Ostblock zur Sau machen, und dann verbieten wir denen einfach, uns zu hassen.

Jetzt hör endlich auf, immer so gruusig zu reden, sagte der Vatti, und das Muätti sagte, du weißt ja, von wem er das hat, der Apfel fällt nicht weit vom Stamm, und der Vatti behielt seine Antwort bei sich, und damit sie nicht aus Versehen rauskam, schluckte er sie mit seinem Sirup herunter. Dann erklärte er mir, dass die Schweiz bei so etwas nicht mitmachen könne, weil wir seien neutral.

Ah ja, genau. Jetzt erinnerte ich mich wieder. Schade.

Trotzdem, es sei nicht logisch, dass wir neutral sind, nur damit hinterher niemand sagen kann, wir hätten angefangen, erklärte ich dem Vatti und dem Muätti, weil: Mit den Amerikanern gewinnen wir ja den Kampf, und die Verlierer sind die Schuldigen, das habe das Muätti doch selber gesagt, also würden dann die Leute eben *nicht* sagen, die Schweiz habe angefangen, sondern der Ostblock. Darum sei es doch gar nicht nötig, neutral zu sein, und wir könnten sofort aufhören mit dem Blödsinn.

Ich war ziemlich stolz, dass ich das als erster Schweizer gemerkt hatte, dass neutral blöd ist. Aber der Vatti musste wieder alles verderben und sagen, nein, unsere Neutralität sei heilig und könne niemals aufgegeben werden.

Das fand ich maximal blöd.

Das Muätti merkte, dass mich das Neutral muff machte, und sagte, als Neutraler sei man nie auf der falschen Seite, weil es könne ja sein, dass die Freunde sich plötzlich als die Bösen erweisen und die Blutsbrüder als doch nicht so stark wie erhofft, und dann werde es eng für die Schweiz. Darum sei es schon gut, neutral zu sein.

Da verkündete ich, dass die Schweiz ja nie sicher sein kann, weil man ja vorher nie wissen könne, wer hinterher Freund ist und wer Ostblock.

Eben, sagte der Vatti, siehst du. Und darum sei die Landesverteidigung so wichtig. Weil darauf, dass die Amerikaner uns bei der Verteidigung gegen den Ostblock helfen, könnten wir uns eben nicht verlassen, weil die Amerikaner sich umgekehrt total darauf verlassen könnten, dass wir ihnen nicht helfen würden wegen unserer Neutralität.

Ich merkte, dass die Schweiz auf der ganzen Welt mit all ihren vielen Ländern ganz alleine dasteht und sich ganz alleine gegen alle diese vielen Länder verteidigen muss, ohne dass ihr auch nur ein einziges von all diesen vielen Ländern zu Hilfe kommen würde.

Jedenfalls nicht auf sicher. Auf dem Grosvatti seinem Globus habe ich lernen müssen: Gegen die ganze Welt mit all ihren Ländern ist die Schweiz munzi-winzi klein. Leider. Eigentlich haben wir im offenen Kampf mit Waffen gegen all das Gängschter-Ausland keine Chance. Drum brauchen wir umso dringender einen Trick, wie der Sheriff Bill einen hatte.

Ich glaube, Amerika ist wie die Frau, in die sich der Sheriff Bill verliebt hat. Und die Gängschter-Bande ist die Welt. Und der Sheriff Bill, der ist wie die Schweiz: neutral. Darum konnte sich die Frau darauf verlassen, dass er ihr *nicht* hilft, falls die Gängschter zu ihr kommen. Sie wusste zwar ganz genau, er liebt sie, aber seine Neutralität ist ihm heilig. Und weil es *seine* Neutralität ist und die Frau dieses Eigentum von ihm respektiert, hilft sie ihm jetzt *nicht*, sondern schaut gemütlich zu, wie der Sheriff Bill sich *selber* verteidigt, und lässt ihn ganz allein, gegen all diese Gängschter. Da hatte der Sheriff Bill einen Trick, mit dem er den Kampf kampflos gewinnen konnte, wahrhaftig bitter nötig.

Jetzt war mir alles klar, und ich hatte keine Fragen mehr:

Was der Trick für den Sheriff Bill ist, das ist die Zivilverteidigung für die Schweiz.

Ich verkündete, dass mir jetzt alles klar sei und ich die Zivilverteidigung eine granatenbombengute Sache fände und dass ich sie so schnell wie möglich lernen wolle. Dann tranken der Vatti und ich unsere Sirüpper aus, und das Muätti sagte, gut, dann können wir ja jetzt das Znacht-Essen bereitmachen, und rief nach dem Vreni und dem Matti, sie sollen helfen. Der Vatti ging wieder in sein Büro.

Noch am selben Abend, gleich nach dem Znacht-Essen, lege ich in meinem Zimmer mit dem Lernen los. Ich kontrolliere nicht einmal, ob im Fernsee wieder der Triumpf-Playtex-Hart-Beha kommt oder das Heidi Abel. Ich kann jetzt nicht schauen, weil: Jetzt muss ich Zivilverteidigung lernen. Obwohl … eigentlich müsste ich ja im «Vocabulaire française» lernen, für die Prüfung morgen. Aber im Ernstfall muss ich ja nicht Französisch können, sondern Zivilverteidigung. Ich habe das Muätti vorhin beim Znacht-Essen extra noch gefragt, und sie sagte, nein, im Ostblock würden die nicht französisch reden. Und falls doch einer vom Ostblock französisch reden sollte und man ihm den Trick auf Französisch aufsagen müsste, dann haben wir ja für diesen Ernstfall bei uns in der Schweiz noch die Welschen. Die können nämlich schon von Kind an Französisch.

Dafür sonst nichts, sagt der Vatti.

Ich öffne den Deckel vom Buch, auf dem in Weiß auf rotem Grund steht: «Zivilminus, Verteidiminus, Schweizerkreuzgung».

Es fällt ein Brief heraus, den das Buch unter dem Deckel gehalten hat. Zuoberst steht, von wem er ist:

DER VORSTEHER
DES EIDG. JUSTIZ- UND POLIZEIDEPARTEMENTS

Ich habe doch mein ganzes Leben lang noch nie einen Brief von der Polizei bekommen. Mein Herz beginnt sofort schneller zu schlagen. Das geht mir immer so, wenn Polizei ins Spiel kommt. Wenn ich zum Beispiel mit dem Velo in die Schule fahre, und plötzlich steht so einer von denen am Straßenrand ... ich werde blitzartig aufgeregt und habe Angst, dass er mich jetzt sofort verhaftet. Der Vatti sagt, wer ein gutes Gewissen habe, der habe keine Angst vor der Polizei, im Gegenteil, der sei froh, dass es sie gebe, weil ohne Polizei hätten wir Faustrecht.

Beim Vatti ist das korrekt, er wird wirklich nur bei den Zöllnern aufgeregt, wenn wir bei den Schwaben günstig geposcht haben und dann wieder über die Grenze nach Hause wollen, aber ohne die Schwaben-Sachen zu verzollen. Die Zöllner merken die Aufregung vom Vatti nicht, ich aber schon, weil ich ja weiß, wie dem Vatti seine Stimme tönt, wenn er kein schlechtes Gewissen hat. Nämlich ganz tief. *Mit* schlechtem Gewissen aber tönt sie hoch. Irgendwie ... gut gelaunt, aber unecht.

Weil er das selber merkt, aber nichts dagegen tun kann, fährt der Vatti, wenn wir Schwaben-Sachen dabeihaben, lieber in Zurzach über die Grenze, weil: Unsere Zöllner in Mellikon kennen ihn schon ziemlich gut, die würden sofort merken, dass seine Stimme künstlich ist. Und er ahnt das und geht lieber auf Nummer sicher.

Auch ich bin beim Zoll immer maximal aufgeregt, obwohl ich ja selber nichts mache, sondern nur auch noch dabei bin, aber eben: mitgegangen, mitgefangen, mitgehangen. Was mich dann immer noch besonders nervös macht, ist die Angst, dass der Zöllner mir ansehen könnte, dass ich nervös bin, und dann bin *ich* schuld, wenn er Verdacht schöpft und zuschlägt. Das regt mich zusätzlich maximal auf und macht mich nervös, was wieder die Angst, der Zöllner sieht mir das Nervöse an, steigert, was wieder das Nervöse, das er mir jetzt ganz sicher ansieht, wenn er hinsieht, größer macht und immer so weiter, bis ich fast einen Herzchaschperli bekomme.

Warum ich aber auch bei der Polizei nervös werde, sogar wenn ich ohne Vatti unterwegs bin, sondern ganz allein, nur mein Velo und ich, und

ich immer rechts fahre und

immer Handzeichen gebe, genau wie es die Polizei uns in der Verkehrskunde vorgemacht hat, und obwohl ich ganz genau weiß, dass

meine Reifen nicht abgefahren sind und

das Schutzblech nicht klappert und

das vordere Licht brennt und

das hintere auch, weil

der Dynamo funktioniert und

das Nummernschildchen sauber angeschraubt ist und

nicht abgelaufen noch vom letzten Jahr und

mein Luftdruck vorschriftsmäßig und

beide Hände am Lenker und

offenen Blickes und

konzentriert und

gefahrenbreit und

alles ...

warum ich da trotzdem immer nervös werde und mein Herz sofort schneller klopft, sobald ein Polizist mich sieht, das verstehe und verstehe ich einfach nicht. Ich habe und habe nicht herausgefunden, warum.

Jedenfalls, das schlechte Gewissen kann nicht der Grund sein, weil ich gar kein schlechtes Gewissen haben kann, weil ich keinen Grund habe für ein schlechtes Gewissen.

Auch jetzt nicht gegenüber dem Vorsteher, der mir diesen Brief da geschrieben hat. Ich habe nichts Schlimmes gemacht. Ich habe nicht Schlimmes gemacht. Ich habe nichts Schlimmes gemacht, murmle ich ununterbrochen vor mich hin. Als ich es fertigbringe, den Brief vom Polizeidepartement ohne Handzittern zu halten, kann ich ihn endlich lesen. Oben steht: «Liebe Empfänger und Leser dieses Briefes». Ich bin *tatsächlich* der Empfänger und Leser dieses Briefes, der geht also wirklich an *mich*. Ich denke mir, wenn der Polizeibrief mit «Liebe» anfängt, dann kann ja nicht mehr so viel Schlimmes kommen.

Ich werde wieder fast normal ruhig. Weiter: «Der Bundesrat …», aha, ich erinnere mich, das ist doch der, der sagt, wann Ernstfall ist, und dann den General für den Krieg bestimmt. Also: «Der Bundesrat hat beschlossen, dieses Buch über die zivile Landesverteidigung herauszugeben.»

Potz Blitz! Dieser Bundesrat, das muss ein sehr guter Mann sein, wahrscheinlich sogar der Beste der Schweiz, dass wir den so hoch oben haben, dass der das einfach so beschließen kann, und dann passiert es wirklich. Der Beweis: Ich habe das Buch ja jetzt wirklich in der Hand und bin der liebe Leser, weil die Schweiz es mir herausgegeben hat! Genau wie vom Bundesrat beschlossen.

Der Vorsteher schreibt mir, dass das Buch uns orientieren will, wie wir uns verteidigen können, auch gegen Natur- und andere Katastrophen. Eben, genau, es gibt ja nicht nur den Ostblock-Ernstfall oder die Schwaben, es gibt auch den Natur-Ernstfall. Der Zwissig-Bauer vom obersten Hof von Mellikon sagt ja auch immer, er sei im Kampf mit der Natur. Aber eben: Er kämpft zivil und ohne Schießen, nur mit guten Tricks, zum Beispiel mit Mist oder Gülle oder so.

Dann steht im Brief vom Vorsteher noch, das Buch sei eine rein vorsorgliche Maßnahme, wir alle würden hoffen, dass nie so eine Katastrophe passiere, aber wenn ebendann im Ernstfall doch, dann sei man vorbereitet. Am Schluss schreibt der Vorsteher: «Bewahren Sie das Buch deshalb sorgfältig auf. Lesen Sie es besinnlich durch, vergewissern Sie sich von Zeit zu Zeit, ob alles vorbereitet sei, und tragen Sie dazu bei, dass wir zuversichtlich den kommenden Zeiten entgegensehen können. Mit hochachtungsvollen und freundlichen Grüssen»

Und dann hat der Vorsteher noch in Schnüärli-Schrift seinen Namen geschrieben: L. von Moos.

Ich finde das einen sehr schönen Brief. Er tönt eigentlich genau wie das, was der Vatti seinen Kunden auch immer sagt, wenn er mit ihnen ein Geschäft machen will, für die Winterthur Leben. Er sagt ihnen auch, dass alle nur hoffen können, dass nichts passiert, aber man eben nie wissen könne, ob es nicht doch passiert, und man darum jetzt wissen müsse, was dann zu passieren habe und was vorher habe passieren müssen, damit das dann passieren kann, was zu passieren hat, nachdem es passiert ist. Vorsorglich.

Ich weiß das so genau, weil der Vatti will, dass wir Kinder wissen, was er beim Schaffen macht und woher das Geld kommt. Darum hat er mit mir Versicherungsvertreter gespielt, ich war sein Kunde, und er war er. Und da hat er es mir genauso gesagt wie jetzt auch der Vorsteher. Ich habe den Vatti noch gefragt, was vorsorglich bedeute, und er sagte, das sei wichtig, weil man sich lieber vorher die Sorge machen soll, die man dann hinterher vielleicht habe.

Ich glaube auch, dass das gut ist, weil: Wenn man die Sorge dann wirklich hat, kennt man sie schon und hat sich bereits an sie gewöhnt, weil man sie sich eben lange vorher schon gemacht hat.

Ich merke: Das Buch vom Bundesrat ist so eine Art Versicherungspolice für den Ernstfall. Darum will der Vorsteher von mir, dass ich es gut aufbewahre, so wie der Vatti das bei seinen Policen von den Kunden auch will. Er sagt, die Police sei das Wichtigste. Wenn das Haus abbrennt, muss man die als Allererstes retten.

Ich drücke das Buch an mich und verspreche ihm, dass ich es, wenn wir abbrennen, als Erstes vor allem anderen rette, sogar noch vor der Märklin-Dampfloki, die ich bis heute als Erstes gerettet hätte.

Vielleicht schaffe ich ja auch beides ...

Bevor ich dem Vorsteher folge und das Zivilverteidigungsbuch besinnlich durchlese, will ich es mir aber erst mal genauer ansehen. Es sind ähnliche Bilder darin wie in den Tanti-Eulalia-Büchern. Aber diese hier sind mit einem grauen statt einem braunen Stift gezeichnet, und sie zeigen viel interessanteres Zeugs. Statt Esel und Büsche und Hirten sieht man hier:

Vater, Mutter, Kind, wie sie aus einem brennenden Haus schauen;

Soldaten, die einen Toten aus dem zusammengefallenen Haus ziehen, anstatt sich und das Land zu verteidigen;

einen armen Hund, der im Giftgas zur Sau geht;

sogar der Atompilz ist hier hineingezeichnet, damit man weiß, wie der aussieht.

Das ist maximal hochinteressant.

Außer diesen großen grauen Bildern von den Katastrophen

sind lustige Strichmännchen und -frauchen gezeichnet, die zeigen dann zum Trost, dass es immer einen Trick gibt, den Kampf gegen diese Ernstfälle zu gewinnen: Die Familie geht einfach in ein Zelt vom Roten Kreuz und isst dort jetzt erst einmal eine Suppe. Die Soldaten sagen einem Zivilen, er soll den Toten selber da rausziehen, und gehen wieder das Land verteidigen. Der Hund, ja, gut, der ist zwar leider zur Sau, aber sein Herrchen rupft sich einfach eine Gasmaske über den Kopf und kann lebendig weiterschnaufen. Sogar beim Atompilz muss nicht gleich alles zu Ende sein.

Ich lerne von den Strichmenschlein: Wenn man den Atomblitz sieht, darf man ihn nicht lange anstaunen, weil sonst wird man blind. Und dann muss man sich schnell hinter ein Mäuerchen legen und flach machen, dann wird man von der Hitzewelle vom Atomblitz nicht verbrannt, weil: Das Mäuerchen macht kühlen Schatten. Es ist aber wichtig, dass man sich hinter ein gutes Mäuerchen wirft, weil ein schlechtes würde zusammenbrechen, denn jetzt kommt nämlich noch die Druckwelle vom Atomblitz. Die macht dem Strichmännchen nichts, weil das Mäuerchen hält. Aber jetzt, Achtung: Nach der ersten kommt dann noch eine zweite Druckwelle! Die ist ziemlich gemein, weil: genau aus der Gegenrichtung. Also nicht vom Atomblitz her, sondern zum Atomblitz hin. Darum muss man dann, wenn die erste Druckwelle vorüber ist, schnell über das Mäuerchen hechten und sich auf der anderen Seite hinlegen, wegen der zweiten.

Mit diesem Trick gewinnt man den Kampf gegen den Atomblitz.

Aber jetzt geht der Kampf gegen den Atompilz los. Weil der hat einen Radioaktiv innen drinnen, und der leider ist giftig. Man kann im Ernstfall sogar sterben, wenn man zu viel davon bekommt. Der Atompilz verwandelt sich nach ein paar Minuten in eine Art Gewitterwolke, und die fängt dann an zu regnen. Aber dieser Regen ist ganz schwarz, weil voll Radioaktiv, und darum soll man jetzt die Regenpelerine überziehen, am besten eine mit Regenpelerinenkapuze, die man leider unbedingt auch über den Kopf rupfen muss, obwohl laut. Aber wenn der schwarze Radioaktiv kommt, was will man da machen, oder?

Wenn es dann wieder aufhört zu regnen und man geht ins Rotkreuzzelt zur Suppe, die die Krankenschwestern extra mit Jodsalz gewürzt haben, muss man, bevor man hineingeht, vorher die Regenpelerine wieder ausziehen. Man schmeißt sie vor dem Zelt einfach weg und lässt sie liegen, für immer, weil man sonst den Radioaktiv mit hineinnimmt, und das wäre also nicht so höflich, weil der macht die gesunden Krankenschwestern krank. Darum: weg mit der Regenpelerine!

Ich merke: Dieses Buch ist das nützlichste Buch der ganzen Schweiz. Da sind maximal gute Sheriff-Bill-Tricks drinnen, die ich alle lernen kann! Gut, dass der Bundesrat beschlossen hat, es mir herauszugeben!

Obwohl ...

Mir fällt und fällt einfach nicht ein, wo auf meinem Schulweg so ein Mäuerchen ist. Es hat zwar viele Mauern, vor allem um die Einfamilienhausgärten herum, aber die sind entweder zu hoch oder zu schwach, oder es sind oben so farbige Glasscherben darauf einbetoniert. Überhaupt sind die ja dafür gemacht, dass man eben gerade *nicht* darüberhechten kann. Die Einfamilienhausgartenmauern können ja nicht wissen, ob der, der da jetzt gerade über sie hechtet, ob der nur den Atomblitz-Trick macht oder ob der ein Gängschter ist und womöglich einen Apfel stehlen will oder so.

Ich frage mich langsam, ob der Vorsteher das auch weiß oder ob ich ihm schreiben soll, dass all diese Mauern für den Ernstfall umgebaut werden müssen!

Da blättere ich zum Glück weiter, und da steht: Es geht auch ohne Mäuerchen! Ohne ist sogar einfacher. Man legt sich einfach hin und nimmt die Hände unter seinen Körper, damit sie nicht verbrennen. Und die Regenpelerine ist auch nicht sooo dringend nötig. Man kann nachher auch einfach die nassen Radioaktivkleider ausziehen und ohne sie weiterlaufen. Um ganz sicherzugehen, soll man aber nach dem Atomblitz noch eine Dusche nehmen, damit auch das Gift von einem weggeht, das unter Umständen durch die Kleider hindurch bis auf die Haut gekommen ist. Sicher ist sicher. Ich beschließe, obwohl ich nicht gern dusche: Im Ernstfall mach ich's.

Ich werde ganz müde von all diesen vielen Tricks. Ich schau mir das Zivilverteidigungsbuch lieber morgen dann noch einmal genauer an. Ich gehe zu meiner Familie, sage «guät Nacht mitenand», dann ziehe ich mir das Pischamaa an und krieche unter die Decke.

Aber jetzt werde ich, obwohl müde, nervös. Weil ich mir immer den Atompilz vorstelle und was ich dann machen muss, wenn er kommt. Ich versuche, an etwas anderes zu denken.

Das funktioniert leider sehr gut: Ich denke nämlich jetzt an den Schultag morgen. Wie das wohl wird, mit der Französischprüfung, und wie ich sie überstehen kann, obwohl ich nichts vorsorglich gelernt habe. Das wird auf jeden Fall ein Ernstfall, aber ich kenne den Trick nicht, mit dem ich den Kampf gegen das Mademoiselle Hartmann gewinne. Das regt mich so auf, dass ich wieder das Zivilverteidigungsbuch in die Hand nehme, schlafen kann ich jetzt sowieso nicht mehr, und zum Französischlernen ist es jetzt zu spät. Also grüble ich meine versteckte Taschenlampe unter der Matratze hervor und lerne unter der Bettdecke weiter die Zivilverteidigung. Im Buch stehen noch viel mehr Tricks, wie man den Feind kampflos besiegt. Einer davon heißt:

«Wir machen den Igel.»

Igel finde ich gut. Wenn unser Hund, der Lumpi, im Garten einen Igel findet und ihn anbellt, wird der eine einzige Stachelkugel. Keiner kann ihm dann noch etwas tun. Der Igel hat den Verteidigungstrick von der Natur her eingebaut. Ich bin gespannt, wie jetzt dieser Igeltrick mit der ganzen großen Schweiz funktioniert. Da steht:

«Wir bleiben innerlich geschlossen und lassen keinen Volksteil gegen den anderen ausspielen.»

Das würde ja dann im Ernstfall bedeuten, dass wir Aargauer uns sogar mit den Zürchern zusammentun müssten. Das wird schwierig, ich weiß es! Aber ich nehme mir vor, es dann trotzdem zu probieren. Aber nur, wenn es zum Schlimmsten kommt.

Es steht hier auch noch, «dass wir nach außen keinen Zweifel daran lassen, dass wir nötigenfalls kämpfen – auch ohne fremde Hilfe», und dass wir «so die uns wohl gesonnenen Mächte zur Tat zwingen».

Das heißt, wenn der Sheriff Bill dem Gängschter-Chef gesagt hätte: «Ich lasse keinen Zweifel daran, dass ich nötigenfalls kämpfe! Auch ohne die Frau», dann hätte die Frau das nicht mit ansehen können und hätte ihm geholfen. Gezwungenermaßen. Das finde ich auch einen guten Trick: Man sagt so lange zu den Feinden, dass man zweifellos nötigenfalls kämpft, und zu den Befreundeten, dass man auf jeden Fall auch ohne sie kämpft, bis die Befreundeten denken, ja, wenn der kämpft, müssen wir doch auch, wir können ja nicht nur zusehen. Und dann gehen die auf die Feinde los, und man selber kann schön neutral bleiben und gewinnt. Kampflos. Aber das funktioniert nur, steht da im Buch, wenn man maximal stark tut und auf keinen Fall sagt: Wir geben lieber auf. Weil dann sei man ein schwaches Volk und «verliere die Achtung des Gegners und der ganzen Welt». Dann hilft einem dann also keiner mehr.

Ja, klar, das glaub ich auch! Wenn der Bill wie ein Schwächling sagt, bitte, liebe Gängschter, ich will nicht kämpfen, tut mir nichts, bitte, bitte ... Ja, dann läuft die Frau natürlich weg und rümpft die Nase, logisch, odr. Was soll sie sonst machen!

Ich lösche die Taschenlampe ab, und damit dem Zivilverteidigungsbuch nichts passiert, lege ich es schön geschützt unter mich.

Wenn ich dann einmal all seine Tricks auswendig kenne, dann bin ich maximal sicher und gewinne jeden Kampf und muss nie mehr Angst haben, vor niemandem. Nicht einmal vor der Polizei oder dem dicken Stirnimann.

Oder der Französischprüfung.

Morgen werde ich so lange verkünden, dass ich zweifellos gegen das Mademoiselle Hartmann kämpfe, nötigenfalls auch ganz alleine, bis die ganze Klasse gegen sie kämpft, gezwungenermaßen, und die blöde Französischprüfung von der Hartmann zur Sau geht. Das wird maximal.

Dankä villmal, liebes Zivilverteidigungsbuch!

Max
berichtet von einer Frau und zwei Appenzeller Brüdern

Das *theoretisch* wertvollste aller als Zahlungsmittel zugelassenen Geldstücke der Schweiz ist: das Gold-Vreneli. «20» ist links neben das stolze Schweizer Wappen geprägt und rechts «FR». Für zwanzig Franken also kann man mit dem Gold-Vreneli offiziell einkaufen. Auf der Kehrseite der Münze leuchtet das Porträt der Helvetia. «Gold-Helvetia», oder vielleicht liebevoll «Gold-Helvteli», müsste die Münze daher eigentlich heißen. Tut sie aber nicht. Warum stattdessen Gold-Vreneli? Ein nicht gelöstes Rätsel. Vielleicht war es ja ein Vreneli, das vor hundert und x Jahren für das Helvetia-Porträt Modell gestanden hat, beim Künstler, einem gewissen Herrn Landry. Nach vollendetem Werk war das Bildnis den Herren Helveten jedoch zu wenig Helvetia-mäßig, zu jung und ungestüm wirke sie, befand man, außerdem würde das Weibsbild mit dieser wilden Haarlocke frivol aussehen, kurz: Dieses Vreni war unwürdig. Worauf der Künstler sie älter und braver gestaltete, sie hatte jetzt auch einen leicht übellaunigen Zug um den Mund. Aber so erschien sie dem Gremium nun als Schweiz-kompatibel, wurde abgesegnet und in Gold gestempelt. Das Schweizer Volk hat sie sofort liebgewonnen und fortan Vreneli genannt.

Das Gold-Vreneli besteht wirklich aus echtem, ehrlichem

Gold. Darum zahlt keiner, der ein Gold-Vreneli besitzt, mit einem Gold-Vreneli. Weil das Gold im Gold-Vreneli weit wertvoller ist als zwanzig Franken. So werden die Vrenelis von deren schlauen Besitzern gehortet statt ausgegeben und fristen ein unwürdiges Dasein in trüber Dunkelheit schweizerischer Schatullen, Zimmertresore und Bankschließfächer.

Das *praktisch* wertvollste, weil im tagtäglichen Gebrauch eingesetzte Geldstück der Schweiz ist der Fünfliber – ursprünglich genau fünfmal schwergewichtiger als das Einfrankenstück. Er bestand aus echtem, ehrlichem Silber. Als der Wert des im Fünfliber enthaltenen Edelmetalls fünf Franken überstieg, wurde ihm eine Diät verpasst: Sechs Millimeter musste er abspecken und war jetzt nur noch dreimal so schwer wie der «Einfränkler». Nun entsprach das Silber im Fünfliber wieder «5FR», jenem staatlichen Versprechen, das man ihm für alle Ewigkeit eingeprägt hat, diesmal *über* dem Schweizer Kreuz. Als der Silberpreis in den späten 1960er Jahren abermals anstieg, verzichtete man, damit ihn nicht das gleiche Schicksal ereilte wie das Gold-Vreneli, ganz auf das Edelmetall im Fünfliber. Heute wird er aus einer hundsgewöhnlichen Gebrauchslegierung gemacht.

Auf der Kehrseite des Fünfliber prangt, wie auch schon zu seinen schönsten Silberzeiten, der Wilhelm Tell. Darum müsste er eigentlich, analog zum Gold-Vreneli, «Silber-Willi» heißen. Tut er aber nicht. Dies Mannsbild ist nämlich nur inoffiziell Wilhelm Tell. Ein Volksglaube. Offiziell handelt es sich quasi um den «unbekannten Sennen». Zu Ehren jener Bergbauern, die ein Schweizer Identitätsprodukt nicht nur erfunden, sondern auch zu höchster Qualität veredelt haben und es damit zu beachtlichem Wohlstand brachten, den Schweizer Käse.

Der Fünfliber steht für die Urseele der Schweizer Milchbauern und somit auch der Appenzeller, ja, des ganzen Appenzeller Landes. Das wertvollste Geldstück dem wertvollsten
Stück Schweiz! Denn dass es kein wertvolleres Land gibt als
das Appenzeller Land, das steht für jeden Appenzeller außer
Frage:

Nachdem der liebe Gott die Welt und alle Länder erschaf-
fen hatte, gefiel auch ihm das Appenzell am besten. Mit
Abstand. Er betrachtete es wohlgefällig und befand es
für derart wertvoll, dass er mehr davon wollte und kur-
zerhand mehr davon schuf, wozu ist man schließlich
Gott? Er hat so viel davon gemacht, dass er es in Falten
legen musste, um alles unterzubringen!

Gott wandelte nun über die Berge, Senken und Täler
des faltigen Appenzeller Landes, und es begab sich, dass
er einen Bauern traf. «Grüß Euch, Gott», vermeldete der
Bauer artig, und Gott erwiderte: «Weyl Ihr mich so artig
gegrüßet habet, Appenzöller, obschon ich Migranten-
hintergrund habe, habt Ihr jetzo drey Wünsche frey.»

Der Bauer überlegte und sprach: «Lieber Herr Gott,
ich wünsche mir nichts Großes, nur eventuell, wenn das
ginge, vielleycht so grüne, saftige Wiesen, wysst Ihr, so
mit würzigen Chrüütli darauf.»

So schuf Gott grüne, saftige Wiesen mit würzigen
Kräutern darauf. Hernach fragte er: «Und was, Appenzöller, ist Euer zweyter Wunsch?» Selbiger sprach: «Also,
wenn Ihr ums Verrecken eyne Antwort wollt, ich hätte
da schon … Aber nur, wenn es nicht zu viele Umstände
macht, göll, lieber Herr Gott, also dann würde ich mir
vielleycht noch Kühe wünschen, auf den saftigen Wie-

sen. Die könnten dann diese würzigen Chrüütli fressen und davon gute Milch geben ... Aber nur, wenn es Euch nicht zu viel Mühe macht, göll, also, ich will da keyne Umstände machen, aber wenn es leycht geht und Ihr so freundlich seyn wollt, so vergelt's dann Gott, hä!»

Gott war angetan von der freundlichen Bescheidenheit des Bauern, schnippte gnädiglich mit den Fingern, und siehe da: Schon grasten auf den Wiesen jetzo fette Kühe mit prallen Eutern. Der Bauer näherte sich einer von ihnen, demütig und respektvoll, kniete sich neben sie ins Gras, beugte seinen Leib zu ihr hin, bis seine Stirn sanft ihre Flanke stützte, und melkte mit großer Obacht ihre Milch in seinen Becher hinein. Er verkostete als Erster das weiße Gold, und ob des Wohlgeschmackes, der sich ihm offenbarte, ließ er seine Zunge gar vergnüglich schnalzen und im Maule tanzen. Und es begab sich, dass Gott, im Angesicht des lustig milchsaufenden Bauern, höchstselbst anhub, jene zu begehren, was er dem wackeren Sennen kundtat. Der Bauer füllte willig den Becher ein zweites Mal und reichte ihn Gott.

Und der Herr versuchete die Milch!

«Ahhh ... göttlich», verkündigte er, «es ist hienieden die beste Milch meyner ganzen Schöpfung!» Und so labte sich der Herr an der Milch ohn Unterlass bis zu des Bechers Neige. Er schleckte sich den weißen Rahm aus dem Barte und fragte, welch ein Ding der Appenzöller jetzo als Drittes begehre. Worauf selbiger dem Herrn den Becher entwand, ihm statt dem Gefäß die hohle Hand hinstreckte und mit fester Stimme sprach: «Eynen Fünfliber für die Milch, wönner wönd so güat sy.»

Da dämmerte es Gott, dass er dem schlauen Appenzeller nicht nur dieses versprochene dritte Mal, sondern ab nun tausend mal tausend mal tausendmal geben musste, was jener zu begehren gedachte, nämlich jedes Mal, wenn ihn nach der köstlichen Milch dürstete, die zwar seiner eigenen Schöpfung entsprungen war, nun aber dem Appenzeller gehörte, jetzo, künftiglich und in alle Ewigkeit, Amen.

Der Nicht-Appenzeller kann erst, indem er sich all dies vergegenwärtigt, ermessen, welche Bedeutung es hat, wenn die Einheimischen sagen: Das Appenzöller Land liege mitten im Kanton St. Gallen wie ein Fünfliber im Kuhfladen. Und dabei versonnen an ihren Appenzeller Pfeifchen ziehen und würzig riechende Aromen aus allerhand geheimnisvollen Chrüütli in wolkigen Formationen gegen den Himmel paffen.

Seit jenem Tag, an dem der Appenzeller von Gott die Wiesen, die Kühe und die Milch empfangen hatte, war er fruchtbar, mehrete sich und besiedelte jede Falte und jeden Hang des Appenzeller Landes.

Doch weil die Wiesen am schroffen Hang weniger abwerfen als jene in den sanften Talsenken, weil die Kühe im Wald weniger Gras finden als auf der Weide, weil sie sich auf der Alb zu Tode stürzen und auf den ebenen Matten eben nicht, werden jene Milchbauern mit gutem Land reich und jene mit schlechterem reich an Arbeit. Nach schlimmen Jahren, in denen der Frühling zu spät und der Herbst zu früh gekommen war, in denen es zu wenig Regen gab, wenn das Gras wachsen sollte, und zu viel, wenn die Heuernte anstand, nach solchen Jahren kommen die ärmeren Bauern in Not, und manch einer muss Teile seines Landes dem wohlhabenden Nachbarn verkaufen, damit die Schüsseln auf dem Tisch voll werden und die Bäuche der Kinder nicht anschwellen.

Neben Hundwil, gleich bei der Ehrbodenhöhi, fährt man am Löchli vorbei Richtung Schnetteren und biegt vor dem Rütisitz, gleich beim Weesli-Bänkli, in jenen Wiesenweg ab, der sich dort linker Hand bergwärts schlängelt. Nach der zweiten Rechtskurve, am kleinen Fischteich vom Blinggeren-Hof vorbei, öffnet sich der Blick zwischen dem Tannhubel-Wäldchen und dem Buächeschwändi-Tobel auf einen zuerst sanft und dann immer steiler ansteigenden, breiten Hang. An ihm liegen drei Höfe, übereinandergestaffelt, jeweils vielleicht zweihundert Höhenmeter Abstand zwischen sich. Alle drei in traditioneller Manier aus Holz gefertigt. Mächtige, überstehende Satteldächer, die Fronten der Bauernhäuser versehen mit durchgehenden Fensterbändern in jedem Stockwerk. Diese Fenster werden nicht am Scharnier geöffnet, sondern in die Holzwand nach unten versenkt und zum Schließen an dicken Rindslederriemen wieder nach oben gezogen und eingehängt. Die eine Seitenfassade dieser Häuser ist mit Holzschindeln gegen Wind und Wetter geschützt, an die andere lehnt sich, im rechten Winkel zum First, das langgestreckte Stall- und Scheunengebäude.

Trotz des identischen Baustils ist sofort erkennbar, welcher der wohlhabendste der drei Höfe ist und welcher der ärmste.

Am untersten, dem Rotacher-Hof, glänzen drei Fensterbänder übereinander. Das Wirtschaftsgebäude streckt sich unter dem makellosen Ziegeldach dreimal so lang, wie das Bauernhaus breit ist. Der mächtige Miststock ist akkurat zum perfekten Quader geschichtet, dessen Seitenflächen langhalmiges, zu goldenen Zöpfen geflochtenes Stroh ziert. Rund um den

Hof weiden prächtige Kühe auf saftigen Wiesen, ein stolzer Hürlimann-Traktor glänzt, feuerrot und chrombewehrt, vor der Scheune.

Der mittlere Hof verfügt über immerhin noch zwei Stockwerke. Das Wirtschaftsgebäude aber wirkt seltsam amputiert, es ist nur halb so lang wie das Wohnhaus breit. Weder Tiere noch Geräte sind zu erkennen, kein Mist ziert den Hof. Wo einst die Güllegrube war, prangt jetzt ein schwimmbadblau gestrichenes Betonloch, gefüllt mit klarem Brunnenwasser. Die Fenster blitzen sauber, die Schindeln und die Holzkassetten der Hauswände sind frisch gestrichen, das Dach ist neu gedeckt. Der Fall ist klar: Hier hat ein Bauer aufgeben müssen und den Hof verkauft, wohl an einen Flachländer, der ihn nun als Feriendomizil nutzt. Ein weißes Kreuz auf rotem Grund flappt träge am Fahnenmast.

Der oberste und kleinste Hof, einstöckig, das Stall-Scheunen-Gebäude nicht größer als das bescheidene Wohnhaus, scheint noch in Betrieb zu sein: Ein Einachsmäher aus der Nachkriegszeit rostet neben dem Stall vor sich hin. Daneben ein lieblos aufgehäufter Mistkegel. Alles Holz an den Gebäuden ist grau verwittert, die beiden Dächer sind zugewuchert mit Moos auf morschen Schindeln. Neben dem Wohnhaus ein niedriger Verschlag. Davor, im matschigen Auslauf, eine trächtige Sau in Gesellschaft eines müden Ebers. Hinter dem Stall langweilen sich fünf Jungbullen auf dem längst abgeweideten Wieslein.

Dieser oberste, das ist der Hof der Düsl-Brüder.

Wenn einer einen von den Düsln ruft, dann ruft er nicht «he, Düüsl» wie «Düse», auch nicht «he, Düssl» wie «Rüssel». Er ruft die Düsl-Brüder wie Dussel-Brüder. Um Missverständnissen vorzubeugen: Es sind keineswegs Dussel, diese Düsl. Sie sind im Gegenteil sogar recht geschickt, was praktische Tätigkeiten betrifft, wie Mähen, Heuen, Feuermachen, Zaunbau, Melken, Käsen und dergleichen. Jedoch sind sie in die sozialen und gesellschaftlichen Belange des Lebens, sagen wir: nicht optimal integriert. Die beiden haben nie eine Chance gehabt, all jene Usancen und Gepflogenheiten, jene geheimen Codes des zwischenmenschlichen Umgangs, jene unausgesprochenen und komplizierten Regeln, jene Botschaften hinter den Botschaften verstehen und anwenden zu lernen, die als unabdingbares, fundamentales Rüstzeug für das Überleben in der schweizerischen Sozietät Geltung haben.

Keiner hat es ihnen je gezeigt, und alleine aus sich selbst heraus kann man das nicht lernen. Wie soll einer auch selber auf die Idee kommen, ein Mann sei weniger wert, bloß weil er bloßfüßig geht das ganze Jahr. Oder dass die Weiber noch viel anderes von den Männern erwarten als die Sau vom Eber und die Kuh vom Stier. Das zwar auch, aber das sagen sie natürlich nicht, sondern tun, als käme es auf innere Werte an und auf Manieren. Wie soll man auf so komische Ideen kommen, ganz alleine, hä? Überhaupt, Manieren, was soll das eigentlich sein, genau? Wozu braucht es die? Man sagt, was zu sagen ist, und fertig, was denn noch, odr?

Es hat niemanden gegeben, der den Düsl-Brüdern hätte beibringen können, wozu Manieren gut sind und wer welche wann warum wem gegenüber zu zeigen hat.

Sie mussten schon als kleine Hose-Schiisserli auf ihren eigenen unbeschuhten Füßen stehen: Die Mutter war nach der Geburt des zweiten Düsl-Buben direkt aus dem Kindbett abgehauen. Geradewegs zum lieben Gott. In jener Unwetternacht, in welcher der Düsl-Vatter runtergehastet ist, zum Herrn Doktr, bis Hundwil, weil die Frau so elend wurde, bleich und nach Luft ringend im blutigen Bett. Und erst nach fünf Stunden wieder zurück war, mit dem tropfnassen Doktr, den er von Hundwil Richtung Schnetteren, vor dem Rütisitz beim Weesli-Bänkli hinauf, am Blinggeren-Hof vorbei, zwischen dem Tannhubel-Wäldchen und dem Buächeschwändi-Tobel hindurch hinter sich hergeschleppt hat und dann nach dem Rotacher-Hof den Stutz hinauf, ganz nach oben, wo sein Hof liegt und darinnen die Frau. Dort endlich wieder angekommen, hat der Düsl-Vatter zuerst noch gemeint, es ginge ihr besser, weil sie nicht mehr keuchte, ließ sich täuschen von ihrem Frieden, wollte glauben, sie weine nur noch ein bisschen vor sich hin, im Schlaf.

Bis er merken musste, dass die Nässe in ihrem Gesicht nicht Tränen waren, sondern Regenwasser, das dem Doktr aus der Frisur tropfte, als der sich über den Leichnam beugte.

Als diese Tragödie sich ereignete, hatte der eine Düsl-Bruder das Gehen eben erst gelernt, der andere konnte noch nichts als Brüäle und Schiisse. Die beiden hatten in jener Unwetternacht, wenn man es genau nimmt, nicht nur ihr Muätti verloren, sondern ihren Vatti gleich dazu.

Der Düsl-Vatter wurde ein anderer. Das, was ihn eigentlich ausmachte, seine Art, sein Wesen, das ist wohl der Toten hinterhergeflogen. Abhandengekommen, irgendwo zwischen dem Himmelreich, wo er seine Frau wähnte, und dem Jammertal, in dem er weiterzuleben hatte.

Äußerlich hat er funktioniert, der Vatter, das schon. Hat auch gekämpft um seine Buben. Nämlich: Kaum hatten die Hundwiler die Holzkiste mit der Frau darinnen fortgetragen, kamen sie schon wieder zu ihm rauf und wollten ihm auch noch die Goofen wegnehmen. Er musste zuerst den Lehrer vom Hof jagen, dann den Pfarrer, und nachdem er sogar den

95

Ammann von Hundwil vom Hof gejagt hatte, kam am Ende auch noch der Herr Doktr mit einem Gehülfen und wollte den Düsl-Vatter prüfen, ob der überhaupt noch bei Sinnen sei. Auch die hat er vom Hof gejagt, stante pede.

Die Hundwiler Amtspersonen waren schon kurz davor, die Landjäger zu rufen, damit die den renitenten Düsl-Bauern abholen und die Kinder nach Herisau ins Waisenhaus verfrachten, da hatte die Brülisauerin vom mittleren Hof, unterhalb vom Düsl, ein Erbarmen. Sie machte den vorsorglich Zuständigen ein Angebot: Sie würde zum Goof und dem neugeborenen Pfüderi schauen und kontrollieren, ob es der Düsl-Bauer recht mache mit denen, es seien ja nicht viele Schritte für sie, den Stutz hinauf zum Düsl-Hof. Die Hundwiler Herren waren es zufrieden und zogen, froh, eine Sorge los zu sein, wieder talwärts.

Die Brülisauerin und der Düsl vereinbarten, dass die Hoseschiisserli vorderhand auf dem Düsl-Hof großgezogen und später, nachdem aus den Nasen-Böög-Fressern etwas Nützliches geworden sei, dem Brülisauer überlassen werden, als Verdingbuben. Im Gegenzug würde die Brülisauerin in ihren regelmäßigen Berichten nach Hundwil rapportieren, dass es den Buben recht ginge und alles in Ordnung sei.

«Diä cheibe Siäche von der Regierung, die geht es ja schließlich nichts an, wie die freien Bauern hier oben ihre Sach regeln, odr?»

Für einen Fünfliber zu jedem Ersten würde die Brülisauerin den Buben auch ab und zu die Chleider flicken und es bizzeli zum Rechten schauen, bis sie in die Schule kommen. Dass sie von den Hundwilern auch einen Fünfliber bekam, zu jedem Ersten, für ihre Aufsicht, das sagte die Brülisauerin dem Düsl-Vatter nicht.

Solange die Buben klein waren, hat die Brülisauerin recht gut Wort gehalten. Der Düsl hat ihr den Stillhalte-Fünfliber jeden Monat brav in die Hand gedrückt. Aber mit der Zeit kam sie immer je seltener den Stutz herauf, er versäumte immer je öfter den Zahltermin, und allmählich merkten beide Seiten: Es geht ja schließlich auch so. Man lässt sich in Ruhe.

Und die Hundwiler? Die entrichteten der Brülisauerin weiterhin zuverlässig ein Dutzend Fünfliber per anno.

Der Düsl-Vatter lachte nie, redete nichts, wurde immer je vernagelter und verbohrter. In sich gekehrt, wie ein umgedrehter Handschuh. Man konnte nichts Rechtes mehr anfangen mit ihm. Aber er gab sich redlich Mühe, die Buben zu währschaften Bauern und Sennen zu formen. Ohne viele Worte, in knapper Zeichensprache, dirigierte er sie ins harte Berglerleben. Arbeit Tag und Nacht, strenge Blicke, kein Gelafer und kein Bääbele, dafür wenn nötig eine saftige Flättere hinter die Ohren, das war im Wesentlichen, was er in ihre Erziehung investierte.

Für die Brüder war der Düsl-Vatti Gott. Sie liebten ihn, und sie fürchteten ihn. Er war das Maß aller Dinge. Versorger, Richter, Lehrer.

Und Dämon. Oft hockte er den ganzen Nachmittag in der Stube, selbst wenn draußen bestes Heuwetter zur Ernte drängte, er starrte auf ein Bild, das keiner sehen konnte außer ihm. Das Bild seiner Frau. Die Buben werweißen, das Muätti müsse wohl an der Wand sein, grad neben dem Kachelofen, weil der Vatti immer genau zu dieser Stelle hinstarrte, ohne einen Lidschlag zu tun. Reglos, wie geschnitzt aus grobem Holz, mit Augen aus kalter Kohle. Ab und zu packte seine schwielige Tatze die Flasche mit dem selbstgebrannten Chrüüter und hob sie zu den schmalen Lippen. Ein kleiner

Ruck mit dem Kopf, die Hand sank auf die Tischplatte zurück. Je schärfer der Schnaps in der Kehle vom Vatti brannte, desto klarer erschienen ihm die Bilder seiner Frau. Hin und wieder grummelte er zur Wand hin. Selten gelang es den Buben, aus seinem Geknurre verständliche Worte herauszufiltern:

«Jetzt langts, Frau, chomm zrugg», «söll di choge hole, hä», «scho rächt», «so gaad halt alls Bach ab».

Wenn der Vatti mit der unsichtbaren Frau haderte, schlichen die Brüder so leise wie Katzen um den Hof. Wagten kaum zu flüstern, verzogen sich in den Stall, in den warm dunstigen Frieden der Kühe.

Aber trotz der ewigen Chrampferei von frühmorgens bis in die Nacht, trotz dem Vatti-Dämon und dem unsichtbaren und unerreichbaren Muätti – der Düsl-Hof war für die Buben eine vertraute Welt, deren Regeln ihnen geläufig waren und in der sie zu überleben gelernt hatten. Die andere Welt, da unten, jenseits der talwärtigen Hofgrenze und weiter hinab unter das Nebelmeer, diese Welt war fremd, gefährlich, unberechenbar.

Wenn der Brülisauer-Bauer sie zu sich herabrief, zum Helfen, war der Tag verdorben. Gefüllt mit Flüchen und Demütigungen, mit wehen Muskeln von der Anstrengung und wehem Grind von den Ohrfeigen.

Bis sie beschlossen, zu werden wie der Vatti-Dämon. Nichts mehr zu reden. Nicht zum Brülisauer, nicht zur Brülisauerin und zu den Brülisauer Goofen schon zehnmal nicht. Sie verwandelten sich in Goofen aus grobem Holz mit Augen aus kalter Kohle. Sie ließen alles Zetern und Fluchen der Brülisauer, samt den Schlägen, über sich ergehen, stur und stumm. Wie Bergkiefernscheite. Bis die Brülisauerin sich bekreuzigte und befand, in diese Sürmelsiäche sei der Leibhaftige eingefahren, und die Düsl-Brüder vom Hof verbannte. Von da an hatten sie von den ganzen Brülisauern Ruhe.

Nach diesem Rezept meisterten sie auch alle künftigen Unbilden des Unterlandes. Als der Ältere zum Maien einge-schult werden sollte, kam der Lehrer schon am ersten Tag zur Einsicht, der Bub sei zurückgeblieben, er habe noch nicht die rechte Reife, das sehe man ja schon rein äußerlich, so klein, wie der noch sei, den müsse man mindestens ein Jahr zurück-stellen, also mindestens.

Als im darauffolgenden Frühling die Düsl-Brüder gemein-sam als Abc-Schützen einzurücken hatten, verzogen sich die beiden im einzigen Klassenzimmer der Dorfschule ganz nach hinten, zur rückseitigen Wand. Auf den drei Kuhlängen zwi-schen ihnen und dem Lehrerpult drängelte sich Klasse eins bis acht, eine bunte Herde von fast drei Dutzend Kindern jeden Alters.

Dort hinten, direkt vor dem Glasschrank mit den ausge-stopften Tieren, schafften es die Düsls, nach und nach mit den reglos und doch in fast natürlicher Pose ausgestalteten Fuchs-, Dachs-, Iltis- und Marderpräparaten richtiggehend zu verschmelzen. Wie die ausgestopften Tiere waren auch die Düsls zwar da, aber eben nur als Abbild ihrer selbst. Das, was ihr Wesen ausmachte, das lebte in ganz anderen Sphären.

Der Lehrer nahm die Brüder bald nicht mehr wahr. Sie störten ja nicht. Ausgestopfte Schüler. Kamen, höseleten zu ihren Plätzen, verharrten, gingen. Nur wenn es galt, die halb-jährlichen Zeugnisse zu schreiben, erinnerte sich der Lehrer: Da waren ja noch diese Sakraments-Düsl-Brüder ... Das Bild der beiden tauchte in ihm auf: wie sie da, umrahmt von Fuchs, Dachs und Steinadler, reglos hocken, ausharren in ihren Schulbänken und ihn anstarren, mit Augen aus kalter Kohle ...

aber er hätte, *beim Eid*, nicht sagen können, was sie vom Lehrstoff wohl aufgenommen haben und was nicht … jedenfalls sind sie nicht negativ aufgefallen, also geben wir ihnen ein «Genügend», wie schon beim letzten und beim vorletzten Mal, es wird schon recht sein.

Selbst die Mitschüler, und die waren eigentlich nicht zimperlich, ließen die Düsl-Brüder bald in Ruhe. Es brachte einfach null und nüüt, sie zu hänseln. Sie reagierten auf nichts: weder auf den Spott, weil sie keine Schuhe hatten und nach Stall rochen, weil ihre schwarzen, borstigen Haare wohl noch nie einen Kamm gesehen haben, weil sie im Gesamten kürzer geraten sind als alle anderen, sogar als die Jüngeren, noch auf die bösen Anwürfe, sie hätten ja nicht einmal ein Muätti und ihr Vatti habe einen Sprung im Chacheli, rede mit Gespenstern und sei mit dem Leibhaftigen im Bunde – auf nichts reagierten diese Cheiben. Sogar das gelegentlich in schönster Gemeinschaft durchexerzierte Ritual des Düsl-Dreschens ließen sie ohne Gegenwehr einfach über sich ergehen. Sie waren wirklich dumme, dumpfe, sture Scheite. Das war für die Kamerädlein erstens anstrengend, zweitens unheimlich und drittens auf die Dauer langweilig.

Also ließ man sie halt in Ruhe.

Auch die Schweizer Armee, obwohl sie jeden Mann brauchte in diesen schwierigen Zeiten, galt es doch jetzt mehr denn je, die Grenze des Vaterlandes zu sichern, weil die Schwaben von einem schnauzbärtigen Österreicher regiert wurden, unter dessen Führerschaft sie schon die halbe Welt erobert hatten, selbst die Schweizer Armee verzichtete auf die Wehrdienste der Düsl-Brüder und knallte ihnen bei der Aushebung den «Untauglich»-Stempel ins Dienstbüchlein. Wehrmänner brauchte man, aber doch keine, die barfuß zur

Einberufung in die Kaserne kommen und die es nicht fertigbringen, zu salutieren vor dem Leutnant aus Züri. Was sollte der Feind wohl von einer Armee halten, die solche Holzscheite, noch dazu so kurz geratene, ins Ehrengewand kleidete.

Insgesamt gesehen, entwickelte sich zwischen den Düsl-Brüdern und der Welt unterhalb ihres Hofes ein ähnliches Arrangement wie damals zwischen dem Düsl-Vatter und der Brülisauerin: Es geht ja schließlich auch so. Man lässt sich in Ruhe.

Und dann konnte der Düsl-Vatti endlich doch noch zu seiner Frau. Die erste Etappe seiner großen Reise bestand aus einem Sturz ins Gülleloch. Oder war's vielleicht ein Sprung? Man kann ja nie wissen. Den Brüdern jedenfalls kam es schon gspässig vor, dass ausgerechnet der Vatti, der ihnen doch hundertmal eingebläut hatte, wie gefährlich das Gülleloch sei, dass es, einmal drinnen, keine Rettung gäbe, im Gärgas ersticke einer schneller, als er «Hilfe» rufen könne, dass ausgerechnet dem Vatti so ein Versehen hätte passieren können. So viel Chrüüter konnte der gar nicht suufe, dass er vergessen würde, wie satansgföörli das Gülleloch ...

Es ging weiter, das Leben. Auch ohne den Vatti. Es ging sogar ordeli gut. Alles, was sie wissen mussten, hatten sie ja inzwischen vom Vatti gelernt: wie das Bauern geht und das Käsen. Welche Kräutchen man wo findet und wofür einsetzt. Auch wogegen. Als Medizin. Als Trostspender. Oder als Essenz für den Chrüüter-Schnaps.

Und wie man in der Stube sitzt und Bilder sieht, die kein anderer sieht, das haben die Düsl-Brüder auch herausbekommen.

Anfangs sah nur einer die Frau.

101

Dann der andere, dafür wieder der eine nicht.

Dann sahen beide eine Frau, aber jeder eine andere.

Erst nach einigem Üben waren sie so aufeinander eingespielt, so synchron, dass sie gleichzeitig das gleiche Bild sahen, auf der Wand, grad neben dem Kachelofen. Und dann begannen sie, mit der Frau zu reden.

«Muätti, besch du's, säg?» Sie bekamen keine Antwort.

So tüftelten sie an einer anderen Rezeptur vom Chrüüter herum, ein Hauch mehr Fliegenpilz und Engelstrompete, dafür weniger Vogelbeere und kein Baldrian, aber – ja, sie wagten es – ein winzi-munziges Muggesäckli Herbstzeitlose, und da plötzlich gab die Frau doch Auskunft: Nein, sie sei nicht ihre Mutter.

Auf die atemlos gestellte Frage: Ja, wer sie denn dann sei, meinte sie mit einem so schönen Lächeln, dass es den Düsl-Brüdern fast die Brust auseinanderriss, das würden sie schon noch beizeiten selber herausfinden.

Von da an hatten die Brüder nichts anderes mehr im Kopf und in der Brust als die Frau an der Wand neben dem Kachelofen. Nur ihre Angst, der Düsl-Vatti könnte sie auch vom Jenseits her wachsam im Auge haben, hielt sie davon ab, das Vieh zu vernachlässigen, die Wiesen veröden und den Hof vollends verlottern zu lassen. Wenn es nach *ihrem* Grind gegangen wäre, sie wären den ganzen Tag mit der Chrüüter-Flasche in der Stube gehockt bei der Frau. Aber der Düsl-Vatti da oben, der hatte den stärkeren Grind. Noch immer.

Sie stopften in ihre Appenzeller Tabakspfeifen dieselbe Kräuterrezeptur, mit der sie auch den Chrüüter angesetzt hatten, in der Hoffnung, die Frau würde sich ihnen nun auch draußen zeigen, im Freien, während sie arbeiteten, da konnte der Vatti ja dann nicht dagegen wettern, odr? Die Wirkung des würzigen Rauches war nicht unangenehm, aber auch nicht wie erhofft: Die schöne Frau offenbarte sich ihnen weiterhin nur und ausschließlich an der Stubenwand. Und nur in Kombination mit dem Chrüüter-Schnaps.

Daran war nichts zu ändern. Ums Verrecken nicht. Jahrzehnte nicht.

Und dann, die beiden Düsls waren schon gut über die vierzig hinaus, verkauften die Brülisauer-Goofen den Brülisauer-Hof, nachdem die alten Brülisauer bei einem Car-Ausflug zur Blumeninsel Mainau «plötzlich und tragisch», wie es im *Innerrhoder Tagblatt* hieß, ums Leben gekommen waren. Für die Wiesen zahlte der Rotacher vom untersten Hof einen akzeptablen Preis, das Haus und der eh schon fast zerfallene Stall gingen an einen aus dem Unterland, aus dem fernen Kanton Züri. Es hieß, jener Flachländer wolle den Hof als Ferienhaus nutzen und später dann als Alterssitz.

Die Düsl-Brüder waren grad dabei, den Kuhzaun an der unteren Wiesengrenze zu flicken, als der neue Besitzer vom Brülisauer-Hof in einem mausgrauen VW-Käfer mit Ach und Krach den Wiesenweg hochgeknattert kam. Ein guter Fahrer: Die schlammige Stelle, wo der kleine Bach eigentlich in einer dünnen Betonröhre unter dem Weg verschwinden sollte, aber allzu oft lieber die Direttissima, oben über den Weg, nahm, jene schlammig-schmierige Stelle, an der man auch schon gesehen hat, wie sogar der Hürlimann-Traktor vom Rotacher ins Spulen kam, jene schlimme Stelle also griff der Automobilist nicht zögerlich und ängstlich an, sondern bretterte beherzt mit Vollgas mitten durch den Dreck, dass es nur so spritzte! Ohne dass ihm der Wagen auch nur einen Hauch ins Schlingern geraten wäre. Die Düsls unterbrachen ihre Arbeit, um zu sehen, was denn da jetzt für ein Draufgänger aussteigen würde. Immerhin war das ja jetzt der neue Nachbar. Und wer weiß, wenn einer, der so fährt wie die Sau ... was das dann für einer ist und was man dann von so einem halten muss.

Der VW kommt auf dem Wieslein neben dem Brülisauer-Haus zum Stehen, beschleunigt wieder mit brüllendem Motor, dreht scharf nach rechts, reversiert nach links und steht nun plötzlich wieder talwärts mit der Schnauze.

Gar nicht dumm vom Fahrer, Radio Beromünschter hat nämlich Gewitter angesagt, da ist dann nichts mehr mit Bergaufwenden auf der nassen Matte, da wäre der Unterländer nicht mehr so schnell wieder weggekommen. Die Düsls schauen sich an.

Das isch kein Flachländer wie die anderen, hä, der isch ein besonders wilder Hund, isch der, hä.

Sie stehen nebeneinander, der eine auf den Stiel des hölzernen Vorschlaghammers gestützt, der andere auf den Pfosten, den sie am Einhauen waren, und beobachten, wie die Tür des Käfers aufgestoßen wird. Der Fahrer steigt schwungvoll aus. Er trägt ein bunt geblümtes Sommerkleid, halblanger Rock, keine Ärmel, am Rücken nur wenig Stoff. Er schüttelt sein langes, welliges Haar, es erinnert an den kleinen Wasserfall vom schwarzen Moorbächlein, oben in der Hintermatten. Er ist eine Frau ...

Sacknagelabenand!

Die Flachländerin bändigt ihre Haarflut mit einem rostroten Stoffgummiband, bückt sich, streift sich die Schtögelischuä von den Füßen, wahrhaftig Schtögelischuä, wie sie die Stadtfröileins in der Schweizer Illustrierten dran haben, wirft sie ins Auto, holt an ihrer Stelle ein Handtäschchen aus rostrotem Lackleder heraus, knallt die Tür zu und geht beherzt, bloßfüßig, rüber zum Brülisauer-Haus. Sie kramt im Täschchen, findet den großen Eisenschlüssel, öffnet die Haustür und verschwindet im Dunkel.

Die Düsls starren noch immer zu jener Stelle, an der die Erscheinung verschwunden war, da geht es schrafff, schrafff, schrafff! Scheibe um Scheibe vom unteren Fensterband wird runtergelassen. Sekunden später, wieder schrafff, schrafff ... im oberen Stock. Dann rührt sich nichts mehr. Das aufgerissene Brülisauer-Haus steht ruhig, wie seit Jahrhunderten. Aber so dermaßen offen ist es gewiss noch nie gewesen. Noch nie.

«Dasch denn aber aini, du, hä!», sagt der eine Düsl. Nach langer Pause der andere: «Jooh.» Und: «Läckmer am Tschööpli, du!»

Stumm nehmen sie ihre Arbeit wieder auf. Und was keine Kräutermischung zuwege gebracht hat, jetzt ist es passiert, einfach so. Obwohl sie draußen am Chrampfen sind und nicht in der Stube hocken, mit dem Chrüüter intus:

Die Frau IST DA. Ganz deutlich. Leibhaftig. Schöner als je.

Den ganzen Tag starren sie immer wieder runter zum Brülisauer-Hof, registrieren jede Bewegung. Gspässig: Ihr ganzes Leben lang haben sie den Blick zu den Brülisauern vermieden, weggeschaut, wollten nicht erinnert werden, dass es diese ungute Welt da unten gibt. Und jetzt, plötzlich, auf einen Schlag, ist's genau andersherum: Sie können gar nicht aufhören hinabzusperbern, wollen keine einzige Bewegung da unten versäumen, es ist wie ein Zwang.

Die Frau werkt fleißig ums Haus herum, räumt Gerümpel von da nach dort, dann steht sie wieder versonnen neben dem Brunnen und streichelt das Wasser, geht wieder ins Haus, kommt raus, verschwindet in der Scheune, schleppt ein altes Chuchichäschtli von dort nach da, räumt rum, es ist ein ein-

105

ziges Tun und Machen. Und immer ist die Frau barfüßig. Und statt sich eine Arbeitsschürze umzubinden, lässt sie zu, dass das Blumenkleid ihre schlanke Gestalt luftig umweht.

Als die Nacht hereinbricht, steht der VW immer noch da, neben dem Haus, grau und starr, wie ein Findling. Und jetzt, zum ersten Mal, seit die Brülisauer den Hof verlassen haben, schimmert wieder Licht aus dem unteren Fensterband.

Der Schatten der Frau huscht durchs ganze Haus, mal droben, mal drunten, mal linker Hand, mal rechts.

Die Düsls hält es nicht länger im Düsl-Hof. Zum ersten Mal in ihrem Leben verlassen sie ohne Zwang ihren eigenen Grund und Boden. Sie streben lautlos, wie zwei Moorgeischtli, über die im Mondlicht grau schimmernden Matten hinab, zum hellen Fensterband hin.

Jetzt stehen sie genau unter dem Licht, können aber nicht hineinspechten, zu weit oben leuchtet das Fensterband. Sie verharren, schauen sich mit großen Augen an. Staunen über das, was sie da tun, werden sich selber fremd.

«Und jetz», fragt der eine, «wa mached mer?»

«Hä, nüüt», sagt der andere.

Sie sind einfach nur da, unter dem Lichtschein. Das ist genug. Sie stehen, lauschen. Nichts zu hören. Nur das stetige Rauschen des kräftigen Quellwasserstrahls, der in den Hofbrunnen bloddert. Ein fremder Geruch umweht sie, ein Hauch nur, kaum wahrzunehmen. Waschmittel. Stadt. Frau. Teuer.

Verboten.

Das Licht erlischt. Dunkelheit. Das Tapsen nackter Sohlen auf Holzdielen. Leises Knarren einer Tür. Stille. Sie hören dem Holz des Hauses zu, wie es in der Nachtkühle arbeitet. Dann ein eigenartiges, fremdes Geräusch, das sie nichts Bekanntem zuordnen können. Als ob eine Bürste in schnellem Rhythmus über etwas Hartes gerieben würde. Aber seltsam gedämpft, wie unter einer nassen Wolldecke.

Eine Bewegung, direkt über ihnen. Sie pressen sich flach gegen die Wand, schauen senkrecht hoch. Der Kopf der neuen Brülisauerin reckt sich aus dem oberen Fensterband. Im Mund steckt ihr ein Stäbchen, das sie mit der Hand in schnellem Rhythmus hin und her bewegt und nach oben und unten. So also macht sie dieses Geräusch! Um den Mund herum, wie bei einem Kalb, das grad am Euter gewesen ist, klebt ihr weißer Schaum. Die Düsls versuchen, den Sinn dessen, was sie da sehen, zu begreifen. Der weiße Schaum wird immer mehr, scheint jetzt ihren ganzen Mund auszufüllen. Die Frau spuckt einen großen Batzen davon aus. Er landet auf der Schulter vom einen Düsl. Der andere schnuppert daran.

Pfefferminz.

Der Kopf der Frau verschwindet, Wasser plätschert in einer Schüssel, Spuckgeräusche.

Ein Streichholz zischt in kurzem Aufflammen, wird ausgeblasen. Der Frauenkopf erscheint wieder, die Haare offen jetzt, Moorbachwasserfall. Das Stäbchen von vorhin ist verschwunden, an seiner Stelle ragt ihr jetzt ein anderes zwischen den Lippen heraus, ein weißes. Die Frau raucht. Wahrhaftig, sie raucht eine Zigarette! Obwohl sie doch eine Frau ist. Scheint es sogar zu genießen, macht tiefe Züge. Sie schaut den Hang hinauf, zum Düsl-Hof, der als großer Schatten im Silber der Nachtwiese liegt. Der Mond schimmert in den schwarzen, von starken Brauen beschirmten Augen der Frau.

Schön ist sie.

Schließlich verschwindet der Kopf, Tücher rascheln, ein Bettrost ächzt. Dann nichts mehr.

Die Düsl-Brüder hasten den Stutz hinauf, stürmen in die Stube, greifen sich den Chrüüter und starren zur Wand grad neben dem Kachelofen. Und dann haben sie Gewissheit: Sie ist es. Die Frau von der Wand ... jetzt ist die im Brülisauer-Hof eingezogen! Als Nachbarin, direkt unter ihnen. «Hab ja gesagt, ihr werdet schon noch herausfinden, wer ich bin», sagt das Frauenbild an der Wand und will gar nicht mehr aufhören zu strahlen.

In den darauffolgenden Monaten war die Frau fast jedes Wochenende da und werkte herum. Doch dann wieder, die Düsls fieberten den Samstagen schon entgegen, aber nur im Stillen, ohne sich etwas anmerken zu lassen, knatterte kein VW über den Wiesenweg herauf. Und dann wieder kam es vor, dass die Frau ihn am Sonntagabend stehen ließ und die ganze Woche blieb.

Die Düsls hatten jetzt auffällig oft irgendwelche Besorgungen zu erledigen, drunten im Buächeschwändi-Tobel oder noch weiter im Rütisitz. So mussten sie zwangsläufig jedes Mal am Brülisauer-Hof vorbei. Einmal beim nitzi laufen und dann noch einmal, wenn sie wieder obsi kamen. Und der Zufall wollte es, dass diese Besorgungen immer genau an jenen Tagen zu erledigen waren, an denen der VW-Käfer neben dem Haus stand. So ergab sich ganz natürlich die eine oder andere, im wahrsten Sinne des Wortes vorübergehende Begegnung mit der Frau.

Man lernte sich in winzig portionierten Wortwechseln kennen. «Grüatzi», «guätenoobig», «schös Wetter hütt, hä», «so, so, wider emol doo, hä», machten die Düsls in Richtung der Frau und taten so, als könnten sie ihr nicht ins Gesicht sehen, weil sie auf den Weg achten müssten. «Grüätzi mitenand», «ja, aber e chli heiß, findet Si nöd?», «ja, syt geschter nöme da gsy», waren die Antworten der Frau, die ihrerseits so tat, als hätte sie in der Stadt tagtäglich zu tun mit so barfüßigen, zahnlückigen kurzen Kobolden mit schwarzen Kohleaugen, gegerbter Araberhaut und Stachelfrisur.

Insgeheim wussten die Düsls natürlich, dass sie auch mit verbundenen Augen die steilsten Hänge rauf- und runterkämen, ohne im Geringsten zu stolpern, und dass sie nur deshalb zu Boden schauen, weil die Schönheit der Frau kaum auszuhalten ist. Und insgeheim wusste die Frau, dass sie gegenüber diesen beiden Mannli nicht annähernd so souverän ist, wie sie tut. Nicht, dass sie sich direkt gefürchtet hätte, das nicht, die beiden reichen ihr ja nur gerade bis zur Schulter. Aber sie sind ihr ein wenig unheimlich, als ob sie einer anderen, ihr unbekannten Welt entsprungen wären, rätselhaft und wohl gerade darum auch faszinierend.

Die Düsls lernten im Laufe des Jahres, dass die Frau «Lotti» hieß und dass sie neben den Schtögelischuä noch viele andere Schtögelischuä besaß, in etlichen Varianten, außerdem Gummistiefel, Wanderschuhe und Holz-Zoggoli. Und dass sie, neben dem Geblümten, noch über viele andere Kleider verfügte und über Röcke und Blusen und Haarbänder und Jacken und Pullover, sogar Hosen aller Art, Männerhosen inbegriffen. Als habe dieses Lotti wohl den ganzen «Kleider Mathieß» in Herisau drunten zusammengekauft.

Und Lotti lernte, dass die Düsl-Brüder ohne Namen auszukommen schienen. «Mir sind d' Düsl», sagten sie nur und riefen einander einfach «du» oder «he». Und sie lernte, dass die Paläontologen im Naturhistorischen Museum in Bern ganz falschlagen mit ihren Höhlenmenschen, die sie dort in einem Diorama zur Schau stellten. Die hatten denen ja ganz falsche Füße gemacht! Fast Städterfüße. Bei den Düsls hätten sie studieren sollen, wie so ein Naturmenschfuß auszusehen hat: Zehennägel gibt es da nicht. Es sind Zehenkrallen. Und sie sind nicht rosarot, auch nicht gelb, sie haben schwarz zu sein, wie ein Büffelhuf. Die Laufflächen sind durch einen Hornhautpanzer geschützt, der jedem Schildkrötenrücken wohl angestanden hätte und der sich auch seitlich am Fuß hochzieht bis fast zum Rist. Die Grundfarbe solcher Urfüße ist von einem satten Dunkelrot, an manchen Stellen ins Bläuliche changierend, und nicht von schnödem Dunkelbraun, wie bei den Höhlenbewohner-Wachsfiguren im Museum. Und breit sind sie, die Düsl-Schäächen, so breit, dass jeder Fabrikschuh unweigerlich auseinandergesprengt würde. Ein wenig erschreckend sind sie schon, die Düsl'schen Urfüße. Aber doch hochinteressant.

Fand zumindest Lotti.

Im zweiten Jahr nach Lottis Übernahme des Brülisauer-Hofes verwandelte sich dieser vollends in ein charakter- und geschmackvolles Feriendomizil. Lotti hat ihn gewissermaßen wachgeküsst und «lottisiert», sodass kaum noch jemand vom Brülisauer-Hof sprach, sondern wie selbstverständlich jenen neuen Namen verwendete, auf den Lotti ihren ganzen Stolz getauft hatte: «Bell-Matt», schöne Wiese.

Immer öfter kämpften sich immer andere Flachlandautos über die Matten das unbefestigte Weglein hoch, zur Bell-Matt, manchmal besetzt mit ganzen Familien. Lotti liebte es, Gäste zu haben, und wen sie einlud, der kam nur allzu gerne, um ihren souveränen Charme und ihre Gesellschaft zu genießen und die schöne Landschaft zu lobpreisen nebst der als so erfrischend urtümlich empfundenen «Appenzeller Lebensart». Im Gegenzug ging man Lotti willig zur Hand, bei den vielen Umbau- und Verschönerungsarbeiten, die sie unermüdlich in Angriff nahm. Zu Lottis regelmäßigen Besuchern zählten inzwischen auch die Besitzer des untersten Hofes, die Rotachers.

Der Gedanke, auch ihre beiden Nachbarn oberhalb der Bell-Matt einzuladen, und sei es nur auf Kaffee und Kuchen, dieser Gedanke wäre der sonst so ideenreichen und gastfreundlichen Lotti nicht einmal ansatzweise in den Sinn gekommen. Sie nahm die Düsl-Brüder wahr als Repräsentanten einer anderen Welt, nicht besser, nicht schlechter, nur eben anders als ihre, ohne Schnittpunkte. So wie Kobolde, Feen und Drachen eben nicht ins Atomzeitalter passen. Düsls waren Düsls, und Lotti war Lotti.

Instinktiv hielt sich Lotti exakt an das Arrangement zwischen den Düsls und dem Rest der Welt: Man lässt sich in Ruhe.

Die Brüder ihrerseits registrierten jedes Kommen und Gehen auf der Bell-Matt sehr aufmerksam. Oft war zum Beispiel eine Schwester von Lotti zu Besuch, samt Mann und drei Goofen, ein Mädchen, dafür aber auch zwei Buben. Die hieß Moni, wie die Düsls auf Nachfrage im Vorbeigehen herausgefunden hatten. Eine zweite Schwester vom Lotti, das Yvonne, tauchte auch öfters auf, ohne Mann und trotzdem mit zwei Söhnen. War die gar eine Geschiedene? Das wiederum trauten sich die Düsls nicht nachzufragen.

Wer überhaupt gar nie kam, war: der Mann vom Lotti. Wie es schien, hatte sie keinen. Was den Düsls gspässig vorkam. So eine gattige Frau, die chrampfen kann und freundlich ist, die müsste doch, *beim Eid*, noch einen Mann zum Hochzeiten finden, odr? Was mag der Grund sein, dass keiner sie will? Gut, sie war jetzt auch nicht mehr die Jüngste, wohl schon fast jenseits der dreißig, aber sie sah doch noch immer ordeli buschper aus, oder? Die Düsls diskutierten das Problem so ausführlich wie vorher noch nichts in ihrem Dasein:

«Wasch denn do los?»

«Mit em Lotti?»

«Jo, dänk scho.»

«Wääs a nöd.»

«Hm.»

Pause

«Ich doch a Guäti, oder?»

«Jo, nebbis scho.»

«Also, wasch denn do los?»

«Wääs nöd.»

lange Pause

«Hm?»

«Nüüt.»

sehr lange Pause

«Mer chönd si jo frooge.»

«Also guät, mer frooget si.»

Also setzten sich die beiden mit ihrem Chrüüter in die Stube und warteten, bis Lotti an der Wand grad neben dem Kachelofen erschien. Auf ihre schüchtern vorgetragene Frage, was denn da los sei mit ihr, warum kein Mann sie wolle, lächelte Lotti traurig, schwieg lange und sagte schließlich, der Richtige, der hätte sie eben noch nicht gefragt. Besser gesagt, *die* Richtigen. Dabei blickte sie ihnen tief in die Augen und hielt den Blick so lange, bis die Botschaft hinter der Botschaft bei den Brüdern angekommen war. Und die erschütterte die Düsls bis ins Mark.

So schmiedeten sie den Plan mit der Biisszange.

Knupps, ist der untere Stacheldraht der Kuhweide oberhalb der Bell-Matt durchtrennt. Er schnalzt zurück, entspannt sich zur Spirale. Knupps, auch der obere Draht ist weg. Die Lücke im Zaun klafft drei Meter breit, die Jungbullen werden sie bald entdecken. Hurtig verziehen sich die Düsl-Brüder in ihr Haus und beziehen Position hinter dem Küchenfensterchen, von hier haben sie gute Sicht auf Weide, Zaunlücke und: auf die Bell-Matt.

«Dä eigeti Haag go kaputt mache ...», sagt der eine und tippt sich an die Stirn. Der andere zuckt mit der Schulter: «Jä, nu ...»

Es kommt, wie es kommen soll. Alle Rinder dieser Welt wissen, das Gras außerhalb der Weide schmeckt immer, immer besser als innerhalb. Darum finden alle Rinder dieser Welt immer, immer jede Lücke im Zaun. Es dauert nicht lang, bis auch die Düsl-Bullen, in unverhofftem Glück schwelgend, das außerzäunige Gras degustieren, um sich dann gemächlich mampfend Lottis Hof zu nähern. Dort angekommen, beginnen sie, weil alle Rinder dieser Welt sehr neugierige Wesen sind, mit der ausführlichen Untersuchung des Hauses, in das sie nicht hineinkönnen, sowie der Inspektion der ehemaligen Scheune, in die sie sehr wohl hineinkönnen. Nachdem sie die alten Möbel, die Lotti dort für spätere Restaurationsarbeiten zwischengelagert hat, nach Rinderart neu arrangiert und zum Teil demoliert haben, treten sie wieder ans Tageslicht, entdecken die graue Blechkuh, Lottis VW, und finden schnell heraus, dass sich daran sehr passabel der Hinterschinken reiben lässt. Was den Stoßdämpfern des Gefährts einen wirklich harten Härtetest beschert.

Das ist der Moment, in dem Lotti aus dem Haus stürzt. Todesmutig, amazonengleich wirft sie sich in die Bullengruppe, in wildem Tanz, als hätte sie bei Rumpelstilzchen Ballettunterricht genommen, und brüllt sich die Lunge aus der Brust.

113

Alle Rinder dieser Welt können zwei Dinge auf den Tod nicht ausstehen: hektische Bewegung und Lärm. In einer Zehntelsekunde stieben die Tiere sternförmig auseinander und verteilen sich weiträumig über das ganze Gelände. Der VW immerhin ist gerettet. Doch nun wähnt Lotti die gesamte Bell-Matt schutzlos der totalen Verwüstung durch Rindviecher ausgeliefert. Gegen diese Invasion Jungbullen ist sie machtlos. Sie braucht Verstärkung. Dringend. Jetzt. Die Einzigen, die vielleicht den Untergang der Bell-Matt noch abwenden könnten, sind: die Düsl-Brüder.

Die freuen sich derweil hinter ihrem Küchenfensterchen wie Schneekönige darüber, dass ihr Plan so wunderbar aufgeht. «Bravi Viecher», sagt der eine. «Säb scho sicher», macht der andere. Sie beobachten in zufriedener Gelassenheit, wie Lotti mit hochrotem Kopf schreiend die Bell-Matt im Stich lässt und den Stutz hinaufflieht, ihnen entgegen.

«Wart no chly», sagt der eine und hält den andern zurück, der den Beobachtungsposten schon verlassen und zu Lotti eilen will. «Uf wa?», fragt jener. «Dass sie do isch», bekommt er zur Antwort.

Es ist ein beeindruckender Anblick, wie die tapfere Frau voller Leidenschaft und Energie gegen das Schicksal und den Hang ankämpft, mit wehendem Kleid und schwarz flatternder Mähne. Ein Urweib, wilde schöne Pracht.

Als Lotti den Düsl-Hof fast erreicht, es fehlen nur noch wenige Meter, da spuckt das Haus durch die auffliegende Tür zwei Teufel aus. Wie durchgedrehte Riesenhornissen rasen die Düsls Lotti entgegen. Ihr fällt ein Fels vom Herzen, endlich sind ihre verzweifelten Hilfeschreie erhört worden! Doch statt, wie erhofft, vor ihr abzustoppen und zu fragen, was sie denn habe, was es gebe, donnern die Düsls, einer links, der andere rechts, neben dem Lotti vorbei, so nah, dass sie ihren Luftzug spürt, direkt zur Bell-Matt hinunter. Verdattert dreht sie sich talwärts, sieht, wie die Düsls, Irrwischen gleich, ihren Hof umkreisen und die Tiere zu einer Gruppe zusammenscheuchen. Lotti ist noch nicht wieder unten, da steht die kleine Herde hübsch versammelt neben dem Brunnen, beidseitig eingerahmt von den Düsls. «Dankä», stößt die heraneilende Frau hervor, «dankä villmal», und will fragen, wie das denn passiert sei … warum die denn da … ob sie denn nicht … und überhaupt.

Doch die Düsls nehmen sie gar nicht wahr, kein Blick, kein Wort, als ob sie nicht existiere. «Choooom, Häle, Häle, Häle, chooooooooom», ruft der eine und geht voran, die Matte hoch. Brav setzen sich die Rinder in Bewegung, folgen ihm in einer Linie. Der andere reiht sich ans Ende hinter die Karawane.

«Gaaang, Häle, gaaaang, Häle, Häle, gaaaang», macht er in mantraartigem Singsang.

«Aber ich ha doch wele säge …», ruft Lotti ihnen nach, doch die Düsls streben stoisch zur Zaunlücke, gehen hindurch, verschließen sie mit einem Stück Draht, tätscheln die Bullen auf Hals und Kruppe, verschwinden in ihrem Haus.

Am nächsten Tag, Lotti bestückt gerade ihre tönernen Geranientöpfe mit Jungpflanzen, stehen die Düsls plötzlich hinter ihr.

Eine geballte Ladung von Fragen, Vorwürfen und Maßregeln hat sich in ihr angestaut, die sie den beiden entgegenschleudern will, wartet nur, ihr Brüder, bis ihr mir 's nächste Mal vors Gesicht lauft, dann kracht's im Chalet, aber zünftig!

Und jetzt sind sie plötzlich da, wie aus dem Boden gewachsen, mit hängenden Armen, und blicken nicht zu Boden, wie

sonst immer, sondern aus ihren schwarzen Koboldaugen hervor, direkt in Lottis Gesicht, und alles, was sie mit Fug und
Recht zu sagen gehabt hätte, zerbröselt zu nichts. Stumm stehen sie einander gegenüber, die beiden Mannli und die Frau.
Lotti beschließt, den sich offenbar anbahnenden Nervenkrieg
mit aller Härte zu führen. Sie wollen es wissen, diese Düsls,
bitte sehr, sie werden es erfahren!

Wer zuerst den Blick senkt, hat verloren.

Wer zuerst etwas sagt, auch.

Minuten verstreichen.

Die Düsls ziehen's durch.

Die Frau hält stand.

Eine Biene verirrt sich in Lottis Blickfeld, mit lässiger
Handbewegung wird sie verscheucht.

Stille.

In der Ferne fiept ein Rehkitz nach seiner Ricke. Drunten,
auf dem Rotacher-Hof, wird der Hürlimann angeworfen.

Lotti beißt die Zähne zusammen, damit nicht entwischt,
was ihr auf der Zunge liegt.

Taktischer Vorstoß der Düsls: «Wege geschter ...», brummt
der eine.

Lotti reagiert nicht. Zieht nur ihre dunklen Brauen um ein
weniges nach oben.

«Ebe ...», sagt der andere.

Und wieder der Erste: «Händ d'Viecher öppis demoliert?»

Vor Lottis innerem Auge taucht das Chaos in der Scheune
auf, die Kuhfladen rund um die Bell-Matt, der ächzende VW,
sie durchlebt erneut die gestrige Panik, die Verzweiflung und
ihre Empörung darüber, wie diese Wichtel sie einfach ignoriert haben.

«Nei, nöd groß», sagt sie.

Jetzt endlich senken die Düsls den Blick. Bedächtiges, fast unmerkliches Nicken. Und dann lässt der eine wissen, dass es ihnen leidtut.

Der andere verspricht, es wiedergutzumachen.

Mit einem Essen, ergänzt der Erste.

Jawohl, nämlich bei uns, verkündet wieder der andere.

Worauf sie sich synchron abwenden und, ohne die Zusage oder Abfuhr Lottis abzuwarten, wieder hangaufwärts streben. Sie schaut ihnen mit großen Augen und offenem Mund nach. Da drehen sie sich noch einmal um. «Am Sonntig», ruft der eine. «Am Zwööfi», der andere und dann wieder der Erste: «Chonsch denn, göll?»

Lotti ist völlig klar, dass sie diese seltsame Einladung ganz einfach ignorieren wird, die in Wahrheit ja nichts anderes ist als ein rüpelhafter Marschbefehl. Sie ist ja gewohnt, dass die Herren der Schöpfung nicht an Selbstzweifeln leiden. Was sie schon eingeladen worden ist, von ältlichen, dicken, hässlichen, schlecht riechenden Männern, die gar nicht fassen konnten, dass Lotti *nicht* in Begeisterung verfallen ist ob der Möglichkeit, von IHM in irgendein windiges kleines Drecks-Geheimtipp-Restaurant ausgeführt zu werden, inklusive dem üblichen Anschlussprogramm:

«Wollen wir noch einen Drink in der Bar ... meine Frau versteht mich halt einfach nicht ... zu mir oder zu dir ... ich kenne da ein nettes Hotel ... wie schade, so ein schönes Mädchen wie du sollte doch nachts nicht so alleine ...»

Diese ganze ewig gleiche Rotze, sie hat es so satt. Bei aller Unverkrampftheit, die sie als junge, moderne Frau gerne zeigt, sie hasst es, wenn diese Nyltest-Bügelfrei-Rexona-Pitralon-Brisk-Frisiercreme-Typen unter ihren schlecht sitzenden Müffeljacketts vor lauter hormongesteuerter Realitätsverschiebung nur so strotzen. Sie, Lotti, verdient Respekt, und sie verlangt: Respekt! Auch wenn oder gerade weil sie eine Frau ist! Sie kann härter arbeiten als jeder Mann, sie hat keinen noch so steinigen Weg je gescheut, sie hat nie einem Chef schöne Augen gemacht, damit's leichter geht mit der Karriere, und sie hat es dennoch geschafft von der Hilfsarbeitertochter, vom Lötteli aus der Provinz, bis ins Direktionssekretariat eines renommierten Schweizer Chemiekonzerns. Mehrsprachig, fließend in Wort, Schrift und Stenographie, weltgewandt, klug, effizient, das ist sie jetzt, sie, die erwachsene Lotti. Und wem hat sie all das zu verdanken? Den Männern? Den Chefs? Den Herren Kollegen? Nein, sich! Sich hat sie das zu verdanken, *ihrer* Disziplin, *ihrem* Willen. Das soll ihr doch einer dieser Stachel-Kinn-Muttersöhnchen nachmachen, verdammt noch mal!

Sie fingert eine MARY*Long* aus ihrem eleganten Zigarettenetui, lässt das Zippo knacken und inhaliert einen tiefen Zug.

Und jetzt, als ununterbietbarer Tiefpunkt, auch noch diese Gnome, diese Rüpel, diese ... «Kommst dann, gell?», als ob sie ein Stück Vieh wäre, das man einfach bestellt. Vielleicht hat sie keine *Lust* zu kommen, schon mal *daran* gedacht, ihr ... ihr ... Düsls?

Lotti stapft ins Haus, knallt die Tür hinter sich zu, und damit ist die Sache für sie erledigt. Ein für alle Mal. Die Düsls können ihr in die Schuhe blasen und den Buckel runterrutschen, kreuzweise.

Am Sonntag, die von Lotti liebevoll wieder in Gang gesetzte Appenzeller Wanduhr schlägt halb zwölf, legt sie den Pinsel aus der Hand. Den ganzen Morgen hat sie an der Tür des schönen Eichenschranks gearbeitet, den sie beim Rotacher im Estrich gefunden, erworben und mit Lauge akribisch von seinem hässlichen grauen Ölanstrich befreit hatte. Nun ist sie dabei, ihm wieder zu altem Glanz zu verhelfen, indem sie ihm Bauernmalerei in traditionellem Appenzeller Stil appliziert. Sie liebt diese Blumenmotive, die naiv-bunten Darstellungen bäuerlichen Lebens, wie es sie nur im Appenzell gibt. Detailreich gemalte Alb-Aufzugs-Prozessionen in sattgrüner Landschaft. Prächtiges, blumenbekränztes Vieh zieht mit riesigen Glocken um den Hals bergwärts, vorbei an mächtigen Höfen, stolzen Bäuerinnen und Bauern, die sich ihrerseits prächtig ausstaffiert haben in ihren typisch rot-gelb-golden leuchtenden Sonntagstrachten, selbst die Appenzeller Sennenhunde mit ihren charakteristischen Ringelschwänzen sind liebevoll verewigt. Lotti bewundert diese über Generationen entwickelte sogenannte Volkskunst, ist erstaunt, dass die Menschen vergangener Zeiten neben ihrem harten Überlebenskampf noch so viel Zeit und Liebe investiert haben, in scheinbar nutzlose Schönheit. Weil sie spürten: Ohne Schönheit im Alltag verkümmert die Schönheit des Lebens.

Lotti hat sich diese uralte Maltechnik mit viel Ehrgeiz selber beigebracht, hat es auch zu einiger Fertigkeit gebracht, wie sie zu ihrer Freude feststellt. Dieser Eichenschrank hier, der wird ihr Meisterwerk.

Je tiefer sie an diesem Morgen in die Urform der Appenzeller Bauernkunst hineinsinkt, desto mehr kreisen ihre Gedanken unweigerlich um die Urtypen der Appenzeller Sennen, die Düsl-Brüder. Haben diese beiden Barfüßer noch das alte Bewusstsein um die Wichtigkeit des Schönen? Wie sieht es bei denen aus? Wohnen die in solchen traditionell bemalten Möbeln? Wie leben sie? Wie werden die wohl zu jenen Düsls geworden sein, als die sie der Welt jetzt erscheinen? Vielleicht gibt es hinter der bekannten Düsl-Oberfläche noch etwas unvermutet anderes, Wertvolles?

Diese seltsame Einladung zum Essen – die haben sie doch, in all ihrer Verknorztheit, als Entschuldigung gemeint für den Rinderüberfall. Womöglich ist es das erste Mal seit langem, dass die Düsls überhaupt jemanden einladen? Wie werden sie es empfinden, von Lotti versetzt zu werden? Und aus welchem Grund genau soll sie eigentlich nicht zu denen gehen? Wovor fürchtet sie sich denn?

Lotti legt den Pinsel aus der Hand, verschließt die Farbtiegelchen, reinigt ihre Finger akribisch mit Terpentin, reibt sich Niveacreme in die Hände, schnappt eine Flasche Rotwein aus dem Küchenregal und macht sich auf. Beim kleinen Wandspiegel neben der Haustür hält sie kurz inne. Sie kennt dieses Gesicht sehr genau, manchmal mag sie es, manchmal erschrickt sie fast, dass diese fast kämpferischen Züge wirklich ihre sind. Was sehen wohl die Düsls in diesem Gesicht, in dieser Lotti?

Nachdem sie an den quietschenden Ferkeln im Schweinekobel vorbeigestapft ist, das Düsl-Haus umrundet, den Misthaufen links liegengelassen, zur verwitterten Tür getreten und an ihr geklopft hat, wird Lotti von den Düsls stumm hineingewinkt. Sie führen die Frau verlegen durch den dunklen Flur, einer vor, der andere hinter ihr, an der Küche vorbei, aus der ein würziger Duft den Hausgeruch, eine Mischung aus Stall, nicht oft gewaschenem Mensch und altem Holz, überdeckt, bis sie schließlich in der Stube landen, wo Lotti ihr Gastgeschenk auf dem Tisch platziert.

Sie habe da etwas mitgebracht, bemerkt sie überflüssigerweise, und nachdem die Düsls diese Aussage nicht kommentieren, erklärt sie noch überflüssigererweise, es handele sich hierbei um eine Flasche Rotwein. Wieder sagen die Düsls nichts dazu. Weil es dazu nichts zu sagen gibt.

Lotti räuspert sich und hätte sich jetzt gerne eine MARY-*Long* angebrannt. Stattdessen schaut sie sich um und stellt erleichtert fest, dass die hier herrschende Unordnung jenes Maß, das man bei zwei unbeweibt hausenden Junggesellen zu erwarten hat, nicht dramatisch übersteigt. Werkzeug aller Art liegt überall auf Bänkchen und Fensterbrettern, alte Kettensägen- und Traktorreifen-Kalender mit knapp bekleideter Weiblichkeit wellen sich an den Wänden, die Fensterscheiben sind nicht wirklich durchsichtig, und Heerscharen von Fliegen haben über Jahre hinweg ihre Hinterlassenschaften in Form von Millionen brauner Pünktchen überall, wirklich überall hinterlassen, aber sonst ... gar nicht so schlimm ...

«Nöd do», sagt der eine Düsl, als Lotti sich auf einen der beiden Stühle zwischen Tisch und Fensterband setzen will. «Aha», sie richtet sich wieder auf, deutet fragend auf den Stuhl daneben. «Do au nöd», sagt der andere Düsl.

Sie habe ja nicht wissen können, entschuldigt sich Lotti, dass dies die Stammplätze der Düsls sind. Sie umrundet den Tisch, strebt zur einzigen weiteren Sitzgelegenheit, zum Stuhl vis-à-vis. Es passt ihr zwar nicht, mit dem Rücken zum Raum sitzen zu müssen, aber bitte, sagt sie sich, ich bin ja hier der Gast.

Sie macht erneut Anstalten, Platz zu nehmen, und siehe da: Jetzt zieht ihr der Düsl den Stuhl galant zurück. Aha, denkt Lotti, da sind ja doch überraschend Manieren vorhanden. Sie stellt sich vor das Tischblatt in Erwartung, dass ihr der Stuhl untergeschoben wird, doch bevor sie ihren Schwerpunkt von den Beinen auf das Gesäß verlagert, bemerkt sie, dass da etwas nicht ganz korrekt abläuft: Sie hört nämlich, wie der Stuhl zwar geschoben wird, aber offenbar in die falsche Richtung, nämlich nicht hinter sie, sondern von ihr weg. Ein Blick über die Schulter bestätigt: Der Stuhl steht jetzt zwei Meter vom Tisch entfernt an der Wand, gleich neben dem Kachelofen. «Do chasch höckle», meint der Düsl und weist mit der Hand auf die Sitzfläche.

Lotti ist aus dem Konzept. Sie ist doch hier zum Essen eingeladen, warum darf sie dann nicht am Tisch sitzen, was soll das?

«Hock nu ane», sagt der andere Düsl. Lotti ist das nicht geheuer, ganz und gar nicht. Aber die Düsls liefern keine weiteren Begründungen, schauen Lotti nur an, nicht unfreundlich. Abwartend.

Lotti greift, ohne dass sie sich dessen recht bewusst ist, zur Rotweinflasche, und so bewaffnet schreitet sie Richtung Stuhl. Vor dem an der Wand stehenden Düsl richtet sie sich hoch auf und schaut auf ihn hinab, direkt in seine schwarzen Augen. Der weicht seitlich aus, huscht flink hinter den Tisch und setzt sich. Sein Bruder öffnet ein in der Holzwand eingelassenes Türchen, entnimmt von dort eine durchsichtige Flasche sowie zwei winzige Gläser, nicht größer als Fingerhütchen. Er stellt alles auf den Tisch und setzt sich neben seinen Bruder. Jener gießt sorgfältig ein, die beiden schwenken ihre Gläschen Richtung Lotti, trinken, atmen geräuschvoll aus, lehnen sich zurück und schauen wortlos zur an der Wand stehenden Frau. Die fragt sich allen Ernstes, ob sie noch in derselben Welt ist wie vor ein paar Minuten, bevor sie an die unselige Tür der Düsls geklopft hat, oder ob überirdische Mächte sie in einen Film noir katapultiert haben, in ein anderes Raum-Zeit-Kontinuum. Lotti will aber keine andere Realität als die ihr bekannte, in der sie zu überleben gelernt hat. Diese Düsl-Realität ist ihr unheimlich, auf solche Quantenphysik kann sie verzichten!

Und doch ... irgendetwas hält sie davon ab, ihrem Impuls nachzugeben, einfach heimzugehen, in die vertraute Geborgenheit der Bell-Matt. Ist es Höflichkeit, die sie als Gast an den Tag zu legen hat, trotz allem? Fesseln sie die kohlschwarzen Blicke dieser Kobolde an die Wand, neben diesen Stuhl? Nein, erkennt Lotti, es ist Neugierde, jenes Gefühl, das schon seit ihrer Kindheit stärker ist als Furcht. Sie will, koste es, was es wolle, unbedingt erfahren, wie dieser Film noir weitergeht, in dem sie gerade eine Hauptrolle zugeteilt bekommen hat. So einfach ist das, nur Neugierde auf einen Film ...

Lotti wechselt in die komfortable innere Haltung einer Zuschauerin, einer Lotti, die gespannt, aber keineswegs mit dem Gefühl, sie sei ausgeliefert, alles Weitere auf sich zukommen lassen kann. Und will.

Sie setzt sich.

«Si isch es», sagt der eine Düsl, mit dem Kinn zu Lotti deutend

«Eidüütig», sagt der andere und nickt.

«Schö isch si scho», sagt wieder der erste.

«Und fliissig», ergänzt der andere.

«Und glaub e liäbi», meint der eine.

«Und nöd nu e Bild a de Wand», freut sich der Zweite.

«Diä isch denn echt», stimmt der eine zu.

«Nemed mer si?», fragt der andere.

«Mer nemed si», beschließt der Erste.

Sie stehen auf und kommen synchron, einer links, der andere rechts um den Tisch herum, auf Lotti zu. Direkt vor ihr beziehen sie Position.

«Jetz musch uufstoh», sagt der eine.

«'s isch ebe wichtig», erklärt der andere.

Lotti zuckt mit der Schulter, steht auf, die Weinflasche in den verschränkten Händen vor ihrem Bauch.

«Und jetzt?», fragt sie und bekommt den Heiratsantrag. Von beiden. Sie könne selber wählen, mit welchem von ihnen sie dann zum Pfarrer wolle, verkünden die Düsls, hernach sei sie ja sowieso die Frau von beiden. Sie könne auch eine eigene Kammer haben, wenn sie wolle, der Rest würde sich finden. Sie, die Brüder, hätten noch immer alles geteilt, das sei noch immer gutgegangen und ohne Streit.

Lotti setzt es glatt auf ihr Hinterteil. Sie steht gleich wieder auf, streckt den Düsls die Weinflasche entgegen und fragt nach einem Korkenzieher. Der eine Düsl zückt sein Schweizer Taschenmesser, der andere zieht damit den Korken. Lotti setzt an, lässt einen kräftigen Schluck in sich hineinrauschen, starrt auf die Düsls hinab.

«Mosch nomme no jo sege», sagt der eine.

«Denn isch all da au dis», verspricht der andere, indem er mit großer Geste einen Halbkreis beschreibt.

Lotti setzt sich abermals. Nimmt noch einen Zug aus der Flasche. Schaut an den Düsls hoch. Die nackten Füße, die derben Hosen, die ... Moment, jetzt fällt es ihr erst auf: Die Düsls stecken heute nicht in den üblichen ausrangierten Militärhemden aus Kriegsrestbeständen, ergattert im Zeughaus von Herisau. Heute präsentieren sie sich in zerknitterten Leinenkutten, deren Farbe fast als Weiß bezeichnet werden könnte. Alte Trachtenstücke, einige Nummern zu groß, gewiss noch vom Vater, schlappen den Söhnen viel zu weit um die drahtigen Oberkörper. Darüber tragen sie offene Westen, Gelb beim einen, Braun beim anderen. Die Düsls haben sich herausgeputzt für diesen großen Tag. Für Lotti! Die Augen der Frau irrlichtern zwischen ihnen hin und her. Das ist kein Film noir, erkennt sie, das ist eine schlechte Tragikomödie, deren Vorhang schleunigst fallen muss.

Jetzt sofort.

«So», sagt Lotti, springt auf, fasst ihren Stuhl an der Lehne, er fühlt sich an, als wäre das Holz mit Schmierseife überzogen, und stellt ihn, sich entschlossen zwischen den Düsls hindurchdrängelnd, an den Tisch zurück. Setzt sich darauf. «So», wiederholt sie und bedeutet den beiden, ihr gegenüber Platz zu nehmen. Sie folgen der Aufforderung, füllen noch einmal ihre Fingerhut-Gläschen, trinken, legen die Tatzen vor sich auf das Tischblatt und blicken erwartungsvoll in Lottis Gesicht.

«So», sagt der eine

«So», der andere.

Lotti erklärt im Lehrerinnenton, dass sie nicht heiraten wolle, weder den einen noch den anderen und auch sonst keinen, niemanden, sie könne das auch nicht, das ginge einfach nicht und sei aus-ge-schlossen.

Keine Reaktion von den Düsls. Null.

Ganz und gar unmöglich sei das, bekräftigt Lotti in beschwörendem Ton, ganz und gar aus-ge-...

«Werum?», fragt der eine. Der andere sagt: «Es söll dr a nüüt fähle.»

Darum gehe es nicht, es gehe trotzdem nicht, beharrt Lotti, schon weil ... schon weil sie nicht ... also die *beiden* Düsls und sie, sie könne doch nicht mit zwei Männern *gleichzeitig* ... und überhaupt.

«Da goht scho», sagt der eine. «Gsehsch's jo denn», der andere.

Sie sei noch jung, das Leben stünde ihr offen, und die

Düsls seien doch ... also, sie wolle ja niemanden kränken, sie seien sicher anständige Leute, aber eben schon sehr ... anders. Anders als sie, Lotti, und das passe eben einfach nicht ... und überhaupt.

«Da chunt scho guät», sagt der eine. «Me müäst's halt amol probiäre», schlägt der andere vor.

Nein, da gäbe es sicher nichts zu probieren, protestiert die Frau, das wisse sie, dass das nicht gehe, die Düsls hätten ja nicht einmal ... also, sie würden ja ... sie frage sich zum Beispiel schon seit langem, warum ... warum sie, also nur zum Beispiel, warum sie nie Schuhe anhätten, das ganze Jahr, das sei doch nicht normal! Sie habe ja prinzipiell nichts dagegen, man lebe schließlich in einem freien Land, und jeder müsse selber wissen, wie er ... aber sie für ihren Teil könne keinen Mann, der nicht einmal Schuhe ... und sowieso.

«Schuä sind nöd nötig», sagt der eine. «Da bruched mir nööd», bestätigt der andere.

Lotti versteht, dass die Düsls nicht verstehen wollen, und versucht es ein letztes Mal: Sie müsse es schön sauber haben und ordentlich, sie könne nicht in so einem ... so einem Jung-gesellenhaushalt, das hielte sie nicht aus und auch keine andere Frau, so ginge das ja gar nicht ... und überhaupt.

«Wenn'd denn als eusi Frau putze tuäsch, ich jo denn suber», sagt der eine und der andere: «Mir hend nüd degege, das du putze tuäsch.»

Sie habe einen Beruf, trumpft Lotti auf, sie müsse schließ-lich in der Stadt arbeiten und könne nicht hier oben ... und sowieso.

«Muäsch denn nöme go schaffe», sagt der eine, «mer hend gnuäg z' esse für ali drüü», der andere.

Lotti gibt auf. Schweigt. Lange.

Die Düsls auch.

Allmählich und unerbittlich senkt sich Hoffnungslosigkeit wie ein bleischweres Tuch über die Menschen um den Tisch. Lottis Hoffnung, mit ihrem «Nein» auf Verständnis zu stoßen, stirbt.

Und dann stirbt die Hoffnung der Düsls auf Lottis «Ja».

Unvermittelt springt einer der Brüder auf, geht zum Wandfach, holt ein drittes winziges Gläschen daraus hervor, füllt es mit Chrüüter und stellt es vor Lotti hin. Sie schüttelt den Kopf, nimmt dann aber das filigrane Nichts doch vorsichtig zwischen Daumen und Zeigefinger, was soll ihr so ein Mikroschnaps schon anhaben können, prostet den Brüdern zu und ... Wald explodiert in ihrem Mund, Kräuterwiesen, sie schmeckt urige Landschaft, ungezähmte Kraft der Natur. Sie schluckt, erwartet das Brennen und spürt doch nur ein angenehmes Kitzeln, das sich vom Schlund nach unten bewegt und sich als warmes Wohlgefühl zuerst im Bauch und dann bis in die Finger- und Zehenspitzen ausbreitet.

«Zum Wohlsy», sagt der eine Düsl, der andere: «Zum Wohlsy.»

Der Trank eignet sich wahrlich zum Wohlsein. Was ist das nur für ein Zeug? Egal, es tut wohl, und gerade jetzt kann Lotti Wohlsein gut gebrauchen.

«Und d' Verlobigssuppe?», fragt der eine Düsl.

«Hä, wa mached mer jetz au mit dere?», fragt der andere.

«Nemed mer si trotzdem?», fragt wieder der Erste.

«Mer nemed si», beschließt der Zweite.

Die Düsls tragen auf. Die Suppe in der großen, flachen, aus Ton gebrannten und bunt bemalten Schüssel duftet köstlich nach Lauch und ... irgendwie nach frischem Heu. Einerseits fremd, nach exotischen Ländern, und zugleich vertraut, nach

Heimat. Kleine Stücke würzig geräucherten Specks schwimmen darin. Keine Teller: Man schöpft direkt aus der Schüssel in den Mund. Mit riesigen Holzlöffeln. Lotti wirft alle Hygienebedenken über Bord, langt zu und – schwelgt!

Der Mond schimmert schwach durch das Fensterband, als Lotti wieder aufwacht, auf ihrem Sofa in der Wohnstube der Bell-Matt. Ihr ist wohlig. Entspannt, wie eine Katze in der Sommersonne. Leicht. Ihre Seele offen, der Kopf frei.

Ungeordnete Erinnerungsfetzen: Einen zweiten Schnaps hat sie nach der Suppe genommen, das weiß sie noch. Und dass sie viel gelacht hat mit den Düsls. Gelacht? Die Düsls konnten lachen, wer hätte sich das vorstellen können?

Sie war noch einmal auf dem Stuhl an der Wand neben dem Kachelofen gesessen – genau, die Düsls links und rechts neben sich, die anderen Düsls schauten ihnen dabei vom Tisch aus zu.

Moment, das kann gar nicht sein, dass die gleichzeitig … aber es hat ja auch zwei Lottis gegeben, irgendwann, ja, wirklich, sie erinnert sich ganz deutlich, sie war am Tisch und sah die andere Lotti an der Wand, dann wieder umgekehrt, sie war zwei gewesen!

Ihr ist auch, als wären ihr die zwei Brüder nach dem zweiten Chrüüter gar nicht mehr so fremd gewesen, als kenne sie deren ganzes Leben, könne tief in ihre Seele blicken …

Da war auch dieses weite, freie Gefühl gewesen, zwischen allen dreien, ein Gefühl, als ob … als ob sie sich tief und innig lieben würden.

«Scho guät, Lotti», hat irgendwann einer der Düsls gesagt, und der andere: «Gang du nu wieder i dis ander Läbe.»

Der kleine Stich im Herzen, den sie verspürte, als der eine

ihr die Hand auf die Schulter legte und sie hinausschob aus dem Haus, dem anderen nach, der vorausgegangen war. Neben dem Kobel mit dem Schwein, den Ferkeln und dem müden Eber sind sie eine kurze Weile gestanden, sich gegenseitig haltend, wie ein Kleeblatt.

«Du bliibsch i de Bell-Matt», sagte der eine und ließ sie los.

«Und mir bliibed bi dere Lotti vo de Wand», sagte der andere und ließ sie los.

Dann hat auch Lotti losgelassen, sich umgedreht und ist gegangen, talwärts. Es hat sich angefühlt wie Schweben, als ob sie die Beine gar nicht bewegen müsse. Und dann lag sie plötzlich auf ihrem vertrauten Sofa, in ihrer Bell-Matt.

Lotti erhebt sich und späht durch das Fensterband den Hang hinauf. Der Schatten des Düsl-Hofs liegt wie eine riesenhafte Kuh, ruhig und dunkel, unter dem Silberlicht der Sterne.

Dietr
erzählt, wie er fast einen Bunker bekommt und warum doch nicht

Der Rhein, an dem wir wohnen, gefällt mir sehr gut. Er ist schon noch eine sehr schöne Schönheit der Schweiz. Leider gehört er hier nur bis zur Mitte uns, dann aber schon den Schwaben. Darum war der letzte Weltkrieg hier in Mellikon besonders stark vorhanden. Unsere Soldaten mussten damals den ganzen Rhein ablaufen, und dabei haben sie die schmalen Weglein ausgetrampelt, auf denen man bis heute wandern kann. So haben sie unsere Heimat bewacht und scharf Obacht gegeben, ob die Deutschen kommen.

Wäre dieser Ernstfall eingetreten, hätten sie sie sofort erschossen. Das wäre gefährlich gewesen, weil: Die Schwaben hätten vielleicht noch kurz zurückschießen können, bevor sie der Rhein nach Basel und von dort ins Schwabenland retour gespült hätte, tot, wie sie dann gewesen wären. Damit unsere Soldaten von denen aber nicht hätten getroffen werden können, wären sie schnell in unsere Bunker hineingerannt. Die stehen nämlich überall am Rhein herum und sind aus so starkem Betong, dass die Gewehrkugeln von den Schwaben nicht durchkommen. Im Bunker wären wir unerschießbar gewesen, hätten aber selber trotzdem weiterschießen können, weil unsere Bunker zum Rausschießen Schießscharten haben. Gut,

130

zugegeben, das ist vielleicht nicht so ganz Fährpley, aber selber schuld, die Schwaben, odr. Wenn die kommen und unseren Wohlstand wollen. Wir können ja auch nichts dafür, dass wir nicht blöd sind und unsere Bunker damals schon vorsorglich gebaut haben, weil wir wussten, bei den Schwaben weiß man nie. Die hätten doch jederzeit kommen können.

Sind sie aber dann lieber doch nicht. Somit haben wir den letzten Weltkrieg gewonnen.

Als dann der Frieden ausgebrochen ist, ließen wir die Bunker einfach stehen, wo sie waren, vorsorglich, für später einmal vielleicht. Man weiß ja nie. Jetzt sind unsere Bunker schon so alt, dass man sie von oben, vom Militärflugzeug aus, fast nicht mehr sieht, weil auf dem Bunkerdach schon Bäume wachsen. So sind sie für den nächsten Krieg noch maximaler getarnt als nur mit der Tarnfarbe, die immer dran war.

Tarnung ist enorm wichtig, das weiß ich von unserer Bande her. Wir Melliker Buben haben nämlich eine Bande. Mit der verteidigen wir Mellikon gegen die Reckinger, die auch eine Bande haben. Die Reckinger haben uns immer die ungetarnte Hütte, die wir als unser Banden-Generalshauptquartier gebaut haben, kaputt machen wollen, hin und wieder haben sie es sogar geschafft. Dann mussten wir wieder nach Reckingen mit unseren Velos und *denen* ihr Generalshauptquartier demolieren. Wir fanden es aber bald langweilig, immer unser Generalshauptquartier bewachen zu müssen. Was man ja auch gar nicht kann, wenn man das Generalshauptquartier in Mellikon hat, man selber aber in Reckingen sein muss, beim Ruinieren von *denen* ihrem Generalshauptquartier. Darum hatten wir eine gute Idee: unser Generalshauptquartier zu sichern mit Tarnung. Wir haben es dann runter an den Rhein verlegt, auf das Dach von unserem Melliker Bunker.

Jetzt kann es nicht mehr gefunden werden. Also von uns schon, aber nicht von den Reckingern.

Nur: Dass die uns jetzt nicht mehr finden, ist auch wieder langweilig. Wir können nämlich *ihr* Generalshauptquartier nicht zur Sau machen, ohne dass sie vorher *unseres* angegriffen haben, weil: Wir sind leider neutral. Seit drei Wochen schon ist nichts mehr passiert. Keine Reckinger, weit und breit. Wir wissen gar nicht, was wir den ganzen Tag machen sollen, wenn die Reckinger uns nie angreifen. Also entweder, die finden uns bald auf unserem Bunker, oder wir lassen die Neutralität kurz sein und machen sie zur Sau, ohne dass sie uns vorher etwas gemacht haben.

Oder aber das Ganze wird sinnlos. Ich meine, für was sollen wir eine Bande sein, wenn uns nie einer angreift, damit wir uns verteidigen können? Und ohne Bande brauchen wir auch kein Banden-Generalshauptquartier. Und wo keines ist, können die Reckinger auch keines angreifen, und wir können ihres auch nicht mehr zur Sau machen. Und dann brauchen die auch kein Generalshauptquartier mehr. Und dann können die ihre Bande auch aufgeben. Wie gesagt: Es wäre total sinnlos, das Ganze.

Hoffentlich finden sie uns bald!

Ich könnte mir also vorstellen, dass es dem Schweizer Militär auch langsam langweilig wird mit seinen Bunkern, weil sie noch nie gefunden worden sind vom Feind. Oder vom Ostblock. Seit ich auf der Welt bin, noch kein einziges Mal. Die Soldaten merken sicher auch, dass alles sinnlos wird, was sie da so machen, wenn nie einer angreift.

Man weiß ja gar nicht mehr, ob da überhaupt noch einer drinnen ist vom Schweizer Militär, im Bunker, um ihn zu verteidigen.

Dass ich das nicht weiß, ist mir unheimlich. Ich muss immer denken, wir sitzen da oben, als Bande in unserem Generalshauptquartier, und der, der da mit seinen vielen Ravioli-Büchsen und seinem Karabiner im Bunker hockt, kommt plötzlich raus und meint, wir sind Schwaben. Und erschießt uns.

Wenn man am Bunker anklopft, passiert jedenfalls nichts. Der Bunkersoldat antwortet nicht. Vielleicht will er einfach nicht. Durch die Schießscharten kann man leider nicht zu ihm hineinschauen, er hat die Fensterläden zugemacht, und die sind aus Stahl. Einmal haben wir als Test einen Schilfhalm um das Schloss an der Bunkertür gewickelt, der war nach einer Woche immer noch dran. Es kann also sein, da ist vielleicht gar keiner mehr. Aber eben: Man weiß ja nie.

Obwohl die Schweiz schon viele Bunker hat gegen die Schwaben, bauen wir bis heute immer noch mehr neue dazu. Aber jetzt gegen den Ostblock. In unserem Einfamilienhaus haben wir noch keinen Bunker, nur einen Keller. Bis zum Keller kommen die Gewehrkugeln zwar auch nicht durch, aber der Atomblitz, der schon. Daran hat der Architekt Grüter leider nicht gedacht, als er das Haus so gezeichnet hat, wie es die Arbeiter dann bauen mussten, damit der Vatti es als Allererster der ganzen Familie Moor kaufen konnte. Es war sehr teuer und ein amerikanisches Modell, zu dem man Bungaloo sagt. Auf dem Bild vom Architekt Grüter war neben dem Bungaloo auch ein Swimingpuul. Aber den wollte der Vatti nicht, dann wäre es noch mehr zu teuer geworden, und ein Plastikschwimmbassin für die Kinder tue es auch, sagte der Vatti, er müsse ja dem Grüter nicht auch noch einen zweiten Porsche zahlen, odr.

Ich verstehe nicht, warum der Vatti den ersten Porsche ausgerechnet dem Grüter bezahlt hat, statt ihn für uns zu kaufen.

Das ist nämlich gar nicht das Schlechteste, so ein Porsche. Dem Grüter seiner sieht maximal aus, wie ein Jochen-Rindt-Feuerwehrauto.

Auf jeden Fall haben wir wegen dem Grüter seinem Porsche keinen Swimingpuul. Und weil der Grüter ihn vergessen hat, auch keinen Atombunker, nur einen Keller. Deshalb ist der Vatti bis heute auf den Grüter angefressen.

Angefangen hat das mit dem Vatti seinem Angefressensein auf den Grüter schon vor ewigen Zeiten, als wir einmal die Nachrichten vom Schweizer Fernsee gesehen haben. Wir hatten nämlich als Erste von allen fünf Grüter-Einfamilienhäusern damals schon einen Fernsee, mit Antenne auf dem Dach. Das ist ganz lange her, ich musste damals noch nicht in die Schule und konnte noch in Freiheit leben.

Ich erinnere mich ganz genau: Das Sandmännchen war schon vorbei, ich weiß nicht mehr, mit was für einer Geschichte, das Vreni, der Matti und ich waren bereits im Pischamaa und hatten Zähne fertig geputzt und alles und durften noch schnell Reklame schauen, bevor wir ins Bett mussten und der Vatti und das Muätti ohne uns noch mehr Fernsee geschaut hätten.

Plötzlich kam mitten in der Reklame das Heidi Abel und sagte mit traurigem Gesicht, dass jetzt etwas Besonderes komme. Wegen Kuba, sagte sie. Der Vatti und das Muätti schauten sich ganz komisch an. So komisch haben die sich erst viel später wieder einmal angeschaut, das war gerade kürzlich, als das Muätti vom Muätti, also mein Grosi, am Telefon war und sagte, sie würde jetzt sterben und wir sollen sofort kommen. Sie starb dann aber lieber doch nicht.

Aber eben, zum ersten Mal, habe ich gesehen, dass sie sich so komisch anschauen, als das Heidi Abel sagte «wegen Kuba».

Der Vatti und das Muätti haben dann nur noch in den Fernsee gesehen statt zu uns und ganz vergessen, dass sie uns ja ins Bett bringen sollen. Wir haben natürlich nichts gesagt, sondern es maximal gefunden, dass wir jetzt auch noch den Fernsee für Erwachsene sehen können.

Leider, leider war es langweilig. Nur einmal gefiel es mir, da zeigten sie einen dicken, alten Mann, der aussah wie ein Zirkus-Gloon und bei seiner Ansprache einen Schuh auf das Pult haute. Und die Raketen, die sie zeigten, ja, gut, die fand ich auch noch interessant, aber sonst: lauter ernste Leute, die viel redeten. Dann sagte das Heidi Abel, jetzt komme noch ein Kauboi-Film, den sahen wir leider nicht, weil der Vatti ging zum Fernsee und drückte den Abschaltknopf. Der macht das Bild dann immer sofort munzi-winzi klein, bis es nur noch ein weißer Punkt ist, und dann löscht der auch noch ab. Was aber gspässig war: Das Muätti sagte zu uns noch immer nicht: «So, Chinde, jetzt aber hopp i Pfanä, schnädere päng», sondern zum Vatti: «Das bedeutet Dritter Weltkrieg.»

Ich weiß noch, dass ich erschrocken bin, ich wusste nämlich schon, was Krieg ist, wegen dem Lied, in dem der Maikäfer fliegt: Der Vater ist im Krieg, die Mutter ist in Pommerland, und Pommerland ist abgebrannt, und der Vatti sagt ja auch immer, das sei das Schlimmste, wenn man abbrennt. Das wollte ich damals schon nicht.

Als sie uns dann doch noch ins Bett brachten, hat der Vatti, statt die Guätnachtgeschichte vorzulesen, gesagt, wir müssen keine Angst haben vor der Russen-Atombombe, wir überleben, er organisiert das jetzt, mit dem Bunker. Das Vreni fragte, ob sie dann ihr Neger-Bäbi mitnehmen könne in den Bunker und dem Negerli sein Bäbiwagen. Der Vatti versprach es ihr.

Wenn ich damals die Märklin schon gehabt hätte, hätte ich verlangt, dass ich sie auch in den Bunker mitnehmen kann. Aber ich hatte eben noch keine, darum musste der Vatti mir nichts versprechen.

Bis jetzt ist der Dritte Weltkrieg nicht gekommen. Der Bunker auch nicht. Ich bin zwar einverstanden, dass wir hier den Atomblitz noch nicht hatten, obwohl ich alle Tricks vom Zivilverteidigungsbuch kenne, aber der Bunker hätte mir trotzdem gefallen. Weil:

- Wir wären darin den ganzen Tag zusammengesessen und hätten Eile mit Weile spielen können oder Halma,
- das Vreni hätte bestimmt nur Figgi und Müli spielen wollen, weil sie da immer gewinnt, aber ich hätte nein gesagt,
- ich hätte nicht in die Schule müssen und wäre maximal faul gewesen, und
- es hätte trotzdem keiner geschimpft,
- wir hätten jeden Tag Ravioli mit Tomatensauce bekommen und die feine Leberwurst aus der Tube und lauter so tolle Sachen, auch Militärschoggi und Panzer-Chääsli,
- der Vatti hätte nicht mehr in die Winterthur Leben müssen und Geld verdienen, damit wir zu essen haben, weil: Zu essen hätten wir ja bereits gehabt im Bunker,
- und auch dem Muätti wäre es viel bessergegangen, weil, sie hätte ja nur noch den Bunker putzen müssen statt, wie jetzt, den ganzen Tag den ganzen Bungaloo.

Aber trotzdem wir es im Bunker schön gehabt hätten, bin ich eher dafür, dass die Atombombe nicht gerade bei uns explodiert, weil die Tiere im Wald, die täten mir schon noch leid. Die wüssten ja gar nicht, was machen beim Atomblitz und der Druckwelle und dem Radioaktiv. Die Kühe auf der Weide wären auch arm dran, wenn der Bauer im Bunker ist, statt sie zu melken. Und für all diese Tiere wäre eben der Platz im Bunker einfach zu klein, halt, leider.

Also lieber ohne Atomblitz weitermachen.

Seit die Schweiz uns das Zivilverteidigungsbuch geschenkt hat, glaubt der Vatti wieder viel mehr daran, dass wir vorsorglich einen Bunker brauchen. Im Zivilverteidigungsbuch steht nämlich, was man dann alles haben muss, in so einem Bunker, weil man sonst nicht überlebt. Da steht:

«Liege- und Sitzgelegenheiten, Schaumgummi- und Luft-matratzen, Wolldecken, Schlafsäcke, Leintücher, Kleider zum Wechseln.

Gestell für den Schutzraumvorrat, manuell betriebene Lüf-tungsanlage, Telefonrundspruchapparat und Batterieradio mit Ersatzbatterien und einigen Metern Antennendraht.

Kochgelegenheit, Waschgelegenheit, Trocken-WC oder ent-sprechende Improvisation, desodorierende Mittel, Wasserbehälter für 30 l pro Person.

Diverses Kleinmaterial, wie Teller, Tassen, Besteck, Papier-servietten, Büchsenöffner, Zapfenzieher, Taschenlampen mit Ersatzbatterien, Kerzen, Streichhölzer, Kalender, Nähzeug, Schreibzeug, Toilettenpapier, Papiersäcke, Reinigungsmaterial, Abfalleimer. Zeitungen, Bibel, Bücher, Gesellschaftsspiele.

Eimerspritze, Löschwasserbehälter, Löschsand. Rettungsma-terial, wie Schaufeln, Pickelhauen, Hebeisen, Handbeil, Sägen, Handfäustel, Spitzeisen, Handschuhe mit Stulpen, Sanitäts-material. Behälter für verstrahlte und vergiftete Kleidungs-stücke».

Dazu kommt noch der Notvorrat, den ich jetzt nicht auch noch aufzählen will, aber es ist so viel, dass man mit dem Fau-weh nicht alles auf einmal vom Migro nach Hause transpor-tieren kann.

Dazu kommt noch die Notapotheke für fünf Personen und das Notgepäck mit Kleidern und Decken und Halstüchern für den Strahlenschutz, Gasmasken, Schnüre und Schuhriemen, Campingkocher und Gamellen, Feldflaschen und Sackmesser, um nur das Gröbste zu erwähnen.

Das ist dann aber immer noch nicht alles:

Es fehlt noch das Mäppchen. Da muss hinein: *persönliche Ausweispapiere, AHV-Ausweis* (hä, ja, damit man nach dem Krieg eine Rente hat), *Rationierungskarten, Versicherungspolice* (aha, also hatte der Vatti recht!), *Krankenkassenbüchlein* (falls man vielleicht mal ins Spital muss, oder so), *Berufsausweise, Geld und Wertpapiere, Zivilverteidigungsbuch* (klar, ganz wichtig!), *Erkennungsmarken des Roten Kreuzes für Kinder* (vermutlich, weil sonst bei den Rotkreuz-Schwestern nur die Ausgewachsenen eine Suppe bekommen).

Wenn man das alles besorgt hat, weiß man ja gar nicht, wohin mit so viel Zeugs, außer man hat eben einen Bunker, wo man es einräumen kann. Und wenn man es *nicht* besorgt, weil man ohne Bunker keinen Platz dafür hat, hat man schlecht vorgesorgt, und genau das kann der Vatti nicht verantworten. Also *muss* er einen Bunker beschaffen. Als Vorsorgemaßnahme.

Der Vatti macht sich nämlich zum Glück viele Vorsorgen. Schon von seinem Beruf her, als Versicherungsvertreter. Wenn ich zum Beispiel auf den Kirschbaum klettere, sagt er, gerade bei Kirschbäumen würden die Äste statistisch leichter abbrechen als normal und es gäbe jedes Jahr Tote, weil die Leute nicht wissen, dass gerade bei den Kirschbäumen die Äste enorm leicht abbrechen. Und dann auf die Kirschbäume klettern. Aber ich wisse es ja jetzt, er hätte es mir ja gerade gesagt, und ich soll jetzt gefälligst sofort von dem Kirschbaum runterkommen, weil wenn man die Gefahr kennen würde und trotzdem weitermache, sei das fahrlässig und ein Verbrechen gegenüber den anderen Versicherten, die dann mein gebrochenes Genick berappen müssten, obwohl ich selber schuld sei, weil ich ja genau gewusst hätte, dass gerade bei Kirschbäumen die Äste praktisch immer brechen und somit unausweichlich auch mein Genick, also sofort runter jetzt, gopfertori.

So ähnlich redet er auch, wenn ich den Märklin-Stecker in die Steckdose stecke. Oder mit dem Velo über die Hauptstraße fahre statt laufe. Oder ein Brot esse in der Badi und dann ins Wasser will. Oder den Drachen fliegen lasse Richtung Starkstromleitung. Oder mit dem Sackmesser meinen Speerspitz spitz machen will. Bei fast allem, was ich mache, macht sich der Vatti eine Vorsorge.

Nur einmal hat er die Vorsorge vergessen. Das war beim Eile-mit-Weile-Spielen.

Und ausgerechnet da wäre eine Vorsorge gut gewesen, weil: Der Matti hatte beim Eile-mit-Weile-Spielen die gute Idee, ein Mannsgöggeli in seiner Nase zu verstecken. Damit er noch eins hat, wenn alle anderen heimgeschickt worden sind. Und als er es dann gebraucht hätte und es mit dem Finger herausgrübeln wollte, schlüpfte das Mannsgöggeli in der Matti-Nase noch weiter hoch, so weit, dass man es kaum noch sah, obwohl es ein Gelbes war. Der Vatti hat es auch mit der Flachzange nicht mehr herausgebracht, und mit dem Bohrer hat er sich nicht getraut, und der Matti heulte Rotz und Wasser, aber den Rotz nur aus dem Nasenloch ohne Mannsgöggeli. Und dann mussten wir zum Tokter Hediger nach Kaiserstuhl.

Der hat dann ein Vakuum zur Hand genommen, das Mannsgöggeli aus dem Matti herausgesaugt und es ihm wieder zurückgegeben. Dann hat der Tokter Hediger zum Vatti gesagt, er solle doch künftig ein wenig besser vorsorgen, damit das nicht mehr vorkomme, und nur zum Vatti seiner Information: Wenn der Wiederholungsfall wider Erwarten eintreten würde, dann könne der Vatti das Mannsgöggeli auch selber heraussaugen, einfach mit seinem Mund.

Nachher konnte der Vatti nur noch den Kopf schütteln, über den Hediger, das sei viel zu gefährlich, sagte er, weil das Mannsgöggeli doch beim Mundsaugen plötzlich aus der Matti-Nase in seinen Hals schletzen könne und ihn ersticken, das sei ja fahrlässig, ihm so einen gefährlichen Ratschlag zu geben, also wirklich, ausgerechnet gerade der Hediger müsse ihm dann ganz sicher nichts erzählen zum Thema Vorsorge.

Seit dann werden die Mannsgöggeli beim Eile-mit-Weile-Spielen vom Vatti immer wieder durchgezählt, ob auch wirklich alle auf dem Tisch sind. Mit seinen vielen Vorsorgen sorgt der Vatti eben vorher dafür, dass nachher nichts passieren kann, was uns dann leidtun würde.

Als der Vatti das Zivilverteidigungsbuch fertig durchgelesen hatte, hat er sich noch ganz viele zusätzliche Vorsorgen gemacht und sie alle in seinem Kopf oben eingelagert. Dann machte er mit dem Fauweh und uns ein Fährtli zu einer Boumäss.

Das Muätti wollte vorher noch wissen, warum wir uns eine Boumäss ansehen sollen, wo wir doch schon ein fertig gebautes Haus haben. Er müsse als Versicherungsfachmann immer auf dem neuesten Stand sein, antwortete der Vatti, erstens brauchen schließlich auch Neubauten eine Versicherung, und zweitens, als moderner Mensch müsse man die neuesten Entwicklungen der Technik kennen, das würde dem Muätti auch nicht schaden und den Kindern sowieso nicht. Das Muätti sagte «Jänu» und der Vatti: «Es ist ja nicht weit.»

Ich finde den neuesten Stand der modernen Technik toll, er interessiert mich maximal. Auch möchte ich ein moderner Mensch sein, darum gehe ich immer gerne zu allen Messen. Manchmal bekommt man dort etwas gratis, einen Kalender oder Kugelschreiber oder so. Einmal waren wir auf einer Automesse, und da bekam ich von einem Opel-Verkäufer einen kleinen Plastik-Kadett mit Schlüsselring dran. Ich hoffte, dass ich auf der Boumäss ein Plastik-Modellhaus bekäme, das könnte ich dann auch in die Märklin stellen, wie den Kadett. Den Schlüsselring kann man mit Vattis Biisszange wegmachen, dann sieht das aus wie echt.

Als der Vatti und das Muätti mit der Generalstabskarte die Boumäss gefunden hatten, war da ein Mann mit einer roten Bahnhofvorsteherkelle, der winkte uns auf eine Wiese, wo ein anderer Mann mit einer anderen Bahnhofvorsteherkelle uns zeigte, wo wir den Fauweh hinstellen müssen. Der Vatti freute sich über den Parkplatz und sagte, das sei eben noch Organisation.

Der Matti, das Vreni und ich wanderten den Eltern hintendrein über die Parkplatzwiese, dann um eine riesige Halle herum, die aussah wie ein grüner Engerling. Der Vatti erklärte uns, das sei eben auch so etwas Modernes, diese aufblasbaren Hallen, man könne einfach die Luft rauslassen und dann die ganze Halle mit einem einzigen Lastauto wegtransportieren.

Das Muätti sagte, sie kenne moderne Männer, wenn man denen die Luft rauslasse, könne man sie in einer einzigen Windel wegtransportieren. Wen sie denn da meine, fragte der Vatti und schaute streng, und das Muätti sagte, zum Beispiel dieser von Moos, der blase sich doch so etwas von auf, mit seinem roten Büchlein, schlimmer als der Mao. Der Vatti sagte, das Muätti solle nicht unseren Bundesrat mit den Kommunisten in einen Topf werfen, was das für traurige Brüder seien, diese Vaganten, das habe man ja jetzt in Prag erlebt. Das Muätti sagte, sie habe nicht den Kommunismus mit dem Bundesrat verglichen, sondern den Mao mit dem von Moos. Der eine sei ein Vor-*Sitzender* und der andere ein Vor-*Steher*, man könne darüber streiten, was besser sei, aber beide hätten doch ein rotes Büchlein für das Volk geschrieben und zwangsverteilt, oder ob der Vatti das abstreiten wolle, worauf der Vatti sagte, das Zivilverteidigungsbüchlein sei ein Beitrag zur Sicherheit des eigenen Volkes und darum positiv, das Muätti lachte und sagte, da sei sie aber froh, und der Vatti sagte: Eben, und das könne sie auch, und wenn es ihr hier nicht passe, solle das Muätti doch nach Russland.

Ich verstand nicht genau, was die redeten und was dann dem Muätti beim Ivan Rebroff besser passen sollte, aber ich nahm mir vor, unbedingt auch das rote Buch von diesem Mao zu lesen, bestimmt waren da noch mehr Sheriff-Bill-Tricks aufgeschrieben. Als ich fragte, ob uns die Schweiz vielleicht auch noch dem Mao sein rotes Buch schenken würde, mussten der Vatti und das Muätti laut lachen. Das Muätti sagte, sie glaube nicht, und der Vatti: Eines könne er mir jetzt schon versprechen, das würde ganz, ganz sicher nie passieren. Ich wusste nicht, was da lustig war, aber immerhin, sie vergaßen wegen dem Lachen ganz, dass sie ja eigentlich lieber streiten wollten.

Auch gut.

Wir wanderten endlos an einem Kuhzaun entlang, der um die Engerlinghalle herumführte, bis wir zum Eingang kamen. Darüber hing eine Tafel: «Baumesse Spreitenbach». Vorne stand eine andere Tafel mit einem Rechtspfeil: «Fachpublikum», und daneben eine dritte Tafel mit Linkspfeil, auf der waren die Eintrittspreise angeschrieben. Die meisten Leute nahmen den linken Weg, wo ein Kassahäuschen auf Rädern stand, wie beim Zirkus Knie, nur nicht so schön mit Rot und Gold, sondern Grau. Vor dem Kassahäuschen standen sehr viele Leute und mussten warten. Ich hasse Warten.

Zum Glück wählte der Vatti den rechten Weg. Dort waren weniger Leute und kein Kassahäuschen. Dafür ein Securitas. Der verlangte vom Vatti seinen Ausweis. Der Vatti gab ihm seine Identitätskarte, aber der Securitas sagte, die könne er nicht akzeptieren. Ich merkte, wie ich nervös wurde, obwohl der Mann am Eingang gar kein Polizist war und auch kein Zöllner, aber eben eine Securitas-Uniform hatte er trotzdem und auch eine laute Polizeistimme. Der Vatti sagte, er sei Fachpublikum, weil Fachmann, und der Securitas fragte «Fachmann für was», für Versicherungen, antwortete der Vatti. Der Securitas staunte, aha, das sei ja interessant, was denn Versicherungen mit der Boumäss zu tun hätten, bitte schön. Und da musste es ihm der Vatti halt erklären:

Alles, was gebaut werde, brauche eine Versicherung, und ob der Securitas überhaupt eine Versicherung habe für sein Haus, weil: Wenn nicht, dann sei das unverantwortlich. Er habe gar kein Haus, sagte der Securitas und wollte lachen, aber es kam nur so eine Art Husten aus seinem Hals, und der Vatti fragte, wie denn der Securitas bitte heiße, aha, Sutter, also Herr Sutter, er sei der Herr Moor, und der Herr Sutter könne sich jederzeit an ihn wenden, wenn er dann mal ein Haus baue oder eine Garage oder einen Bunker, da, hier, er gebe ihm jetzt mal seine Visitenkarte, er würde alles für ihn regeln, nicht wahr, Herr Sutter, auch Lebens- oder Renten- oder Unfall- oder Krankenversicherung, er könne dem Herrn Sutter alle Sorgen abnehmen mit einer extra auf ihn zugeschnittenen Vorsorge, er könne ihm auch mit den Konditionen gern entgegenkommen, der Herr Sutter müsse ihm nur ein Telefon geben, und alles Weitere würde der Vatti dann für ihn regeln, er solle sich nur keine Sorgen machen, es sei sozusagen bereits jetzt schon, wo sie sich hier per Zufall kennengelernt hätten, für alles gesorgt, da habe der Herr Sutter heute einmal Glück gehabt, ab jetzt dürfe er sich sicher abgesichert fühlen, und es wäre schade, wenn er diese Gelegenheit ungenutzt verstreichen lassen würde, aber ein Mann wie der Herr Sutter würde ja die Verantwortung nicht scheuen, dafür sei doch gerade die Securitas bekannt, oder.

Während der Vatti dem Securitas all diese Sachen erklärte, scharrte der Matti mit dem Schuh im Kies herum, das Vreni flüsterte zum Muätti, es habe Hunger, das Muätti schaute nach hinten, wo sich eine Schlange bildete. Und ich wurde immer nervöser.

Der Vatti redete einfach weiter und steckte dem Securitas die Visitenkarte in die Hemdtasche von seiner Uniform. Mit der anderen Hand fasste er nach dem Kopf vom Matti und schob ihn Richtung Eingang. Der Matti war so verdattert, dass er einfach losstolperte, bis zur Drehtür von der Halle. Das Muätti sah das und rief dem Matti nach «wart, Matti», dann rannte sie zu ihm, und das Vreni rannte zum Muätti.

Nur ich wollte als Einziger von der ganzen Familie den Vatti nicht alleine lassen beim Securitas, weil: Wenn der ihn verhaftet, muss ich den Vatti doch verteidigen, aber ich wusste leider nicht, wie, ohne mein Sackmesser. Da merkte ich die Vattihand an meinem Kopf, wie sie mich mit Gewalt weiterschob, wie vorher den Matti. Ich bremste aber schnell wieder ab und drehte mich um. Der Vatti schnappte sich gerade die Hand vom Securitas, schüttelte sie ganz fest, dazu lächelte er freundlich. Dann klopfte er mit der anderen Hand, also der, mit der er mich gerade geschoben hatte, auf die Schulter vom Securitas. Plötzlich drehte sich der Vatti weg, kam auf mich zu und sagte so laut, dass es alle Leute und der Securitas hörten, also dieser Herr Sutter sei ein ganz, ganz flotter Mann mit einer tollen Menschenkenntnis, der könne eben noch einen Bauversicherungsfachmann wie ihn, den Vatti, vom Normalbesucher unterscheiden.

Wir gingen dann durch die Drehtür. Die kannte ich von Amerika, im Fernsee. Wenn die Amerikaner aus dem Hotel kommen, müssen sie auch immer durch solche Drehtüren. Wenn es der Stän Laurel und der Oliver Haardi sind, bekommen die immer ein Durcheinander, weil sie zu spät aus der Drehtür rauskommen und dann wieder im Hotel stehen statt auf der Straße, oder der eine blockiert die Drehung, damit er rauskann, und der andere donnert mit dem Gesicht in die Drehtür und bekommt Nasenbluten. Ich muss dann immer viel lachen.

Aber jetzt war ich selber in der Drehtür und wollte kein Nasenbluten. Zum Glück blockierte keiner, und ich entkam der Drehtür rechtzeitig, bevor ich wieder beim Securitas war.

Das Vreni wurde ganz nervös und zeigte wie wild zu einem kleinen Holzhäuschen, auf dem statt dem Dach so dicke, gelbe Matratzen oben draufgelegt waren.

Das sei jetzt etwas ganz Modernes, erklärte der Vatti, das sei jetzt ebendiese Glaswolle zum Isolieren. Ich staunte, woher er das wisse. Ich fragte den Vatti, warum er hierherkommen muss, da er doch schon alles weiß, aber bevor er antworten konnte, sagte statt ihm das Muätti: Weil der Vatti ein moderner Mann sein wolle, ausgerechnet der Vatti!

Da fragte der Vatti das Muätti, ob es vielleicht einmal möglich wäre, wenigstens *einmal*, mit der ganzen Familie etwas zu unternehmen, und alle freuen sich, dass man gemeinsam etwas unternimmt und einen schönen Sonntag zusammen hat.

Und das Muätti sagte, natürlich sei das möglich, sie frage sich auch, warum die Familie nicht endlich damit anfange.

Da begann das Vreni mit ihren Füßen zu stampfen und rief laut, die Glaswolle sei ihr doch egal, und der Matti fragte, ob man die mal anfassen könne, aber das Vreni fuhr ihm dazwischen und sagte, nein, das könne man nicht, jetzt sei nämlich *sie* mal dran und neben der Glaswolle gäbe es Zuckerwatte und *sie* gehe da jetzt hin! Tatsächlich stapfte sie zu dem Zuckerwattemann, der eine gelbe Latzhose anhaben musste, die war vorne angeschrieben mit «Glaswolle, die ganz tolle». Die Zuckerwatte war genau gleich gelb wie die Glaswolle, und der Mann nahm einen dünnen Holzstab und wickelte ihn mit dieser Watte voll, bis er eine Kugel hatte, noch dicker als dem Vreni sein Kopf. Er gab dem Vreni die Zuckerwattekugel einfach so, ohne dass sie bezahlen musste, und der Mann fragte, ob wir auch wollen, die Zuckerwatte mache genauso glücklich wie die Glaswolle, und sie würde nichts kosten, die könnten wir dann wunderbar genießen, während unsere Eltern sich die Glaswolle näher ansehen könnten.

Da sagte der Vatti «ja, gärn» und ließ sich noch vier Zuckerwatten geben, damit wir alle eine haben und nicht nur das Vreni.

Dann stellte der Mann die Zuckerwattemaschine wieder ab und sagte zum Vatti und zum Muätti, er freue sich, dass sie sich für seine moderne Glaswolle interessieren würden. Er ging voraus zu dem Häuschen mit dem Glaswolldach, kam aber gleich wieder retour, als er merkte, wir sind bei der Zuckerwatte geblieben. Er deutete mit der Hand dorthin, wo er eben gerade noch gewesen ist, und sagte: Er möchte uns etwas Interessantes zeigen, wir sollen ihm folgen, wänn Si wänd so guät sy. Ich dachte ja gar nicht daran, weil: Wenn ein Fremder zu einem Kind sagt, er wolle ihm etwas Interessantes zeigen, muss das Kind sofort wegrennen.

Ich rannte aber nicht weg, weil ich die Zuckerwatte lieber im Stehen esse statt im Rennen. Und der Vatti rannte ja auch nicht.

Er sagte zu dem Mann, er wolle ihm gerne folgen, er hätte aber vorher noch eine kleine Frage. Ja bitte, sagte der Mann, und dann stellte der Vatti die kleine Frage: Ob er denn schon eine Lebensversicherung habe? Der Mann schaute den Vatti lange an, dann wieder zur Glaswolle hinüber und dann zum Muätti. Er wolle jetzt nicht über Versicherungen reden, sagte er schließlich, sondern lieber über Glaswolle, die würde nämlich genauso glücklich machen wie Zuckerwatte, die wir ja schon hätten, aber viel länger, nämlich das ganze Leben lang! Das Muätti sagte, ein wenig Glück könne ja nie schaden, nicht wahr, und lächelte dabei den Mann an und zupfte sich mit den Lippen ein großes Stück Zuckerwatte von ihrem Stängel.

Un-glücklicherweise, sagte der Vatti, sei er *leider* nur ein Fachmann für Versicherungen und nicht für Glaswolle, und wenn der Mann als einziges Thema Glaswolle wolle, wolle der Vatti anmerken, dass sie halt dann nicht reden könnten, es tue ihm leid und er wünsche dem Mann noch gute Geschäfte, in diesen unsicheren Zeiten. Er prostete dem Mann mit seiner

Zuckerwattekugel zu, wie wenn es ein Glas Asbach Uralt wäre, dann gingen wir.

Als ich mich noch einmal umdrehte, sah ich, wie der Mann ein paar Zuckerwattestäbchen gleichzeitig nahm, sie alle zerbrach und in die Zuckerwattemaschine pfefferte.

Wir sahen noch andere interessante moderne Techniken. Zum Beispiel etwas, das aussah wie geschnetzelte Zeitungen, die man zu Brettern zusammengedrückt hatte. Wenn man das aber mit Zeitungen machen würde und dann daraus ein Haus bauen, wäre das sehr gefährlich, erklärte uns der Vatti, weil das noch besser brennen würde als Holz. Aber dieses Asbest da, das könne nicht brennen und das Haus dann eben auch nicht. Da könne man viel sicherer leben, im Asbest-Haus, und müsse sich nie mehr Sorgen machen. Ich fand das maximal und fragte, ob unser Bungaloo auch aus Asbest sei, und der Vatti sagte, zum Teil schon, aber leider viel zu wenig, weil der Grüter ... aber er redete nicht weiter, sondern machte mit der Hand, als ob er den Grüter in den Boden hineinwedeln würde.

Der Mann vom Asbest erklärte uns, der Name komme von den alten Griechen und heiße auf Deutsch «der Unverwüstliche», und wirklich halte der Asbest für immer. Man könne daraus alles machen: die Wände, das Dach, auch die Inneneinrichtung, die Möbel, alles, sogar Kleider, es gäbe ja bereits Asbest-Anzüge für die Feuerwehrmänner, aber es ginge auch flotte, moderne Asbest-Mode.

Ja, sagte der Vatti, mit so einem Asbest-Minirock hätte man endlich etwas Heißes, das trotzdem nicht brenne, und das Muätti sagte, dann würde er eine Asbest-Zunge brauchen, damit er sich seinen Mund nicht immer verbrenne, so wie jetzt grad wieder.

Es gab eine Pause, der Mann hüstelte ein wenig, und dann sagte er: Also, in Zukunft würde es nur noch Asbest-Häuser geben, und wenn diese gemeingefährlichen Holzhütten aus dem Mittelalter endlich abgerissen seien, dann bräuchte es auch keine Feuerwehr mehr, und die Brandschutzversicherung könne man sich dann auch sparen. Eine Brandschutzversicherung, sagte der Vatti, würde es immer brauchen, weil man trotz Asbest nie wisse. Dann sagte er zu uns, kommt, wir müssen weiter, und ließ den Asbest-Mann stehen.

Ich entdeckte dann noch etwas ganz Maximales, was ich unbedingt haben wollte, der Vatti mir aber nicht kaufte. Nämlich: Holz zum Abrollen. Das waren so Kartonröhren und darauf aufgewickelt ein Plastikpapier, das genau aussah wie Holz. Aber ganz genau so. Hinten war ein Butterbrotpapier dran, und wenn man das wegzog, kam die Klebefläche zum Vorschein. Wenn ich das an die Wände von meinem Zimmer klebe, sieht das dann maximal aus. Der Mann vom Abrollholz sagte, das sei ein ganz neuer, moderner Plastik, er heiße Peefauzeh und der sei eben besonders weich und könne sich jeder Oberfläche optimal anpassen und satanisch gut drauf kleben. Aber der Vatti sagte, das sei nicht ehrlich, wenn etwas nach etwas anderem aussehe als nach dem, was es ist, und wenn ich so ein Zimmer wolle, müsse ich halt warten, bis ich selber einen Bungaloo hätte oder ein Fertighaus, da könne ich dann so unehrlich wirtschaften, wie ich wolle, aber in *seinen* Bungaloo komme ganz sicher kein Plastikholz, sondern, wennschon, dann nur währschaftes, echtes Arvenholz.

Wenn ich einen Bungaloo habe, dann ohne Architekt, dafür mit Swimingpuul, ganz aus Asbest und an jeder Wand Peefauzeh.

In der aufgeblasenen Halle bekam ich Kopfweh, was ich

sofort verkündete. Das Muätti und der Vatti sagten nicht, wie sonst immer, wenn ich Kopfweh bekam, ich solle tiefer schnaufen und einen Traubenzucker essen, sondern: ja, gut, dann gehen wir raus. Ich vermute, weil ihnen im Aufgeblasenen selber nicht wohl war.

Ich hatte Angst, dass wir wieder am Securitas vorbeimüssen, aber er war nicht mehr da, dafür ein Frölein, das auch eine Uniform anhatte, aber eine Kauboi-Uniform, und obwohl sie ein Frölein war, sah sie sehr gut aus damit. Das Kauboi-Frölein verschenkte Marlboro in so Minizigarettenschachteln, die kannte ich schon von den Motogrossrennen her, wo wir als Bande hingehen, wenn eines ist. Es sind immer nur drei Zigaretten in diesen kleinen Schächtelchen, aber dafür gratis, und jeder kann bei den Zigarettenhostessen immer neue holen, das ganze Motogross lang.

Leider wollte der Vatti nicht zum Marlboro-Frölein, sondern zeigte auf die Turnhalle neben der Engerlinghalle und sagte, da drüben entdecke er gerade zufällig etwas Interessantes. Über dem Eingang stand:

«Sonder-Ausstellung Schutzräume
gem. eidg. Zivil-Verteidigungs-Buch»

Ich sagte dem Vatti, dass ich das maximal gut finde, dass wir uns das anschauen, weil ich jetzt die ganzen Tricks, die ich gelesen habe, hier jetzt sogar in echt sehen könne. Der Vatti legte mir die Hand auf die Schulter und sagte, ich sei eben doch ein echter Moor. Dabei machte er eine sanfte Stimme, wie die Männer in der Fernseereklame. Das tat mir gut, und ich war froh, dass ich ein echter Moor bin.

Vor der Turnhalle stand schon wieder einer von der Securitas, aber der ließ uns ohne Ausweis hinein. Es gab auch kein Kassahäuschen. Alle durften einfach hineinlaufen, wie es ihnen gerade passte. Der Vatti sagte, hier sei gratis, weil es im Interesse der Schweiz sei, dass sich möglichst viele Leute die Bunkerausstellung anschauen, um sich zu informieren. Das Muätti fragte, der Vatti wolle doch öppe nicht wirklich einen Bunker kaufen, odr?, und der Vatti fragte retour, ob das Muätti denn nicht mehr gut höre, er habe gesagt, er wolle sich *informieren*.

Da musste ich leider dem Muätti recht geben, obwohl dem Vatti seine Hand auf meiner Schulter lag, aber gerecht ist schließlich gerecht, und ich sagte dem Vatti, nein, er habe nicht gesagt, er wolle sich informieren, er habe gesagt, dass es im Interesse der Schweiz sei, dass sich möglichst viele Leute informieren!

Der Vatti ließ meine Schulter los, die an dieser Stelle von seiner Hand ganz warm geworden war, und sagte, wenn ich ihn schon korrigiere, dann bitte schön richtig, er habe gesagt ...

Da unterbrach das Muätti und sagte, dann gehen wir halt hinein, wenn es sein muss, schließlich sei es doch sowieso das, warum der Vatti unbedingt zu der Boumäss habe fahren wollen. Der Vatti schaute das Muätti erstaunt an und fragte, woher sie denn *das* wieder so genau wisse, und sie sagte, sie kenne ihn. Dann klemmte sie sich die Hand, die der Vatti nicht mehr auf meiner Schulter hatte, unter ihren Arm und schleppte ihn ab, in die Turnhalle.

Drinnen roch es nach Sankt-Gallner-Bratwürsten, die hab ich von allen Würsten am liebsten, noch lieber als die Servilat, leider gibt es sie nur ganz selten. Aus Lautsprechern kam Ländlermusik. An den Wänden hingen viele schneeweiße Schweizer Kreuze auf rotem Grund und ein einziges rotes Kreuz auf weißem Grund, das ist die Fahne vom Roten Kreuz.

Gleich neben dem Eingang war ein Tisch mit ganz vielen Zivilverteidigungsbüchern drauf. Ich vermutete, die haben sie da extra für die Leute hingetan, die darin schnell noch etwas nachschauen müssen, aber ihres leider zu Hause vergessen haben.

Ich sagte dem Vatti, ich müsse noch schnell etwas im Zivilverteidigungsbuch nachschauen, bevor wir die Sonderausstellung besichtigen, und er soll es mir geben, bissoguät. Er sagte, das habe er leider zu Hause vergessen.

Da bin ich zum Tisch mit den Zivilverteidigungsbüchern und habe der Äffhadee-Frau gesagt, wir haben leider unser Zivilverteidigungsbuch zu Hause vergessen und ob ich von ihr eines haben könnte. Sie fragte mich, ja, ob ich denn überhaupt wisse, was das sei, das sei nämlich viel zu wertvoll, als dass man es einfach mir nichts, dir nichts mitnehmen könne und dann verlauern. Sie redete den gleichen Dialekt wie das Heidi Abel, Basler Dialekt. Und das, obwohl wir in Spreitenbach, Kanton Zürich, waren! Ich verkündete der Frau, dass ich das ganze Zivilverteidigungsbuch besinnlich durchgelesen hätte, so wie der Vorsteher von Moos das empfohlen habe. Dass der von Moos sich aufgeblasen hat, wie der Mao, sagte ich nicht.

Soso, sagte sie, durchgelesen, aha, und was denn da so drinnen stehe, wenn sie fragen dürfe? Ganz viele maximal tolle Sheriff-Bill-Tricks, sagte ich, und wie man den Kampf gewinnt, sogar gegen die Atombombe und zum Beispiel auch, dass es den Frauenhilfsdienst gibt und man zu dem Äffhadee sagt und dass ich nämlich vom Zivilverteidigungsbüchlein her ganz genau weiß, dass sie auch so eine Äffhadee ist.

Da spürte ich wieder dem Vatti seine Hand auf der Schulter, und die Frau lächelte über meinen Kopf hinweg zum Vatti hinauf und sagte, er habe da aber einen sehr braven jungen Mann, und ich wurde ganz stolz und hörte dem Vatti seine Stimme sagen, ja, das wisse er. Die Äffhadee blickte zu mir herunter und sagte in ihrer schönen Heidi-Abel-Sprache: «Do hesch etz aabr dü e so e Zivil-Vadaigigung-Biächli wiirgli vrdient, gäll dü.»

Sie nahm ein Zivilverteidigungsbüchlein, schob ihre beiden Handflächen darunter und überreichte es mir. Ich nahm es ebenfalls mit beiden Händen, obwohl ich es auch einhändig gekonnt hätte, und sagte «dankä vill tuusig mal» und knickte meinen Oberkörper kurz nach vorne, Richtung Äffhadee und wieder zurück. Jetzt lächelte sie noch mehr und sagte: Seeer braaav. Der Vatti sagte der Frau ebenfalls «dankä» und zu mir, dass ich jetzt ein *eigenes* Zivilverteidigungsbüchlein habe. Dann gingen wir.

In der Turnhalle war es ganz toll. Sie haben in ihr einen ganzen Familienbunker aufgestellt. Aber leider aus unechtem Betong. Wenn man mit dem Finger dran drückte, gab er nach wie in den Supermään-Komix, obwohl ich ja gar keine Superkraft habe, weil: Der Bunker war aus Schtiropoor. Der Vatti sagte, ich soll sofort aufhören, den Bunker kaputt zu machen, aber der Matti musste natürlich wieder unbedingt auch noch seinen Finger in den Schtiropoor stecken. Da haute der Vatti mit seiner Hand auf die Matti-Hand und schaute sich um, ob jemand gemerkt hat, dass das Loch im Bunker vom Matti ist. Wir gingen schnell um den Bunker herum auf die andere Seite, wo sie die Wand weggelassen haben, damit man alles gut sehen kann.

Es war enorm! Im Bunker war alles fein säuberlich vorhanden, wie im Zivilverteidigungsbuch auch. Aber exakt so. Hut ab!

Und alles war angeschrieben. Auch zwei große Kurbeln, auf einer stand «Luft» und auf der anderen «Strom», damit man im Ernstfall weiß, an welcher man für was drehen muss.

Auf dem Bunkertisch standen Nudelpakete und Reispakete, Raviolibüchsen und Linsen-mit-Speck-Büchsen und andere feine Sachen. Gut, eine gruusige Sauerkrautbüchse stand auch da, im Notfall muss man das dann halt trotzdem fressen. Daneben war ein Schildchen, auf dem stand «Lebensmittel». Die Tür vom Bunkerschrank war offen, und man sah, dass Ersatzmäntel und Regenpelerinen drin waren. «Kleidung». Auf einem Gestell an der Seite waren noch mehr Sachen zum Essen, auch viel Schokolade. Das gefiel dem Vreni sehr gut, und sie zählte alle diese Essenssachen auf und sagte dazu immer, ob das sehr gut sei oder sehr, sehr gut oder nur gut. Ich merke: Dem Vreni hätte es im Bunker gefallen.

Aber auch Bücher und sogar die Spiele haben sie nicht vergessen, in den Bunker zu tun mit einem Schildchen «Bücher & Gesellschaftsspiele»: Eile mit Weile war da, Memori, Mikkado, drei Schachteln mit Putzle und ein Monopoli. Der Matti wollte sofort in den Bunker und damit spielen, er duckte sich schon unter dem Absperrseil durch, aber das Muätti riss ihn im letzten Moment zurück, und er machte genau das Gesicht, das er immer macht, wenn er noch nicht recht weiß, ob er heulen soll oder nicht. Das Muätti sagte zu ihm, er soll jetzt ja nicht brüäle, sie würde auch nicht, obwohl das hier alles zum Brüäle sei.

Damit der Matti Ruhe gibt, versuchte ich, die Monopoli-Schachtel zu uns herzuholen. Ich konnte nämlich mit der Hand die Schachtel im Gestell gerade noch erreichen, wenn ich den Absperrstrick ein wenig nach innen drückte. Da merkte ich: Das Monopoli war gar kein Monopoli, sondern auch nur Schtiropoor. Ich musste innerlich dem Vatti schon wieder recht geben: Es ist nicht ehrlich, wenn etwas nach etwas anderem aussieht als das, was es ist.

Aber gut, die Menschen in dem Bunker waren ja auch nicht echt. Das begreife ich ja auch, klar, weil echte Menschen würden ja alles aufessen, und dann wäre nichts mehr da zum Ausstellen. Darum nahmen sie lieber Schaufensterpuppen.

Eine Schaufensterpuppenfrau lag auf den Matratzen, ein Schaufensterpuppenkind auch, und das andere hockte am Tisch. Das dritte Schaufensterpuppenkind fehlte, vielleicht war es gerade auf dem Wehzeh. Und eine Männerschaufensterpuppe stand bei der «Luft»-Kurbel, hielt aber die Hände nur so ausgestreckt darüber, statt dass er anpackte!

Weil die Puppen nichts sagten und sich nicht bewegten, war mir der Bunker unheimlich. Der war ja zum Überleben erfunden worden, aber diese Überlebenden hier, die waren schon seit Geburt tot.

Der Vatti redete mit einem Mann, der unten Militärhosen anhatte und oben ein kariertes Hemd mit einer Krawatte aus gelber Wolle, aber nicht Glaswolle. Der Mann erklärte dem Vatti, die Bunker würden jetzt stark im Kommen sein. Im Moment wären sie noch auf freiwilliger Basis zu haben, aber man munkle, die Regierung in Bern plane bereits für jedes Haus eine Bunkerpflicht, und dann wolle jeder einen Bunker, und spätestens ab dann hätten wir dann aber eine ausgewachsene Bunkerteurung, hä, also lieber jetzt vorsorgen, odr!

Der Vatti fragte den Mann, was so ein Einfamilienbunker denn jetzt so kosten würde, und der Mann sagte dem Vatti, was so ein Einfamilienbunker kosten würde, könne man nicht normieren wie ein Kuchenrezept, das sei individuell, die Aushubarbeiten, die kämen dann noch dazu, die seien aber schwer einzuschätzen, da müsse man dann ein Gutachten, oder, weil das Gelände ja überall verschieden sei, und das Grundwasserproblem sei dann noch gesondert zu betrachten.

Der Vatti fragte, und über den Daumen? Dann sagte der Mann den Preis über den Daumen. Der Vatti antwortete lange nichts. Der Mann sagte plötzlich: Zwei Monate! Und der Vatti fragte: «Was?» Zwei Monate können Sie und Ihre Familie da drin überleben!

Und dann?, fragte der Vatti. Dann müssen Sie raus, sagte der Mann, und der Vatti fragte noch einmal «und dann?», und der Mann sagte, dann müsse man weitersehen.

Der Vatti sagte den Preis noch einmal, und der Mann sagte «genau, über de Tuume» und dann wieder den Preis. Der Vatti sagte den Preis sehr langsam zum dritten Mal und dann: Für nur zwei Monate?

Und der Mann wiederholte: Ja, genau für zwei Monate, immerhin! Zwei Monate leben oder nicht leben sei eine Differenz von vier Monaten, mal fünf, weil wir eine Fünfkopffamilie sind, das wären dann schon zwanzig Monate, also fast zwei Jahre Leben, das sei nicht wenig für den Preis, und überhaupt, Leben sei schließlich Leben, odr, und da dürfe es doch nicht aufs Geld ankommen, Geld könne man doch ersetzen, das Leben aber nicht, und mitnehmen könne man es ja auch nicht, das Geld, in die Kiste.

Da schaute der Vatti dem Mann tief in die Augen und fragte ihn, ob er denn, bevor er Bunker verkaufte, Versicherungen verkauft habe, und der Mann fragte retour, woher der Vatti das wisse, ob sie sich denn kennen, von früher her. Der Vatti wollte ihm das aber nicht sagen.

Er wollte auf einmal gar nichts mehr. Und ging einfach weg. Ohne zu sagen «adiä».

Während wir hinter ihm hertrabten, sagte das Muätti, wahrscheinlich sei es klüger, statt dem Haus nur einen Bunker zu kaufen und sich das Haus zu sparen. Nach dem Ernstfall sei ja sowieso nur noch der Bunker da und das Haus weg.

Da hatte das Muätti recht, fand ich, das wäre viel besser gewesen, wenn der Grüter unseren Bungaloo gleich unterirdisch gezeichnet hätte. Ich fragte das Muätti, aber was denn dann sei, wenn man nur den Bunker habe ohne Haus und der Atomblitz *nicht* komme, und das Muätti sagte, dann habe man eben Pech gehabt.

Der Vatti irrte in der Turnhalle umher, wie wenn er nicht wüsste, wo er hinmuss. Ich fragte ihn, ob er nicht wisse, wo er hinmuss, und er sagte, er wisse immer, wo er hinmuss. Aber wohin er *jetzt* muss, das sagte er leider nicht. So liefen wir ihm halt weiter nach, bis das Vreni sagte, es habe wieder Hunger, und der Matti, er sei müde, und ich, ich wäre auch müde und hätte auch Hunger. Der Vatti sagte immer noch nichts, sondern lief einfach immer weiter in der Turnhalle herum. Da klemmte das Muätti wieder seine Hand unter ihren Arm und lenkte ihn zum Sankt-Gallner-Bratwurst-Stand.

Die Bratwürste aßen wir mit den anderen Bratwurstessern an Holztischen, auf diesen blöden Bänken, die immer hochschletzen, wenn sich einer ans Ende setzt. Oder einer in der Mitte aufsteht, obwohl einer am Ende sitzt.

Die Bratwurstleute haben jedem außer der Wurst auch noch einen Karton gegeben mit der Wurst darauf und ein Püürli, und man konnte Senf aus einem Eimer herauspumpen, auf den Karton. Und es gab ein Messer und eine Gabel für jeden. Dieses Besteck war aber nicht aus Eisen, wie beim Schützenfest in Mellikon, sondern aus modernem Plastik. Das sei sehr praktisch, sagte der Vatti, weil man nicht abwaschen und abtrocknen müsse, sondern: Nach dem Essen werfe man dieses Einwegbesteck einfach weg, da drüben, da in diese großen Plastiksäcke, und schon sei alles erledigt, das sei sehr rationell. Ich war begeistert über diesen Trick und sagte, wir sollen auch Kartonteller und Plastikbesteck haben, zu Hause, dann müssten wir nie wieder abtrocknen. Der Vati sagte, dieses Wegwerfsystem lohne sich nur ab einer bestimmten Masse, bei Familien nicht.

Ich fand es schade, dass unsere Familie keine bestimmte Masse ist.

Nach der Sankt-Gallner-Bratwurst ging es uns besser, der Vatti gönnte sich sogar einen Stumpen, den er bei einer Trachtenfrau kaufte. Sie trug verschiedene Villiger, aber auch Rössli und Brissago in ihrem tollen Bauchladen herum. Der Vatti wählte eine Villiger-Kiel. Die hat nämlich immer einen Strohhalm in der Mitte, den musste der Vatti dann herausziehen. Die Trachtenfrau zündete ein Zündhölzli an, und mit dem Zündhölzli zündete sie dem Vatti sein Strohhalm an. Dann steckte er die Villiger-Kiel in seinen Mund, hielt den angezündeten Strohhalm vorne dran und zog. Der Stumpenspitz glühte jedes Mal, wenn der Vatti zog. Dann machte der Vatti viele Rauchwolken, und dazu sagte er «pfutt, pfutt, pfutt ... huhiiiiii», wie eine Dampfloki, damit wir lachen müssen. Wir lachten auch wirklich.

Ich habe es sehr gern, wenn der Vatti ein Lustiger ist.

Dann fächelte er den Strohhalm in der Luft hin und her, bis er nicht mehr brannte. Das Muätti fächelte mit der Hand dem Vatti sein Rauch von ihrem Gesicht weg. Ich fragte den Vatti, ob ich auch mal ziehen könne, und das Vreni sagte, o ja, bitte, bitte, sie auch. Aber der Vatti sagte, heute nicht. Ich glaube, er wollte nur nicht, dass es die Leute sehen, weil Rauchen ist für Kinder leider verboten in der Schweiz. Dabei riecht es sehr gut, finde ich. Wenn es nicht verboten wäre, würde ich immer rauchen, vor allem Villiger-Kiel, weil es mir gefällt, wie man sie anzündet. Und ich hätte ein eigenes Feuerzeug aus Gold, wie die Tante Lotti, das wäre maximal! Aber eben, ich muss noch warten, bis ich sechzehn bin und konfirmiert.

Das dauert leider noch ewig.

Der Vatti bestellte eine Stange Hell zum Stumpen. Mir gefällt die Stange, weil das Bier darin so schön goldig glitzert und der weiße Schaum oben aussieht wie Schlagrahm. Das Vreni, der Matti und ich durften aber den Schaum von der Stange Hell nicht probieren, wie manchmal zu Hause. Weil im Schaum ist Alkohol, und Alkohol ist gleichfalls verboten, wenn man noch nicht konfirmiert ist.

Als der Vatti die zweite Stange bestellte, sagte das Muätti, dann nehme sie auch eine, und der Vatti fragte, sicher?, und das Muätti sagte, sicher scho! Obwohl Bier in der Schweiz für Frauen nicht verboten ist, merkte ich, dass der Vatti schaute, ob die Leute schauen, dass da seine Frau Bier trinkt.

Vom Schauen bekam er Durst und nahm noch eine dritte Stange Hell. Aber du musst noch fahren, gäll, sagte das Muätti, und der Vatti sagte, er könnte auch mit sechs Stangen noch fahren, und das Muätti: sicher? Und der Vatti: sicher scho!, das sei sowieso ein Blödsinn mit dieser neuen Alkoholbegrenzung im Straßenverkehr, früher sei es auch ohne gegangen, und das müsse schließlich jeder selber wissen, wie viel es bei ihm leiden möge, diese Grenze sei eben individuell, die könne man nicht normieren wie ein Kuchenrezept, zum Beispiel würde er mehr vertragen als das Muätti, weil er ein Mann sei und sie nicht.

Eher, sagte das Muätti, weil er einen Ranzen habe und sie nicht. Eben sagte der Vatti, drum müsse er Bier trinken, damit der Ranzen wachse, damit er mehr Bier vertrage.

Der Bratwurstesser neben dem Vatti sagte: Genau! Und prostete dem Vatti mit seinem Rotwein zu, und die Frau neben dem Wurstesser lächelte das Muätti an, und beide verdrehten die Augen nach oben.

Aaalso, sagte der Vatti dann, und das Muätti sagte auch aaalso, und ich fragte, was? Dann machen wir Abmarsch, sagte der Vatti. Wir standen auf und gingen durch die Turnhalle, am Schtiropoorbunker vorbei Richtung Äffhadee-Frau.

Plötzlich blieb der Vatti stehen und sagte «Momänt emal». Er schaute zur Turnhallenecke rechts von uns herüber, weil er dort etwas Interessantes sah. In dieser Ecke waren wir noch nicht. Das Muätti fragte den Vatti, was er jetzt schon wieder habe, aber er ging einfach zu der Ecke hin, ohne nachzusehen, ob wir auch kommen. Also kamen wir auch.

Der Vatti stand vor einem schwarzen Dings, das fast so hoch war wie er. Es sah aus wie eine Glühbirne aus Betong, aber eben viel größer. Die Betongglühbirne stand auf dem Runden, und die Fassung zeigte nach oben.

Das sei aber jetzt einmal eine wirklich tolle technische Errungenschaft, sagte der Vatti, damit seien alle Probleme gelöst. Er ging um die Betongglühbirne herum und betrachtete sie von allen Seiten ganz genau. Er legte auch die Hand auf den Betong und klopfte dagegen. Tatsächlich: Es war ehrlicher Betong, kein Schtiropoor!

Ein alter Mann stellte sich vor dem Vatti auf und sagte,

guten Tag, ob der Vatti Fragen habe. Der alte Mann hatte eine riesige schwarze Hornbrille auf seiner violetten Nase, und seine Augen hinter den Brillengläsern sahen aus wie von einem Frosch, nur grau statt braun. Obwohl Froschaugen, hatte er an seinem Maul keine Lippen.

Ob er trotzdem pfeifen kann, wollte ich ihn fragen, behielt aber die Frage für mich, für später vielleicht. Der Mann hatte einen Seitenscheitel, aber er hatte auf einer Seite viel längere Haare als auf der anderen und oben eine Glatze, auf der war ein Teil der langen Haare angeleimt. Dafür hatte er maximal viele Kugelschreiber in der Brusttasche von seinem blauen Kittel. Unten waren graue Hosen und schwarze Schuhe. Die glänzten enorm, weil frisch gewichst. Der Vatti sagt immer, wenn einer saubere Fingernägel habe und geputzte Schuhe, sei das ein Zuverlässiger. Die Fingernägel vom alten Mann waren aber nicht so sauber wie seine Schuhe.

Was gilt jetzt?

Der Vatti sagte zum alten Mann, ja, er habe da schon eine Frage. Er fragte aber nicht, ob der alte Mann versichert sei, sondern: Was das sei, und zeigte auf die Betongglühbirne. Das sei ein eingrabbarer Einmannbunker für die etwas schmalere Brieftasche, sagte der alte Mann. Ich musste staunen, dass schmalere Brieftaschen auch einen Bunker brauchen, und fragte den alten Mann, warum Brieftaschen einen eigenen Bunker brauchen, und erklärte ihm, das im Zivilverteidigungsbuch nichts über Brieftaschen steht, nur über Mäppchen. Der alte Mann zeigte auf mich, mit so einem gelblichen Finger, und sagte, er rede mit meinem Vater, junger Mann, und nicht mit mir, und der würde ihn schon richtig verstehen, odr!

Der Vatti verteidigte mich nicht gegen den alten Mann,

sondern befahl mir, ich soll nicht immer dreinreden, wenn erwachsene Männer sprechen.

Ich sagte: Also gut, dann sag ich halt nichts mehr, selber schuld, dann hat das Muätti eben gelogen, als sie sagte, ich kann immer fragen, wenn mir etwas nicht klar ist, auch über Sex.

Das Muätti zuckte zusammen und legte mir ihre flache Hand auf den Mund. Das hasse ich also maximal!

Sie sagte zum alten Mann, ich würde eben vieles missverstehen, er soll sich von mir nur nicht stören lassen, sie sei doch auch so furchtbar interessiert an seinem eingrabbaren Einmannbunker.

Der alte Mann schob die Hornbrille auf seine Glatze hinauf und schaute das Muätti so an wie der Vatti vorher die Betongglühbirne und sagte, das komme eben von dieser modernen Erziehung und das Muätti soll ruhig so weitermachen, dann werde aus mir garantiert einer dieser langhaarigen Hippie-Vögel.

Dann strich er sich den Rest seiner langen Haare zu den anderen langen Haaren auf der Glatze, wo sie aber nicht hinkonnten, weil: Die Hornbrille war im Weg. Mit den obsi stehenden Haaren über der Hornbrille sah er jetzt aus, wie der Seidenhaubentaucher in Vattis Sylva-Sammelpunktbuch.

Eines kann ich den Ausgewachsenen jetzt schon versprechen: Ich werde ganz, ganz sicher nie so ein langhaariger Hippie-Vogel wie dieser alte Mann, auch wenn das Muätti ruhig so weitermacht. Aber ich sagte es ihnen nicht, weil ich ja vorhin verkündet hatte, dass ich nichts mehr sage.

Der Vatti hörte dem Seidenhaubentaucher mit ernster Miene zu. Das Muätti gab sich alle Mühe, auch ein wichtiges Gesicht zu machen.

Der Einmannbunker sei, erklärte uns der Seidenhaubentaucher, wie der Name schon sage, eben für einen Mann konzipiert oder, wenn es sein müsse, auch eine Frau. Im Ernstfall sei es ja wichtig, dass *auch* Frauen überleben, um die Aufstockung der Population auf das Vorkriegsniveau zu gewährleisten. Also zur Not hätten im Einmannbunker auch ein Mann *und* eine Frau Platz, wenn sie eine Zierliche sei und wenn sich dieses Päärli nicht daran stören würde, dass man sich da drinnen schon es bizzeli näher komme. Dabei prüfte er mit den Augen das Muätti, ob sie im Einmannbunker Platz hätte, obwohl der Vatti bereits drin wäre, samt dem Ranzen.

Oder drei Kinder, sagte das Muätti, die passen da auch rein, odr?

Ja, vielleicht auch drei Kinder, sagte der Seidenhaubentaucher, wenn sie nicht größer sind als Ihre Goofen da jetzt. Er würde für unsere Familie aber schon mindestens drei Einmannbunker empfehlen, für den Fall, dass der Ernstfall ab jetzt bis in fünf Jahren eintrete. Wenn wider Erwarten später, müsse man dann eben noch weitere Einmannbunker nachliefern und eingraben, für die dann ja unterdessen größer gewordenen Kinder.

Ich war ganz nah dran, also *ganz* nah, zu verkünden, dass ich auf gar keinen Fall mit jemand anderem im Einmannbunker sein könne, weil zu eng, und ich darum meinen Einmannbunker für mich allein haben will! Ich biss mir aber im letzten Moment fest auf die Zunge, weil mir einfiel: Ich kann es ja gar nicht sagen, weil ich vorher leider gesagt habe, dass ich nichts mehr sage.

Wie lange?, fragte der Vatti. Was, wie lange?, fragte der Mann zurück, und der Vatti sagte, wie lange man da drin überlebt. Der Seidenhaubentaucher sagte, kommt drauf an. Auf was?, fragte der Vatti. Auf Verschiedenes. Der Vatti wollte ein Beispiel hören, und der Mann sagte, zum Beispiel aufs Körpergewicht, weil der Vatti würde natürlich länger überleben als dieser Spränzel da, und deutete auf mich, weil der Vatti mehr Reserven habe. Der Vatti schaute zufrieden auf seinen Ranzen und dann stolz zum Muätti.

Wie lange?, fragte er wieder, und der Mann sagte noch einmal: Kommt drauf an. Der Vatti fragte den Mann, ob er ihm denn die Würmer einzeln aus der Nase ziehen müsse, und der Mann sagte, nänääi, das sei nicht nötig, außerdem seien da in seiner Nase gar keine Würmer. Ich war froh, als ich das hörte, weil ich auf keinen Fall zuschauen wollte, wie der Vatti dem Seidenhaubentaucher Würmer aus der Nase zieht, so wie damals der Tokter Hediger dem Matti das Mannsgöggeli.

Der Einmannbunkermann erklärte, es käme eben drauf an, wie viel Wasser mitgenommen worden wäre, bei einem Zehn-Liter-Eimer etwa zehn Tage, mehr könne man ja gar nicht mitnehmen, aus Platzgründen, aber so lang sei gar nicht nötig, weil es ja nur darum gehen würde, die Druckwelle und den Atomblitz zu überleben und den gröbsten radioaktiven Niederschlag, der sei aber nach zwei bis drei Tagen schon nicht mehr schlimm, und man könne wieder raus.

Drei Tage da drin, sagte das Muätti, ohne sich auch nur ausstrecken zu können, also das würde sie nicht aushalten! Da müsse man ebendann durch, besser als tot, odr!, sagte der alte Mann, und der Vatti fragte: Und Luft?

Luft sei kein Problem. Weil, wenn man sich nicht bewege, brauche man praktisch keine Luft, das wisse man ja von den U-Booten her. Die, die sich nicht bewegt hätten, seien später erstickt als die, die sich in Panik bewegt hätten.

Und wenn man aufs Wehzeh müsse?, fragte das Muätti.

Dann könne man das halt nicht, nicht wahr, lieber ein nasses Hösli als tot, oder, und es sei ja schließlich Krieg im Atomkrieg, und da würden dann andere Regeln gelten, da zeige sich dann eben, wer eine echte Schweizerin sei und wer nicht, und nur die Echten kämen durch, und das sei auch richtig so, natürliche Selektion, nur das richtige Erbmaterial für die Neuaufzucht der Population danach, und wenn der Vatti und das Muätti unbedingt nur im Luxus-Bonzen-Bunker überleben wollen, sollen sie ihn gefälligst in Ruhe lassen und lieber dort rübergehen zu dem Schtiropoor-Dreck da drüben, wenn sie es sich leisten können, da könne man sicher auch noch einen Schminkspiegel und einen Garderobenschrank mit hineinnehmen, odr!, er aber, er wolle das einfache Volk mit der etwas schmaleren Brieftasche retten, das echte Volk, das noch etwas aushalten könne und sich nicht in die Hose mache wegen einer vollgemachten Hose, odr!, der Tell hätte vielleicht auch nicht immer nach Lavendel gerochen, und trotzdem sei er ein Held, und der Einmannbunker sei eben für *solche* Leute und nicht für Weicheier, odr!, die könnten von ihm aus ruhig verglühen, in ihrem Drecks-Schtiropoor.

Der Einmannbunkerseidenhaubentaucher drehte sich weg und ging davon. Das Muätti legte sich die eine Hand auf den Mund und die andere auf die Wange und sah jetzt aus, als hätte sie vom Seidenbunkereinhaubenmanntaucher eine Ohrfeige bekommen, dafür dass sie etwas Peinliches gesagt hatte.

Hat sie doch aber gar nicht, odr?

Ich muss aufs Wehzeh, sagte der Matti, und der Vatti sagte, das geht jetzt nicht, und wollte dem Tauchereinseidenmannhaubenbunker hinterherhasten. Da rief das Muätti: Geeri!, und stampfte mit dem Schuh so fest auf den Turnhallenboden, dass ich an meinen Sohlen spürte, wie er zitterte. Dabei brach dem Muätti der Schtögel ab und schlitterte dem Vatti hinterher.

Der Vatti stoppte und drehte sich zum Muätti um. Er sah zuerst in ihr Gesicht und dann auf den Schtögelischuh ohne Schtögel und schließlich auf den Schtögel vor ihm. Er hob ihn auf.

«Hee, was häsch?», fragte er, und das Muätti teilte mit, dass der Matti aufs Wehzeh müsse und sie auch. Der Vatti zeigte mit dem abgebrochenen Schtögel in die Richtung, in die er hasten wollte, und sagte: Das geht jetzt nicht.

Noch sind wir nicht im Krieg, rief das Muätti zum Vatti hin, und zu uns sagte sie «chömed», packte den Matti an der Hand und schleifte ihn humpelnd mit sich davon. Aber ich muss doch für euch vorsorgen, wir brauchen den Bunker doch, gopfertami, rief ihr der Vatti nach, aber sie drehte sich nicht um, um nachzusehen, ob wir auch kommen.

Also kamen wir auch.

Das Muätti steuerte auf eine Tafel zu, auf der «WC» stand, und drunten war eine Schattenfrau und ein Schattenmann gezeichnet. Die Frau mit Rock und der Mann mit Hut, damit man sofort sieht, wer was ist.

Hinter der Tür war ein Räumchen mit gelben Kacheln und mit wieder zwei Türen. Das Muätti verschwand mit dem Matti hinter der Tür mit der Schattenfrau dran und knallte sie dem Vreni, die auch hineinwollte, vor der Nase zu. Das Vreni erschrak. Aber dann ging die Tür plötzlich wieder auf, ein Muätti-Arm schoss heraus, packte das Vreni und schnellte mitsamt dem Vreni hinter die Tür zurück. Wieder krachte sie zu, noch lauter als vorher.

Der Vatti und ich standen ganz allein in dem gelben

Kachelräumchen. Ich schaute auf den gelben Boden und dachte, dass die das sicher extra so gemacht haben, damit man es nicht so gut sieht, wenn beim Bislen etwas danebengeht. Ich sagte dem Vatti, dass die das gut gemacht haben, mit der Kachelfarbe, weil man dann nicht so gut sieht, wenn einer danebentrifft. Aber der Vatti antwortete nicht, sondern starrte nur an die Tür mit der Schattenfrau. Vielleicht dachte er, die Schattenfrau werde plötzlich lebendig und wir hätten ein neues Muätti.

Dem Vatti sein Gesicht war eigenartig schlaff. Er holte Luft, sagte aber dann lieber nichts.

Ich fragte ihn, ob er das auch gesehen habe, dass die da so gelbe Kacheln gemacht haben, und dass das ein guter Trick sei, weil man dann nicht so sehen würde, wenn da einer mal daneben ... Ja, er habe es gesehen, sagte der Vatti, ich solle doch bitte einmal, nur *ein* einziges Mal still sein, bitte, und dass das jetzt gerade ein *sehr* guter Moment wäre, zum Still-sein.

Diese Stille, die jetzt ausbrach, kam mir aber sehr komisch vor. Nämlich: Sie wurde, gerade weil sie so still war, unheim-lich laut. Meine Ohren gingen so weit auf wie der Trichter vom antiken Plattenspieler von unserer Nachbarin, der Frau Krummenacher, der mit den Schafen. Sie ist die Frau vom Herrn Krummenacher, und der hat das schönste Auto von der ganzen Schweiz. Einen Schefroleh Belähr Kabrioleh. Der ist auch gelb, dort sieht es aber maximal schön aus und passt enorm gut zum Glitzern vom vielen Chrom. Weil: sonnen-gelb statt bisligelb.

Ich hätte den Vatti gerne gefragt, wie lange das denn noch nötig sei, mit dem Stillsein, aber eben, das ging ja nicht, beim Stillsein. Ich vermutete, der Vatti wollte, dass ich still bin, damit ich ihn eben genau das nicht fragen kann. Aber es war halt nur ein Vermutung von mir, weil ich ja nicht fragen konnte, ob ich richtig vermute.

Nicht einmal das.

Und schon gar nicht, was jetzt eigentlich mit dem Muätti los ist und warum sie das Vreni mit hineingezerrt hat und den Matti und warum wir nur still vor dieser Schattenfrau-Tür stehen und sonst nichts, wie es jetzt weitergeht und ob ich vielleicht hineingehen soll und nachschauen, wie es dem Muätti und dem Matti und dem Vreni so geht, und warum nicht einfach der Vatti hineingeht oder etwas hineinruft, zum Beispiel, ob einer von uns hineinkommen soll, oder so, oder ob wir lieber draußen warten sollen und wo wir uns dann treffen, beim Sankt-Gallner-Bratwurst-Stand vielleicht oder bei der Äffhadee, oder wo?

Und wann endlich.

Weil ich nicht wollte, dass mir das alles immer weiter im Hirn herumrollte, begann ich, die bisligelben Kacheln im Räumchen zu zählen.

Aber das ging nicht so gut, weil die Augen nicht auf der schon gezählten Kachel blieben, sondern plötzlich weiter-wanderten zu einer Kachel, die ich noch gar nicht gezählt hatte, und ich musste wieder von vorne anfangen. Ich ver-suchte es langsamer, aber bei der siebten Kachel war ich mir nicht sicher, ob ich die davor wirklich gezählt hatte, und die Augen gingen automatisch wieder zur sechsten, aber die sah ja genau gleich aus wie die siebte, sodass sie eben auch die siebte sein könnte, aber eben genauso gut auch die fünfte, und ich war mir auch nicht mehr sicher, ob ich jetzt gerade die siebte oder fünfte oder sechste Kachel von derselben Reihe ansah oder ob ich, ohne es zu merken, eine darüber- oder daruntergerutscht war. Ich schaute, wie weit vom Boden weg die Kachel ist, damit ich das abschätzen konnte, aber dabei hatte ich die vorher angeschaute Kachel aus dem Blick verloren und fand sie nicht mehr.

Ums Verrecken nicht.

Ich war sicher: Mit Lautzählen wäre es besser gegangen, aber dann wäre es eben nicht still gewesen.

Der Vatti zeigte mir, dass *er* sehr wohl etwas fragen kann, ohne mit dem Stillsein aufzuhören: Er ging zur Tür mit dem schwarzen Schattenmann hin, öffnete sie, schaute dabei zu mir und machte so eine Kopfbewegung in Richtung hinein. Dabei zog er seine Augenbrauen hoch, wie er es immer macht, wenn er mich etwas fragt, zum Beispiel, wie die Französisch-prüfung gelaufen ist.

Ich antwortete ebenfalls still: Ich nickte und ging durch die Tür.

Als wir nebeneinander an den Pissoirs standen und bisleten, sagte der Vatti plötzlich, er müsse mir etwas sagen.

Was?, fragte ich, und der Vatti sagte: Wenn ich in einem öffentlichen Wehzeh sei und bislen würde und neben mir stünde ein frömder Mann, so wie er jetzt, dann müsse ich mit der freien Hand mein Schnäbeli abdecken. Warum?, fragte ich, und er sagte, wegen den Warmen. Als ich fragte, was die Warmen seien und wovon sie warm wären, erklärte mir der Vatti, sie seien nicht wirklich wärmer als die Normalen, man sage aber trotzdem «Warme» zu ihnen.

Was an den Warmen nicht normal sei, erklärte mir der Vatti auch: Nämlich, dass die keine Frauen wollen, sondern lieber Männer und am liebsten Buben, und dass sich die dann in die öffentlichen Wehzehs hineinschleichen, obwohl sie gar nicht bislen müssen, und sich neben mich stellen und dann auf mein Schnäbeli schauen. Das dürfen sie aber nicht, weil es verboten ist, ein Warmer zu sein und frömde Schnäbeli anzuschauen, und darum müsse ich meines immer mit der Hand abdecken.

Ich versuchte es, und als der Vatti mein Schnäbeli nicht mehr sehen konnte, sagte er, ja, genau so, so ist gut, merk es dir, gäll? Ich nickte und war froh, dass der Vatti mir das mit den Warmen erklärt hatte, ich hab ja gar nicht gewusst, dass es die überhaupt gibt. Ich fragte ihn, wer denn bei uns in Mellikon warm sei, und er sagte, bei uns niemand, die Warmen seien alle in Züri, aber man wisse eben nie und darum sei es besser, niemandem zu trauen, der neben einem am Pissoir stehe, es könnte ja ein Zürcher sein.

Ich nahm es mir fest vor.

Als wir mit nach der Wehzeh-Seife stinkenden Händen wieder im kleinen Räumchen vor der Schattenfrautür standen, wussten wir nicht, ob das Muätti und das Vreni und der Matti überhaupt noch dahinter waren oder ob sie schon wieder gegangen waren, während ich vom Vatti das von den Warmen gelernt hatte.

Obwohl ich genau wusste, dass er es auch nicht wissen konnte, fragte ich den Vatti, wo jetzt das Muätti sei. Der Vatti fragte, warum ich ihn frage, wo das Muätti sei, wo ich doch ganz genau weiß, dass er es auch nicht wissen könne. Leider fiel mir keine gute Antwort ein. Also sagte ich, dass ich nur *sicher* sein wollte, ob er es auch nicht wisse, und jetzt *sei* ich sicher, dass er es auch nicht weiß.

Der Vatti öffnete vorsichtig die Schattenfrautür, um nachzusehen, ob seine Familie noch dahinter ist. Er steckte den Kopf durch den Spalt, zog ihn aber sofort blitzschnell wieder zurück. Pardon, rief er in das Frauen-Wehzeh hinein und machte die Tür schnell wieder zu. Sein Kopf war plötzlich rot. Ich fragte, ob er das Muätti gesehen habe, und er sagte, ich solle mal raten, ich riet: Nein. Er antwortete: Der Kandidat hat hundert Punkte. Der Kandidat war in dem Fall: ich.

Ich fragte den Vatti, ob wir laut «Muättiiiiiiii» rufen sollen, damit wir, wenn sie «was isch» zurückruft, dann wissen: Aha, sie ist noch hinter der Tür. Der Vatti sagte, nein, er wolle nicht hinter seiner Frau herrufen, wir sollten warten.

Wie lang, fragte ich.

Bis sie rauskommen.

Aber wenn sie schon draußen sind?

Sie sind noch drinnen.

Ich fragte den Vatti, warum er das jetzt plötzlich *doch* wisse, wo er doch vorher selber gesagt hatte, dass er es nicht wissen könne, und er sagte, dass es stimme, dass er es nicht wissen könne, aber *ahnen* könne er es, und jetzt ahnt er es, basta.

Warum er es ahnt, fragte ich.

Erfahrung, sagte der Vatti.

Die Tür ging auf, und zwei Frauen mit Handtäschchen kamen heraus. Ihre Schtögelischuä hatten noch alle Schtögel dran und tönten sehr laut in dem Kachelräumchen. Sie hatten Röcke an, genau wie die Schattenfrau auf der Tür. Sie schauten kurz zum Vatti, der aber nicht zurückschaute wie sonst immer, sondern auf den Boden.

«Grüäzi mitenand», sagte ich zu ihnen und wollte sie fragen, ob sie vielleicht das Muätti oder den Matti oder das Vreni gesehen haben, aber sie schtögelten einfach an uns vorbei durch die Ausgangstür und schletzten sie hinter sich zu. Der Vatti seufzte.

Da hörte ich hinter der Schattenfrautür die Stimme vom Matti, der «nänäiiii» rief. Und die Stimmen vom Vreni und

171

vom Muätti, die «doch» sagten. Ich merkte: Der Matti hatte da drinnen einen Lavoboo-Kampf, weil er nicht Hände waschen wollte. Er hatte recht! Die Wehzeh-Seife, die sie hier hatten, roch wirklich enorm gruusig. Aber er war allein gegen zwei. Zwar nur Frauen, aber wenn das Muätti und das Vreni trotzdem stärker sind, dann haben *die* recht.

Er verlor. Schwächling.

Als die Tür aufging, sah ich, dass das Muätti ihre Neilon-Strümpfe ausgezogen hatte und barfuß ging. Die Strümpfe und die Schtögelischuä trug sie in der Hand. Sie überreichte dem Vatti die Schuhe, aber die Strümpfe behielt sie für sich. Sie stolzierte voraus zum Ausgang, wir Kinder folgten ihr im Gänsemarsch, der Vatti kam hinter uns her, ließ aber ein wenig Abstand.

Als wir wieder im Fauweh saßen, ließ der Vatti den Motor nicht an, sondern schaute zum Muätti hinüber. Sie schaute aber nicht zurück, sondern nur durch die Windschutzscheibe nach vorn, obwohl da nichts zu sehen war außer dem Mann mit der Bahnhofvorsteherkelle, der gerade einen tannengrünen Opel Admiral aus dem Parkplatz herauswinkte.

Der Vatti seufzte, schon das zweite Mal in kurzer Zeit, und sagte, er könne den Schtögelischuh sicher wieder flicken, Spatz, er habe Araldit, das sei ein Zweikomponentenkleber, der halte wie Gift. Da sagte das Muätti, wenn der Vatti einen Einmannbunker kaufen würde, dann würde kein Kleber der Welt die Komponenten von ihnen beiden wieder zusammenbringen.

Der Vatti sagte nichts dazu, sondern drehte seinen Kopf ebenfalls nach vorne, wo der Opel Admiral auf dem Gras spulte, ohne abfahren zu können, und vom Bahnhofvorsteherkellenmann angeschoben werden musste.

Schließlich sagte der Vatti: Also dann eben nicht, dann könne er eben nicht vorsorgen, dann würde er jetzt und hiermit die Verantwortung an das Muätti übergeben, und dann sei dann *sie* schuld, wenn der Atomblitz komme und wir bunkerlos verglühen. Das Muätti sagte, diese Verantwortung könne sie gerne übernehmen und mit der Schuld könne sie auch ganz gut leben, nach dem Verglühen.

Wieder wurden die Erwachsenen still, und wir Kinder waren also richtig gespannt, wie es weitergehen würde.

Bis es weiterging, sahen wir miteinander dem Kellenmann zu, wie er sich mit aller Kraft von hinten gegen den riesigen Kofferraum vom Admiral stemmte und wie schnell die Farbe seiner Hosenbeine vom Schlamm, den die durchdrehenden Admirals-Räder zünftig hinten herausfetzten, von Grün auf Braun wechselte. Jetzt setzte sich der Kellenmann auf den Kofferraum vom Admiral, und der Schlamm spritzte nicht mehr gegen seine Beine, sondern in einem schönen braunen Bogen in die Luft hinaus. Wegen der Erdanziehung landete dann alles auf den dahinter parkierten Autos.

Der Kellenmann versuchte einen Trick: Er begann, mit seinem Füdli auf dem Kofferraum wie wild auf und ab zu hüpfen. Der Admiral pumpte unter dem Kellenmannfüdli rauf und runter, und plötzlich griffen die Räder, und der Admiral machte einen Satz nach vorn. Leider genau in dem Moment, in dem der Kellenmann gerade leicht über dem Admiral schwebte, sodass der Kofferraum einfach unter ihm wegfuhr, die Erdanziehung ihn Richtung Wiese magnetete, wo er, vom Schlamm gebremst, zum Stillstand kam und jetzt ganz ruhig nur dasaß. Als er schließlich aufstand, war seine Hose gleichmäßig schlammfarbig, auch hintenherum statt nur vorne.

Der Admiral kam ein paar Meter weiter zum Stehen, der Fahrer stieg aus. Er hatte einen noch viel größeren Ranzen als dem Vatti seiner. Der Herr rief etwas und schwenkte seine Arme in der Luft herum, während er zum Kellenmann hinwatschelte, damit er ihm die Schulter tätscheln konnte. Er zog seine Brieftasche aus dem tannengrünen Tschoopen hervor und wieder daraus ein Geld-Nötli, das er dem Kellenmann überreichte. Der nahm es und lachte. Der Dicke tätschelte ihm noch einmal auf die Schulter, bevor er sich wieder zum Admiral umdrehte und sich die Tätschelhand mit einem schneeweißen Schnudderlumpen abwischte. Der Kellenmann winkte ihm freudig hinterher und ließ dabei das Nötli lustig in der Hand flattern wie ein Papierfähnli.

Zwanzig Stutz für ein wenig Schlamm auf der Hose, sagte der Vatti, das lohne sich ja richtig, fast einen halben Tageslohn, da könne der Parkplatzwächter sich aber wirklich freuen.

Ja, klar, erwiderte das Muätti, er schon, die dreckigen Hosen müsse ja dann seine Frau waschen, während er fröhlich mit seinem Zwänzgernötli im Wirtshaus hocke.

Also *er*, sagte der Vatti und machte ganz große Augen, *er* würde das nicht so machen, er würde von dem Geld seinem Spatz einen schönen großen Strauß Rosen kaufen, und zwar von den bordeauxroten, die dem Muätti so gefallen, und den Rest würde er ihr gewiss ins Haushaltsgeld geben.

Darauf sagte das Muätti, die Rosen könne er ihr ja ruhig auch ohne dreckige Hose schenken, und der Vatti sagte, also gut, mache er, versprochen, und gab dem Muätti einen Kuss auf die Wange. Das Muätti legte ihre Hand in den Nacken vom Vatti, kraulte ihn und sagte: Fahr, Spatz!

Max
berichtet von einem fortschreitenden Familienvater in Rimini

Rimini, 20. Juli 1969, 09:00 Uhr

An die Bikinis hat er sich inzwischen gewöhnt. In den ersten Tagen am Strand hat es ihn noch richtig Anstrengung gekostet, nicht jeder Zweiteiler-Frau auf das nicht vorhandene Stück Stoff zu starren. Seine Augen sind vom fehlenden Textil über den Bäuchen all dieser Badenixen hier einfach angezogen worden. Dabei betrachtet er eigentlich viel lieber die Beine und die Fesseln oder den Hals oder, gut, zugegeben, auch die Brüste einer Frau. Aber Bauchnäbel ... haben ihn nie speziell fasziniert. Wenn aber der Stoff, der den Nabel zu überspannen hätte, fehlt, dann springt einem dieses dumme Zentralkraterchen unweigerlich, man möchte sagen: *aufdringlich* in die Pupille. Lächerlich ist das. Ein Mann muss doch seinen Blick unter Kontrolle haben, wie bei einem Autounfall: Da fährt man vorbei, die Augen geradeaus, und schaut nicht auf die Toten am Straßenrand, das gehört sich nicht, dieses sensationsgierige Hingaffen, das machen nur Revolverheftli-Leser. Und auf die Mitte der Bikini-Frauen starren nur diese Lustmolche, die zu viel Druck im Kessel haben. Weil das einzig Weibliche in ihrem traurigen Versagerleben, das sind dann irgendwelche sündteuren *Playboy*-Heftli.

Beim Geeri ist das etwas anderes.

Wenn der Geeri auf die Toten am Straßenrand schaut, dann nur ganz kurz und mit der Professionalität des Versicherungsexperten, ein kurzes Taxieren, eine sekundenschnelle innere Schadensaufstellung, und fertig. Und er hat, *beim Eid*, nicht zu viel Druck im Kessel, der ihn zwingen würde, fremden Frauen auf den Bauchnabel zu spechten. Der Geeri ist immerhin mit seiner Frau hier und nicht etwa mit einem *Playboy*-Heftli. Noch dazu mit einer Frau, um die ihn schon manch einer beneidet hat: Auch nach drei Kindern sieht sie immer noch bombig aus, fast wie die Grace Kelly, vor allem, wenn sie lächelt. Was leider nicht mehr so häufig vorkommt wie früher.

Gut, zugegeben, dem Moni sein Nabel und das Drumherum, dem sieht man dann schon an, dass der Geeri da drei Bébés hineingepflanzt hat. Drum ist es ja auch total korrekt, dass sein Spatz keinen Bikini trägt, sondern einen Badeanzug, wie es sich gehört und wie es auch alle anderen Frauen in der Badi von Mellikon halten. Außer der Frau vom Krummenacher, aber gut, der fährt ja auch so ein Chevy-Bellair-Kabriolett-Blöffer-Auto. Da *muss* er seiner Frau Gattin ja so einen Bikini besorgen, odr. Mit dem passt sie dann nämlich besser zum Auto. Da kann sich der Krummenacher vorstellen, er sei der James Bond und seine Frau die Ursi Andress. Dann fehlt nur noch der Strand, an dem die Krummenacherin aus dem Meerschaum steigt, mit ihrem Bikini, damit er sie retten kann, mit seinem Chevy.

Lächerlich. Weil: Dem Krummenacher sein Ami-Schiff hat auch schon zehn Jahre auf dem Buckel, und die Ehefrau ist dann schon lang nicht mehr so eine Buschpere, wie das Andress Ursi.

Und überhaupt: *Wer* ist denn gerade jetzt eben *nicht* am Strand? Genau, der Krummenacher! Und *wer* ist dafür jetzt statt dem Krummenacher am Strand? Jawohl, der Geeri! Und womit? Exakt, mit einem praktisch nagelneuen VW-Käfer, und womit noch? Richtig, mit einer Frau, die beim Lächeln aussieht wie die Grace Kelly! Also können ihm doch diese ganzen Bauchnäbel-Meitli hier in die Schuhe blasen, odr?

Und sowieso gibt es versicherungstechnisch überhaupt keinen Grund, Frauenbäuche professionell zu taxieren. Obwohl: Manche sehen ja schon aus wie Unfälle.

Geeri rekelt sich im Mietliegestuhl und stemmt seine Füße noch ein wenig tiefer unter den Sand. Er dreht den Kopf in Richtung Nebenmietliegestuhl, zur dösenden Moni, und betrachtet ihre schlanken Oberschenkel. Ja, gut, diese blauen Äderchen da, die sind halt da, beim Moni. Bei der Andress Ursi ja vielleicht auch, wer weiß? Aber bei der unsichtbar, weil überbräunt. Die Äderchen vom Moni würden sicher auch bald unter der Sonnenbräune verschwinden, wenn sie nicht immer nur im Schatten liegen würde, unter dem Mietsonnenschirm. Aber sie hat eben enorm Angst vor einem Sonnenbrand. Dabei hat er doch auch dafür bestens vorgesorgt, wie für alles andere, und extra eine ganze Kilobüchse Melkfett nach Rimini mitgenommen.

«Das Beste gegen die Sonne», hat ihm der Milchbauer von unterhalb vom Ferienhaus von Monis schöner Schwester Lotti versichert, «ich schmier es mir seit Jahr und Tag vor dem Heumachen ein, und noch nie hat mir die Sonne ein Loch in den Pelz gebrannt!» Die Appenzeller Bergbauern sind ja in der ganzen Schweiz berühmt für ihre maximal guten Hausmittelchen, also hat Geeri dem Bauer Rotacher die ganze Melkfettbüchse abgekauft. Genauer: abkaufen wollen, aber der

Rotacher nahm den angebotenen Fünfliber nicht. Er sei so gut gefahren mit Geeris Haftpflichtversicherung, als ihm die Heuraupe ausgekommen sei am Stutz und nitzi ins Tal gekachelt, vollchrösch in die Käserei hinein und dort ein Loch in die Schindelwand gestanzt habe, Geeri solle das Melkfett nur ruhig nehmen, als kleines Dankäschön, hä.

Es kommt nicht oft vor, dass Kunden im Schadensfall so begeistert sind, dass sie Geschenke machen. Geeri hat das fast ein wenig gerührt und hat die Melkfettbüchse freudig und dankend angenommen.

Und so wäre das Moni bestens geschützt, wenn sie sich in die Sonne von Bella Italia legen würde, nachdem sie sich von Geeri mit Melkfett hätte einschmieren lassen, was er jederzeit gerne für sie gemacht hätte und es ihr auch mehrmals angeboten hat, aber sie traut der Sache nicht. Sie ist halt eben manchmal doch ein wenig eine Verstockte.

Er für seinen Teil würde sich unter seiner Melkfettschicht bedenkenlos unter dem Mietsonnenschirm hervorwagen und sich absolut sicher fühlen, aber er kann halt nicht: Er verträgt die Hitze schlecht. Ihm ist im Sommer eigentlich der Norden lieber, besonders Schweden, aber das ist noch abgelegener als Rimini, und er wollte doch den Kindern bei den ersten Auslandsferien, die er seiner Familie bieten kann, unbedingt das Meer zeigen. Und zwar das richtige Meer, mit richtigem Strand.

Das Meer in Schweden ist zwar auch ein Meer. Aber ohne Strand. Nur mit gewöhnlichem Ufer. Also, weniger wie Meer, mehr wie Bergsee. Wenn auch ein ziemlich großer.

Aber für die Kinder und das Moni muss das Meer in den Ferien eben aussehen wie das Meer in den Liedern vom Vico Torriani oder der Mary Roos. Mit Strand. Also sagte der Geeri zum Moni: «Also gut, *mit* Strand», und sie hat es dann den Kindern gesagt: «Mit Strand!»

Das war eine schöne Vorfreude, beim Vreni, beim Dietr und beim Matti. «Das Meer, das Meer, wir sehen das richtige Meer mit richtigem Strand!», riefen sie begeistert, und der Dietr sagte, das sei genau *die* Schönheit der Welt, die er als erste kennenlernen wollen würde, nachdem er dann alle Schönheiten der Schweiz bereits kennengelernt habe, aber es sei auch maximal gut, dass er die Schönheit vom Meer schon *jetzt* kennenlerne, noch bevor er alle Schönheiten der Schweiz kennengelernt habe.

Manchmal wundert sich Geeri über seinen erstgeborenen Sohn. Der kann Dinge verkünden, aus denen Geeri nicht schlau wird. Ist das beim Dietr ein Zeichen spezieller Intelligenz oder besonderer Blödheit? Aber er ist doch immerhin ein echter Moor, der Dieti, also ... Man muss optimistisch sein, das wird schon. Das wächst sich aus.

Hoffentlich.

Geeri taxiert seinen Bauch. Eine Kugel wölbt sich über der Badehose, als wäre da auch ein Bébé drinnen. Ihn stört sein Ranzen nicht. Im Gegenteil. Er ist in der Lage, im Sitzen eine Stange Feldschlösschen-Bier auf dem Ranzen zu balancieren, ohne dass auch nur ein Tröpfchen verschüttgeht. Da hat er schon mehrere Wetten gewonnen mit diesem Trick.

Wie angenehm kühl wäre jetzt die Kühle von so einem kühlen Bier aus dem kühlen Glas auf dem heißen Ranzen. Aber da ist nur heiß, jetzt schon, mitten am Vormittag, Herrgott! Die Schweißbäche, die sich ihren Weg bahnen von Geeris Wölbung, durch das schwarze Gestrüpp von kräuselig Haarigem hinab, immer der Erdanziehung folgend, bis in die Badehose, sind heiß wie Lava.

Rimini, 20. Juli 1969, 09:30 Uhr

Acqua/Meer = 25°
Aria/Lüfte = 30°
Vento/Vint = O

schreibt der Liegestuhl- und Sonnenschirmvermieter mit
kreischender Kreide auf die schwarze Schiefertafel vor seinem
Kassahäuschen.

Geeri hält es nicht mehr aus. Er muss ins Meer. Ist zwar
auch viel zu warm, aber wenigstens ein wenig weniger heiß
als die Luft. Wenigstens fünf Grad weniger. Er watet lange und
schweißtreibend Richtung Horizont, bis ihm das Wasser zur
Hüfte reicht, endlich kann er sich nach vorn fallen lassen und
in der seichwarmen Stille des Mittelmeers verschwinden. Der
Auftrieb lässt ihn an der Grenze zwischen fünfundzwanzig
Grad und dreißig Grad dümpeln. Geeri entspannt. Die Beine
treiben auseinander, die Arme streben leicht abgewinkelt aus
den Schultern, das Gesicht hängt schlaff unter der Wasser-
linie. Herrlich. Seltsame Geräusche. Das Klicken von Steinen,
das Peitschen ferner Schiffsmotoren, das wattige Rauschen
der Wellenbrecher weiter draußen.

Man müsste so bleiben dürfen. Man müsste sich für immer
ergeben dürfen, einfach weitertreiben. Man müsste nicht
atmen müssen. Geeri lauscht seinem Herzschlag. Die Frequenz
erhöht sich kontinuierlich, er mag das Wort «kontinuierlich»,
ein schönes Wort, beruhigend.

Geeris Lungen lechzen nach Sauerstoff. Sein Bauch
krampft. Die Verschlussklappe der Luftröhre schmerzt. Geeris
Wille kapituliert, kann seinen Befehl «ruhig weiterleben ohne
Atmen» nicht länger durchsetzen, desertiert, Fahnenflucht,

dreht die Kanonen gegen Geeri, verlangt Bewegung statt Entspannung, Aktion statt Ruhe, in Geeri brüllt die neue Order: Auftauchen, auftauchen, auftauchen!

Geeri prustet, ringt nach Luft, ertastet mit den Füßen den Meeresboden, ankert senkrecht im seichten Wasser, wischt sich das Salz aus den Augen.

«Laaangesame Maaaati, laangesame Maaati, langesam, madre di dio, come una disgrazia, laaaaaangesame, höööre du mir su! MAAATI: langesaaaaaame!»

Geeri sieht den Schwimmlehrer unweit von sich im Wasser stehen. Dessen Goldkettchen mit Christuskreuz baumelt vor der bronzenen Athletenbrust, als er sich zu einem hilflosen Fröschchen herabbeugt, das einen Ring aus Korkblöcken um die Brust geschnallt hat und hektisch im Wasser herumschwaddert. Das Fröschchen ist Geeris Matti.

Geeri hat rechtzeitig vor den geplanten Ferien am Meer versucht, seinem Jüngsten das Schwimmen beizubringen. Dass jeder Mensch schwimmen können muss, versteht sich von selbst. Jedes Jahr ertrinken Hunderte, nur weil ihnen als Kind keiner das Schwimmen beigebracht hat. Unverantwortlich! Ein ungeheurer Schaden, ein vielfacher Millionenschaden, jedes Jahr wieder! Dabei könnte man sich das ganz leicht sparen, man müsste eben nur allen Kindern das Schwimmen beibringen, so früh wie möglich. Alle Versicherungsgesellschaften der Schweiz lancieren mit aller Kraft: «Schwimmunterricht rettet Leben», «Wer schwimmen kann, geht nicht unter», «Dem Schwimmer gehört das Bad» und so weiter. Seine Versicherungsgesellschaft, die Winterthur Leben, ist da ganz vorne mit dabei, das muss ja wirklich nicht sein, all die Toten und das ganze Elend, odr? Wenn sich Geeri vorstellt, dass seine eigenen Kinder ... nur weil sie nicht schwimmen können ... also nicht auszudenken, was dann ... wie können Eltern nur weiterleben, wenn die eigenen Kinder, nur weil sie ihnen das Schwimmen nicht beigebracht haben ... un-ver-ant-wortlich!

Das Vreni hat es ganz leicht gelernt. Weil: Sie hat ihren Babyspeck nie verloren, im Gegenteil, sie hat ihn mit dem Wachsen sogar noch ein wenig ausgebaut, da kommt sie ganz nach ihrem Vatti. Schwimmtechnisch ein Riesenvorteil: Der Speck gibt Auftrieb, logisch, angewandte Physik: Verdrängung weniger Masse gleich Auftrieb. Das Vreni rudert nur es bizzeli mit den Ärmchen, ganz leicht nur, schon schwimmt es. Und hier im Salzwasser, wo proportional, auch so ein schönes Wort, wo proportional zu Vrenis Speck noch mehr Auftrieb herrscht, hier schwimmt das Vreni quasi fast von allein, wie ein Korkenkind.

Gut, zugegeben, der Speck hat bei einem Mädchen auch Nachteile. Das Vreni hat Geeri fast leidgetan, als es vor ein paar Wochen nach seiner ersten, vom Vreni so glühend herbeigesehnten Ballettstunde nach Hause gekommen ist und der Familie im Wohnzimmer vorgetanzt hat, ihren Speck eingezwängt in ihr nigelnagelneues Rüschen-Tutu, mit diesen lächerlich rosaroten Ballettschläppchen an den weiß bestrumpften, prallen Beinchen. Voller Begeisterung hat das Vreni versucht, ein sterbender Schwan zu sein, dabei fleißig die runden Ärmchen in der Luft herumgeschwenkt und bei jedem Hüpfer den Bungalow erzittern lassen. Geeri hat trotzdem tapfer gelächelt und brav in die Hände geklatscht, nachdem das Vreni sich zum Schluss mit hochrotem Kopf und schwer schnaufend, aber strahlend vor Glück, vor ihrem Publikum verbeugte.

Ja, gut, Hauptsache, das Vreni ist glücklich, odr, hat er im

Stillen gedacht, um das Figurproblem kann man sich ja dann immer noch kümmern, wenn das Vreni zu einer jungen Frau erblüht. Und er war froh, dass er nicht als Mädchen zur Welt gekommen ist, weil: Bei einem Mann ist nicht wichtig, wie viel er am Bauch hat, sondern wie viel im Kopf, ob einer was kann, nicht, wie er aussieht. Das sind eben die natürlichen Unterschiede zwischen den Geschlechtern.

Nur schwimmen, klar, schwimmen müssen alle können, auch die Frauen.

Der Dietr hat keinen Speck, der ist, *beim Eid*, nur Haut und Knochen, auf seinen Rippen könnte man Xylophon spielen, so dünn ist der. Manchmal ahnt Geeri, dass die Leute meinen, er und das Vreni fräßen dem Dietr alles weg, wenn sie ihre Blicke so hin- und herwandern lassen, zwischen dem Speck-Vreni, dem Ranzen-Geeri und dem Knochen-Dieti.

Peinlich. Wie soll er den Leuten erklären, dass das beim Dieti eben die Grace-Kelly-Veranlagung ist, von seiner Mutter her, und dass der Dieti eher ihm und dem Vreni alles wegfrisst, aber das gute Essen halt einfach durch den Dieti hindurchfällt und unten wieder zum Vorschein kommt, ohne dass etwas hängengeblieben wäre an dem Buäb? Also mit Auftrieb ist da dann gar nichts, hä. Knochen gleich schwerer als Wasser, die ziehen den Dieti gnadenlos nach unten.

Er hat dann trotzdem schwimmen gelernt, nämlich mit dem Taucherbrillentrick. Geeri hat dem Dietr eine Taucher-brille geschenkt, und der war ganz begeistert, dass er damit jetzt auch die «Schönheiten der Schweiz unter Wasser» ken-nenlernen kann. Bis er ganz blau gefroren war, ist der Dietr mit seiner Taucherbrille am seichten Grund vom Katzensee oder Hallwylersee oder auf dem Betonboden von der Melli-ker Badi herumgetaucht und hat seine berüchtigten Tobsuchtsanfälle bekommen, weil es ihm nicht schnell genug vorwärtsging unter Wasser. Da hat ihm Geeri die Schwimmbewegungen gezeigt, und der Dietr fand das maximal praktisch und konnte nun viel schneller die Unterwasserschönheit der Schweiz kennenlernen. Und irgendwann fand er heraus, dass das Luftholen an der Oberfläche auch geht, wenn man dort die Schwimmbewegungen weitermacht, und schließlich konnte der Dieti auch ohne Taucherbrille schwimmen.

Beim Matti aber ... beim Matti klappte es einfach nicht. Der Matti hat zu wenig Speck und leider noch weniger Freude am Tauchen. Er spielt zwar gern im Wasser, aber so richtig hinein in die Fluten, das will und will der Matti einfach nicht. Geeri hat extra einen Plastikschwimmring gekauft, mit Donald-Duck-Kopf vorne dran, und damit ist der Matti tatsächlich ein wenig im Seichten herumgeschwaddert. Aber Geeris Plan, langsam und kontinuierlich die Luft im Reifen zu reduzieren und so den Auftrieb proportional zu Mattis Schwimmfertigkeiten zu senken, dieser Plan funktionierte nicht. Als nämlich der Matti merkte, dass der Donald Duck den Kopf hängen lässt und der Reifen ihn nicht mehr trägt, wenn er aufhört mit den Schwimmbewegungen, da verweigerte er jede weitere Schwimmübung. Geeri musste aufgeben.

Er hatte schlaflose Nächte, weil er sich Sorgen machte und nicht wusste, wie er hier vorsorgen könne. Ein Dilemma: Es ist einerseits unverantwortlich, dass der Matti nicht schwimmen kann, und eigentlich müsste er die Ferien am Meer abblasen. Andererseits geht das jetzt nicht mehr, er hat dem Moni und dem Vreni und dem Dietr und dem Matti Ferien am Meer versprochen, volle drei Wochen lang, und versprochen ist versprochen, und wer einmal lügt, dem glaubt man nicht. Das wäre auch unverantwortlich, wenn die eigene

Familie ihm nicht mehr glauben könnte, wie könnte der Geeri dann noch Familienoberhaupt sein? Er würde dastehen wie dieser Unterleutnant im WK, der versprochen hat, es gäbe heute Abend Ausgang, und dann war plötzlich Manöver, und er konnte sein Versprechen nicht halten, der war unten durch nach dem Manöver, den hat keiner mehr ernst genommen, der musste sich versetzen lassen, in eine andere Kompanie.

Aber als Familienoberhaupt, wohin willst du dich da versetzen lassen? Eben!

Nach langen Nächten reiflicher Überlegung hat Geeri dann beschlossen, wie versprochen, samt Matti, trotz Matti, ans Meer zu fahren. Er hat im Hotel Bellaria Rimini angeläutet, und die Auslandtelefonverbindung klappte bereits nach vier Versuchen. Ein gewisser Herr Falzetta hat Geeri versichert, das Meer sei ganz flach in Rimini, perfetto per i bambini, non periculoso, und das hat ihn beruhigt. Wenigstens ein wenig. Am nächsten Tag hat er dort noch einmal angeläutet, diesmal brauchte es gewiss zehn Versuche, bis Herr Falzetta am Draht war, und hat sich erkundigt, ob es in Rimini auch Schwimmlehrer gäbe. Ma certo, nessun problema, hat der freundliche Bellaria-Mann verkündet und: Ja, es gäbe auch Schwimmlehrer, die särr gut Deutsche sprekke.

Der Matti würde also im Meer schwimmen lernen, dort, wo der Auftrieb stärker ist. Und weil der Matti im besseren Auftrieb viel besser schwimmen lernen kann, *muss* Geeri ja mit dem Matti ans Meer fahren, und da kann doch die Familie gleich mitkommen, odr?

So löst man Probleme! Geeri ist sehr zufrieden gewesen, hat sich selbst zu seiner guten Idee gratuliert und konnte wieder schlafen, wie ein Murmeltier. Oder wie ein Bär. Das behauptet zumindest das Moni, weil er angeblich ein wenig schnarcht. Gut, zugegeben, wahrscheinlich schnarcht er sogar wie ein Bär, eventuell sogar wie viele Bären, jedenfalls haben sich die Deutschen im Nachbarzimmer neben Geeri und Moni beschwert, wegen Nachtruhestörung. Herr Falzetta löste das Problem, indem er den Geeri und das Moni umquartierte, in das Eckzimmer am Ende des Flurs, Nummer 301, da gibt es keine Nachbarzimmer, nur: erstens Außenwand, zweitens noch eine Außenwand, drittens Flur und viertens Liftschacht.

Geeri lässt sich abermals nach vorn ins Meer fallen, diesmal Richtung Ufer, lässt sich noch einmal treiben, Gesicht nach unten, um sich dann, sämtliche Bikini-Frauen ignorierend, Richtung Mietliegestuhl aufzumachen.

«Der Matti macht sich toll im Schwimmunterricht!», ruft er Moni schon von weitem zu, doch sie hört ihn nicht, weil: Sie schläft.

Rimini, 20. Juli 1969, 10:00 Uhr
Der Schwimmlehrer nimmt die Lira-Noten und schüttelt Geeri die Hand. «Eine wunderbare Bambino, de Matti, iste gute Talente, aber mehr Lezioni brauggte. In paar Tage er ohne Korke kann swimme, prometto, in swei Wogge swimmte wie eine Fische.»

Er rubbelt dem Matti in den Haaren herum, «bravo, Matti!».

Er beugt sich so weit zum jetzt hellwachen Moni hinunter, sein Goldchristuskreuz streift beinah über ihren Badeanzug, greift nach ihrer Hand, haucht einen Kuss darüber, «Signora», richtet sich auf, lächelt Geeri an, «Signore», und schreitet die Front von Bikini-Frauen ab, Richtung Liegestuhlvermieterhäuschen. Die Damen drücken das Kreuz durch. Moni blickt seinem Trapezrücken nach, dann zu Geeri. Sie schließt die Augen und lässt sich in den Mietliegestuhl zurücksinken.

Rimini, 20. Juli 1969, 10:09 Uhr
«Negersweiße, kaalte Negersweiße! Neegersweiße, gaaaanz kaaaalte!» Das penetrante Gekreische des Coca-Cola-Verkäufers nähert sich von der anderen Seite. Geeri leidet jedes Mal, wenn der vorbeikommt. Wie der seine Ware ausruft: «Negerschweiß.» Unglaublich! Dass bei dem überhaupt jemand kauft, Geeri versteht das nicht. Der findet das wohl lustig, der Verkäufer, oder was? Warum sagt dem keiner, dass «Negerschweiß» total daneben ist, da vergeht einem doch alles, das will doch keiner saufen, fremden Schweiß! Empört wuchtet sich Geeri aus dem Liegestuhl und stapft davon.

Rimini, 20. Juli 1969, 10:25 Uhr
Überhitzt kehrt Geeri zurück. Er trägt eine Wassermelone vor seinem Bauch. Er lässt sich in seinen Mietliegestuhl plumpsen, der *nicht* zusammenbricht, legt die Melone in den Sand zwischen seine Füße, klappt sein Schweizer Militärsackmesser auf und macht sich daran, die Melone zu zerteilen. Was einer speziellen, eigens von Geeri entwickelten Technik bedarf. Das Problem: Die Länge der Klinge misst nur ein Fünftel des Durchmessers der Wassermelone. Aber ein geschickter Mann schafft *alles* mit seinem Schweizer Militärsackmesser. Geeri stemmt die Melone zur schweißnassen Brust hoch, rammt das Messer bis zum Heft ins Fruchtfleisch und zieht die scharfe Klinge entlang eines imaginären Melonenäquators, die Messerspitze immer zum imaginären Melonenmittelpunkt aus-

gerichtet, 360 Grad rund um die Frucht, bis zum Ausgangspunkt. Nun packt er die Melone, immer noch vor seiner Brust, mit der einen Hand oberhalb, mit der anderen unterhalb des äquatorialen Schnittes und reißt ruckartig und gegengleich die beiden Kugelhälften auseinander. Mit einem schmatzenden Geräusch stirbt die Melone.

«Diätiiiiiiiiiiii! Vreeeniiiiiiiii! Me-looooo-näääää!», lässt es Geeri über den Strand schallen. Moni fährt aus dem Mietliegestuhl hoch. «Jetzt schrei doch nicht so, ich hol sie!», zischt sie zum Geeri hin und schreitet, mit dezent wiegender Hüfte, die Front der Männer der Bikini-Frauen ab, Richtung Strand.

Rimini, 20. Juli 1969, 10:31 Uhr

Die Kinder zupfen die Stücke, die Geeri operativ aus den Melonenhalbkugeln exzidiert und auf sein Schweizer Militärsackmesser aufspießt, begeistert von der Klingenspitze und stopfen sie in ihre Münder. Der Dietr will wissen, warum das Rot der Melone so fest rot ist und warum man von der Melone trotzdem keine roten Hände bekommt und keine roten Lippen und nicht einmal eine rote Zunge. Geeri beschließt, die Frage zu ignorieren, mangels Antwort. Er beugt sich hochkonzentriert über die Melonenhalbkugel in seinem Schoß. Wenn er so tut, als hätte er, bedingt durch die anstrengende Operation Melone, den Dietr nicht gehört, so hofft Geeri, geht der Kelch eventuell an ihm vorüber. Nach dem Motto: «Wer nicht hört, muss nicht antworten.»

Der Dietr wendet sich an Moni und fragt sie, ob sie die Frage, die der Vatti nicht gehört habe, gehört habe und ob sie ihm eine Antwort geben könne. Moni liebäugelt kurz mit der Idee, sich schlafend zu stellen, erinnert sich aber: Zu spät, der Dieti hat bereits vorhin, als er seine Frage zum ersten Mal gestellt hat, mitbekommen, wie sie den Kopf gehoben und zum Geeri geblickt hat. Weil sie selber gespannt gewesen war, mit welcher Antwort ihr Geeri ihren Dietr jetzt wohl zufriedenstellen werde.

Also entscheidet sie sich für Strategie B: «Ehrlich währt am längsten.» Moni schüttelt den Kopf: «Weiß au nööd.»

Der Dietr will jetzt wissen, ob sie glaube, dass der Vatti nicht antworte, weil er die Frage nicht gehört habe oder weil er die Antwort nicht wisse. Moni zuckt die Schultern: «Frög en!»

Der Dietr folgt brav und fragt den Geeri, «Duuuhuuu, Vatti?», ob er die Frage nicht gehört habe und er sie noch einmal stellen solle, oder ob er die Frage doch gehört habe, aber die Antwort nicht wisse. Geeri erkennt: keine Chance, aus der Nummer rauszukommen. Er teilt dem Dietr mit, er habe die Frage gehört und natürlich wisse er auch die Antwort. Warum er ihm denn dann die Antwort jetzt nicht gebe, insistiert der Dietr. Weil sie zu kompliziert sei und der Dietr sie noch nicht begreifen könne, erklärt Geeri müde.

Großer Fehler.

Dietr fragt, ob Geeri da sicher sei. Geeri weiß, jetzt kommt's gleich, und versucht trotzdem, es abzuwehren. Da sei er ganz sicher, beharrt er. Noch größerer Fehler: Jetzt ist der Ehrgeiz seines Sohnes erst richtig angestachelt.

Dietr verkündet, der Vatti könne doch erst wissen, ob er, der Dietr, die Antwort nicht begreifen würde, *nachdem* er sie ihm gegeben und *dann* gemerkt habe, dass er sie nicht begriffen habe, *sicher*, dass er sie nicht begreifen könne, könne der Vatti doch nur sein, wenn er ihm die Antwort eben *nicht* gebe, wie jetzt ja wieder, weil nur eine Antwort, die man *nicht* bekommen habe, könne man *sicher* nicht begreifen, und was er, der Dietr, *wirklich* nicht begreife, sei, dass der Vatti nicht begreife, dass das *Einzige*, was er, der Dietr, nicht begreife, sei: *warum* das Rot von der Wassermelone in der Wassermelone so maximal *rot* sei, aber die Zunge von diesem enormen Rot *trotzdem* nicht rot würde.

Geeri zuckt plötzlich mit der Klinge des Schweizer Militärsackmessers gegen seinen Sohn. Und wirklich: Dies lässt den Dietr erschrocken verstummen. Geeri fasst nun das Messer ganz vorne an der Klinge, legt den Kopf in den Nacken, und mit dramatischer Geste führt er den roten Messergriff wie ein Schwertschlucker in seinen Mund ein. Er schließt die Lippen um das Messer, lässt die Klinge los, breitet seine Arme weit aus, wie die Schwingen eines Geiers, und starrt den Dietr an. Wie hypnotisiert fixieren dessen Augen Geeris glänzende Metallzunge. Geeri führt nun beide Hände wieder zur Messerklinge, klemmt sie zwischen Daumen und Zeigefinger, reißt seinen Rachen auf und zieht sich das Schweizer Militärsackmesser ganz langsam aus dem Schlund.

Dann explodiert Geeris Gesicht. «Bääääh», schreit er und streckt dem Dietr seine Zunge entgegen. «Schau, Dieti, schau: hat nicht abgefärbt.»

Moni klatscht Geeri anerkennenden Applaus, Vreni und Matti fallen lachend ein, der Dietr grinst verlegen. «Es gibt Rot, das färbt, und Rot, das nicht färbt», verkündet er die gewonnene Erkenntnis.

«Genau», erwidert Geeri, «und es gibt Gelb, das rot färbt.»

Der Dietr ist verblüfft: «Wo?»

Geeri zeigt mit dem Finger nach oben und dann auf Dietrs Rücken. «Die gelbe Sonne hat dich rot gefärbt, rot wie einen Krebs.»

Geeri schnappt sich die Melkfettbüchse und schmiert den Dietr großzügig und sorgfältig von Kopf bis Fuß mit der gallertigen Paste ein. Und dann das Vreni. Und den Matti. Und sich selbst. Bei den unzugänglichen Stellen am Rücken assistiert Moni.

Als Geeri Moni offeriert, nun seinerseits sie zu bemelkfetten, schnippt sie eines von Geeris Rückenhaaren vom Finger und lehnt dankend ab.

Rimini, 20. Juli 1969, 10:45 Uhr
Geeri staunt über die Kraft der italienischen Sonne. Trotz Melkfett wird die Haut seiner Kinder von Tag zu Tag röter. Beim semmelblonden Dietr löst sich die Haut an manchen Stellen schon vom Rücken. Ihn würde Geeri noch häufiger einschmieren müssen. Nicht auszudenken, wenn er das Melkfett nicht dabeihätte ... also ohne diesen tollen Sonnenschutz, den ihm der Rotacher aus Dankbarkeit für seine Haftpflichtversicherung gegeben hat, also, das wäre ganz schlimm, die armen Kinder! Wie gut, dass Geeri so auf Klientenzufriedenheit achtet, ein Unzufriedener hätte ihm vielleicht einen Sonnenschutz mitgegeben, der gar nichts nützt oder sogar schadet, als so eine Art Rache oder so, manchen Menschen ist ja einiges zuzutrauen!

Geeri verschließt den Deckel der Melkfettbüchse sorgfältig und gräbt sie tief in den Sand ein, wo es kühl ist. Wie gut, dass es in diesen modernen Zeiten so viele moderne Produkte gibt gegen die unangenehmen Seiten des Lebens. Und ein Sonnenbrand gehört ganz sicher zu den *sehr* unangenehmen Seiten des Lebens.

Geeri erinnert sich noch genau an die schlaflosen Nächte nach einem Sonnenbrand, den er sich am ganzen Oberkörper geholt hat, im WK, als sie in dreitausend Metern Höhe eine Telefonleitung vom Kommandostand zur Gefechtsbatterie im Schneefeld verlegen mussten. Es war gar nicht besonders heiß gewesen, aber der Geeri hat trotzdem sein Hemd und sein Unterleibchen ausgezogen, um die Freiheit in der Bergluft hautnah zu spüren, außerdem war es einfach ein gottsverreckt naturburschiges Gefühl, wie er da so halbnackt im ewigen Eis herumfuhrwerkte und sich immer wieder mit den erfrischend prickelnden Schneekristallen einrieb und dabei aus voller Kehle juchhatzte.

Die drei Nächte danach hat er dann kein Auge zugetan. Er konnte weder liegen noch sitzen. Aber eben auch nicht im Stehen schlafen. Es hat sackbodenhöllenmäßig gebrannt, die Haut hat's ihm in Fetzen vom Körper geschält, wie bei einer Schlange, und als er dann total zermürbt endlich doch im Lazarett erschien, ihm war es vor Müdigkeit langsam scheißegal, ob die Kameraden ihn für einen Weichling halten oder nicht, da sagte der diensthabende Sani, ja, jetzt könne er auch nichts mehr machen, jetzt sei es zu spät, gegen die Sonne müsse man vorher salben, Nachsalben bringe da dann öppe überhaupt gar nichts mehr, hä!

Geeri bekam dann doch noch gnadenhalber so eine gelbe, stinkende Creme in die Hand gedrückt, deren einziger Effekt es war, dass sie beim Auftragen das Brennen vom Sonnenbrand derart verstärkte, dass der Geeri dankbar war, als das Salbenbrennen, elend langsam, aber doch, wieder auf Sonnenbrandbrennniveau zurückgesunken ist.

Wenn man etwas gegen Sonnenbrand erfinden würde, also da müsste man doch Millionär ... ach so, halt, nein, Melkfett ist ja bereits schon erfunden.

Das ist ja das Problem am Millionärwerden, dass alles schon erfunden ist. Geeri schaut sich um. Schwimmflossen, schon erfunden. Taucherbrillen auch, Badetücher, Coca-Cola, Wassermelonen, Liegestühle, Sonnenschirme, alles bereits erfunden, das Schweizer Militärsackmesser wäre eine gute Erfindung gewesen, aber leider eben auch schon gemacht. Nur nicht vom Geeri.

Ob der Bikini-Erfinder Millionär geworden ist? Wahrscheinlich schon. Aber gut, soll er doch, der cheibe Lööli, auf so eine blöde Erfindung wäre der Geeri sowieso nie gekommen. Dann eher schon auf den Minirock. Da hat einer einfach die geniale Idee gehabt, neuartige Röcke zu machen, mit denen er auch noch Stoff einsparen konnte, und schon war der Millionär. Maximal: reich werden mit Einsparen.

Geeri hat nächtelang an genialen Erfindungen herumstudiert, aber es war wie verhext, es fielen ihm nur Dinge gegen die unangenehmen Dinge des Lebens ein, die es schon gab. Oder die es noch nicht gab, die aber physikalisch unmöglich waren. Zum Beispiel ein Auto, das ohne Treibstoff fährt. Oder so ein kleiner Plattenspieler, dass man ihn in die Hosentasche stecken kann. Oder eine Rohrpost, die Mitteilungen mit Lichtgeschwindigkeit befördert. Alles unmöglich, leider. Und alles *Mögliche* war bereits erfunden.

Wenn Geeri schon auf der Welt gewesen wäre, bevor, sagen wir, die Dampfmaschine erfunden gewesen wäre, er hätte sie glatt erfunden, oder nein, noch besser: Er hätte sie ausgelassen und gleich den Viertaktverbrennungsmotor erfunden.

In diesen modernen Zeiten heute werden leider ja nur noch Dinge erfunden, die einer allein gar nicht mehr erfinden kann. Die sind so fortschrittlich, dass es ganze Kompanien von Wissenschaftlern und Ingenieuren braucht und Millionen von Franken für nur eine einzige Erfindung. Beispiel Atomkraftwerk. Unglaublich, was da eingesetzt wurde, damit so ein Atomkraftwerk erfunden werden konnte, enorm! Aber es lohnt sich. Billiger kann Strom nicht hergestellt werden. Ein paar Kilo Uran, und ganze Städte haben fast unendlich Strom. So sauber wie Wasserkraft, aber viel sicherer, ein Staudamm kann doch brechen, ein Riesenrisiko.

Gut, diesen Januar, beim Schweizer Versuchsreaktor Lucens, da ist etwas passiert, niemand wurde verletzt, nur ein wenig Radioaktivität, unterirdisch, harmlos, irgendein kleiner Konstruktionsfehler. Kinderkrankheiten gehören halt dazu, bei dieser neuartigen Technik. Aber jetzt das nigelnagelneue Atomkraftwerk, das AKW Beznau, erst vorgestern in Betrieb genommen, da *kann* das, was in Lucens passierte, gar nicht passieren, weil schon noch neuere Technik!

So geht Fortschritt: Fehler sind nichts Schlimmes, die Menschheit lernt aus ihnen und kann so eben fortschreiten.

Und kaum ist das erste Schweizer Atomkraftwerk eingeweiht, haben die Amerikaner die Mondlandefähre erfunden. Schon heute Nacht werden sie Raumfahrtgeschichte schreiben: der erste Mann auf dem Mond! Vor allen anderen, vor allem vor den Russen.

Ein Jahr voller Wunder.

Es ist ziemlich sicher, dass auch ihm, dem Geeri Moor, noch so ein Wunder passiert, er ist nämlich ganz nah dran, Millionär zu werden. Mit einer Erfindung. Es ist zwar nicht direkt seine eigene Erfindung, sondern auch eine amerikanische. Aber er ist der Einzige, der sie in der Schweiz den Schweizern verkaufen darf. Exklusiv. Nur er.

Den Generalimporteur dieser Erfindung hat Geeri vor ein paar Monaten kennengelernt, als er für dessen Importe-aller-Art-Gesellschaft-mit-beschränkter-Haftung eine fast unbeschränkte Haftpflicht- und Rechtsschutzversicherung abgeschlossen hat. Schlüter heißt der.

Der Schlüter erzählte ihm von einer revolutionären Erfindung aus den USA, hä, nämlich der «Diane Creme». Eine Autopolitur, die jeden Lack wie neu glänzen lasse, aber der Clou sei, dass da Teflon drinnen wäre, ein Abfallprodukt der Weltraumfahrt, Geeri kenne das sicher schon von den Teflonbratpfannen her, und dieses Autopolitur-Teflon, erklärte der Schlüter, lasse jeden Dreck von der Karosserie abgleiten, wie die Teflonpfanne das Spiegelei. Einmal auftragen und nie mehr Auto waschen!

Gut, Diane Creme ist zwar auf den ersten Blick nicht ganz billig, aber, Geeri hat das auf dem Rechenschieber genau kalkuliert, bereits nach zwanzigmal Nichtautowaschen ist sie amortisiert und jedes weitere Nichtautowaschen ist dann Gewinn, lebenslang!

Der Schlüter hat den Tefloneffekt eindrücklich demonstriert mit einem weiß lackierten, bereits mit Diane Creme behandelten Stück Autoblech. Er hat Kaffee darübergeschüttet, Rotwein, sogar ein ganzes Ei pfefferte er gegen das Blech, er hat auf dem Vorplatz einen Klumpen Schlamm geholt und ihn dagegengeschmettert, und wirklich: Der Tefloneffekt ließ praktisch alles spurlos abgleiten, und nachdem der Schlüter aus einem Gießkännchen ein wenig hundskommunes Wasser darüber hat rieseln lassen, ein simulierter leichter Regen, siehe da: Das Blech glänzte und schimmerte so prächtig wie vorher.

Den Geeri hat der Tefloneffekt restlos überzeugt, und außerdem konnte er ja dem Grüter ruhig vertrauen. Sie waren doch über die Versicherung bereits Geschäftspartner, und Geschäftspartner ziehen einander nicht über den Tisch, oder?, weil sie sich ja damit auch selber schaden würden, logisch, weil dann verlöre man ja seinen Geschäftspartner und bekäme dafür einen Feind, wer will das schon? Nur ein Idiot, und Schlüter ist kein Idiot.

Geeri hat dann die Versicherungsstatistiken genau studiert: Anzahl der Autofahrer, Anzahl der in Zukunft zu erwartenden Autofahrer, Anzahl der Zweitautobesitzer, Anzahl der Berufsautofahrer etc., und ist schnell draufgekommen, dass, wenn nur jeder fünfzigste Autobesitzer der Schweiz eine einzige Büchse Diane Creme kauft, wird der Geeri sogar doppelter Millionär.

Er besitzt jetzt einen Vertrag, der ihn zum Exklusiv-Generalvertreter Schweiz für Diane Creme macht, und hat die erste Charge sofort beim Schlüter bestellt. Vorsichtshalber vorläufig nur zweitausend Büchsen. Für das Startkapital hat er den Hypothekarkredit für seinen Bungalow erhöht (kein ganz einfaches Gespräch mit dem Mann von der Bank, aber Geeri kann sehr überzeugend sein, wenn es sein muss) und damit dem Schlüter die prompt erfolgte Lieferung gleich bezahlt. Zack, gleich bar auf den Tisch, hä.

Die erste Büchse Diane Creme kaufte Geeri sich selber ab und behandelte damit seinen perlweißen VW-Käfer. Die restlichen tausendneunhundertneunundneunzig Büchsen schleppte er die steile Kellereinfahrt hinab unter den Bungalow und stapelte sie entlang der Garagenwände bis zur Decke. Der VW passte ganz genau gerade noch knapp zwischen die Büchsenmauern. Hat Geeri vorher alles exakt berechnet – und voilà!

Seither dunstet ein wenig Chemiegeruch aus dem Keller nach oben, aber nicht schlimm, man gewöhnt sich schnell daran: Es riecht eigentlich nicht viel anders als Möbelpolitur.

Geeri bietet nun seinen Klienten neben dem Versicherungsschutz immer auch den Diane-Creme-Schutz an. Natürlich nur denen, die Autobesitzer sind oder demnächst werden. Gut, der Preis ist halt schon happig, der schreckt viele ab. Trotzdem, es könnte schlechter laufen, die oberste Reihe der Diane-Creme-Büchsenwände ist jedenfalls schon so gut wie zur Hälfte weg.

Auch der Krummenacher hat eine Büchse genommen. Und hat damit seinen Chevy-Bellair-Kabriolett behandelt. Und ist dann zum Testen vom Tefloneffekt mit seinem Schlitten in die Kiesgrube gefahren und dann zur Mülldeponie im Wald, kurz nachdem es geregnet hat, der Chevy sah aus wie Sau. Gut, wenn einer sein Auto mutwillig derart verdreckt, dann kann der Tefloneffekt auch mal überfordert sein, odr? Der Krummenacher hat einen Riesenaufstand geliefert und damit gedroht, alle Versicherungen, die der Geeri ihm verkauft habe, aufkünden zu wollen, was Geeri nur abbügeln konnte, indem er die Diane-Creme-Büchse vom Krummenacher zurückkaufte und ihm außerdem eine teure Flasche 63er-Beaujolais verehrte. Nach dem nächsten Regen sah der Chevy vom Krummenacher wieder aus wie neu. Dass der Krummenacher ihn gewaschen hätte, hat Geeri jedenfalls nicht gesehen. Das ist in Wahrheit einzig und allein der Tefloneffekt gewesen!

Rimini, 20. Juli 1969, 12:12 Uhr
Der Geeri sitzt mit dem Moni, dem Vreni, dem Dietr und dem Matti am Familienstammtisch im Speiseraum vom Hotel Bellaria. Er hat Vollpension gebucht und damit die Essensfrage für die gesamten drei Wochen auf einen Schlag gelöst. Damit das Moni zum ersten Mal in ihrer Ehe nicht kochen muss. Weil er seiner Frau wirkliche Ferien bieten will. Drei Wochen lang! Welcher Mann kann das seiner Frau bieten? Der Geeri!

Es gibt Spaghetti Pomodore. Er sagt den Kindern wie jeden Tag, dass die Teigwaren nur die Vorspeise sind und sie nicht zu viel davon essen sollen, damit noch Platz ist für die Hauptspeise und das Dessert, aber wie jeden Tag stopfen sie die Teigwaren in sich hinein wie die Scheunendrescher. Also wird der Geeri sich dann die Hauptspeise, heute Fisch mit Spinat, wie jeden Tag mindestens dreifach einverleiben. Zum Glück ist er ein guter Esser, und der Kellner vom Bellaria wird vom Moor-Tisch auch heute nichts in die Küche zurücktragen müssen. Wäre ja auch schade drum. Wo es doch schon bezahlt ist.

Rimini, 20. Juli 1969, 13:00 Uhr
«Schlaft gut», sagt Geeri und will die Tür von Zimmer 313 schließen, Doppelzimmer mit Zusatzbett, in welchem die drei Kinder schlafen. «Duhuuuuu, Vatti», meldet sich der Dietr und verkündet, er sei dann im Fall gar nicht müde. Wie Geeri diese Diskussionen um den Mittagsschlaf hasst.

Keine Diskussion, sagt er, es wird geschlafen, auch wenn du nicht müde bist.

Wie er denn schlafen könne, wenn er nicht müde sei, meldet der Dietr zurück, schlafen könne man doch nur, wenn man müde sei, darum werde man ja müde, damit man schlafen könne, man könne aber nicht schlafen, wenn man vorher nicht müde geworden sei, und das sei bei ihm jetzt so.

Geeri will das nicht. Er will, dass gehorcht wird, ohne Widerrede. Er befiehlt: keine Widerrede! Schlaf oder schlaf nicht, Dietr, so oder so bleibst du Püürschteli im Bett, bis ich euch hole. Und wehe, ich höre noch einen Mucks von dir!

Pflichtschuldigst schließen sich die Augenlider von dem Matti, dann von dem Vreni, und der Dietr starrt beleidigt zum Kronleuchterchen an der Decke von Zimmer 313.

Geeri zieht die Tür zu, geht zum Ende des Flurs, am Liftschacht vorbei, öffnet die Tür links daneben, die 301. Moni liegt in Rückenlage auf ihrer Doppelbetthälfte. Ihr linker Arm ragt seitlich weggestreckt bis auf Geeris Betthälfte, die Hand liegt auf dem Leintuch, entspannt, Handfläche nach oben. Auf ihrem schlanken Bauch ruht Monis rechte Hand, als hätte sie ihn gestreichelt. Die Schuhe hat sie abgestreift und über das Fußende des Bettes zu Boden purzeln lassen. Geeri liebt ihre zarten Fesseln, eine wehmütige Weichheit überkommt ihn, er versinkt im Anblick ihrer leicht gegrätschten Beine, des ein wenig nach oben verrutschten Kleides, altrosa mit weißen Punkten. Auf Zehenspitzen nähert sich Geeri dem Doppelbett, setzt sich auf seine Hälfte, hinlegen, neben das Moni, geht nicht, ihr Arm ist im Weg. Er streicht mit den Fingernägeln leicht über die Innenseite von Monis Ellenbeuge, er weiß, sie liebt das, die «Hühnerhaut-Freude» hat Moni diese leichte Berührung getauft, damals, beim ersten Mal, und dabei gelächelt wie Grace …

Monis Arm zuckt zurück, wie vor einem gefährlichen Insekt, flink sucht ihre Hand Zuflucht auf dem Bauch, wo sie unter die andere schlüpft und verschwindet. Ihre Augen bleiben geschlossen. «Sali, Spatz», haucht Geeri ganz nah an ihrem Ohr. «Sal, patz», murmelt Moni. Geeri kuschelt sich neben sie, an sie, legt seine Hand über die beiden seiner Frau. «Müüüde», kommt es von Moni. Geeri nimmt die Hand wieder weg und erkundigt sich in halb scherzhaftem Ton, wie das denn sein könne, wo sie doch schon den ganzen Vormittag geschlafen habe, unter seinem Mietsonnenschirm?

Jetzt öffnet Moni ihre Augen doch, dreht ihr Gesicht zu Geeri und schaut ihn ernst an. «Ich ha Ferie», stellt sie fest. Kein Lächeln. Pause.

Geeri hält den Atem an. Monis Kopf rollt wieder in Rückenlage, ihre Lider gleiten provozierend langsam über ihre Augäpfel, Vorhang zu, Ende der Vorstellung, danke für Ihren Besuch, und jetzt: Hauen Sie ab!

Sie hat Ferien, denkt Geeri. Klar, hat sie! Kocht nicht, wäscht nicht, putzt nicht, flickt nicht: FERIEN!

Er hat auch Ferien, *beim Eid*, und Ferien sind unter anderem dazu da, es schön zu haben, und schön ist es, wenn man sich nah ist, in den Ferien, wie Mann und Frau sich eben nah sein können. Ein klein wenig Grace Kelly hätte er sich doch verdient, odr? Ein wenig Zärtlichkeit und, ja, gut, zugegeben, auch Sex. Warum denn nicht? Dafür hat er gearbeitet, das ganze Jahr, dafür, dass seine Frau glücklich ist über die Ferien, die er ihr bietet, und aus diesem Glück heraus dann das Glück in seinen Armen sucht und weiß Gott auch finden würde, wenn sie nur ein wenig ... ach.

Wenn das jetzt *so* ist, denkt Geeri, dann hätte er nicht so lange mit ihr diskutieren müssen, dass die Kinder dann im Hotel in Italien im eigenen Zimmer zu schlafen haben ... ja, auch der Matti ... nein, er sei nicht zu klein dafür ... ja, es gehe ihm auch um Zweisamkeit ... nein, er sei deshalb trotzdem gerne Vater, aber man könne doch auch mal ... nein, es gehe ihm nicht nur ums Vögeln, und überhaupt hasse er dieses Wort, weil ... nein, Beischlaf sei auch nicht gut, sie wisse schon, was er meine ... nein, er wolle es ihr nicht erklären ... warum es denn nicht wieder mal so sein könne wie früher, als ... also gut, ja, zugegeben, auch ... ja, auch *das* sei damals häufiger vorgekommen, viel häufiger und ... ja, zugegeben, er vermisse *auch* das, aber ... nein, er lese das Buch vom Oswalt Kolle *nicht* ... und, nein er sei *nicht* verklemmt.

Geeri versucht, es sich auf seiner Doppelbetthälfte bequem

einzurichten und dann halt eben gleichfalls ein wenig zu dösen. Es gelingt ihm nicht. Weil er nicht müde ist.

Sondern traurig.

Ob es der Dietr im 313er wohl geschafft hat einzuschlafen, trotz nicht müde?

Rimini, 20. Juli 1969, 13:30 Uhr
Geeri schreckt aus dem Schlaf hoch. Etwas zerrt an seiner Schulter. «Du schnarchst», sagt Moni.

Geeri verlässt das Bett,

das Zimmer 301,

das Hotel Bellaria,

Italien.

Er verlässt seine Frau und deren Kinder.

Er kündigt seine Stelle bei der Winterthur Leben.

Er versteigert den Bungalow in Mellikon,

und er verlässt die Schweiz, ja, auch die Schweiz!

Er geht zurück nach Schweden!

Wo er als frischgebackener Feinmechaniker ein Gesellen-jahr lang gelebt hat, ein glückliches Jahr, wo er so schnell Schwedisch lernte, dass ihn die Schweden schon nach drei Monaten für einen Schweden gehalten haben, wo er sei-ner großen Liebe begegnete, Katja, die gar nicht schwedisch aussah, dafür wie die junge Katharine Hepburn, besonders wenn sie lächelte und ihm dann tiefgründig in die Augen sah und ihn dann küsste und ihn ihren «Schweizer Glücks-raben» nannte, Katja, die ihren Vater mit dreizehn verloren hatte und die ihn, den Geeri, ihrer Mutter vorstellte, die ihn auch sofort mochte und ihm erzählte, wie schwer es für sie als Witwe sei, die Verantwortung für die kleine Werkzeugfabrik, die ihr Mann selig aufgebaut habe, ganz allein zu tragen, und wie froh sie sei, dass ihre Katja so einen tüchtigen Schweizer an ihrer Seite habe wie ihn. Und die ihn schon nach ein paar Monaten fragte, ob er Katja nicht heiraten und dann als Ehemann die Fabrik übernehmen und gemeinsam mit ihr weiterführen wolle?

Geeri weiß noch, als ob es gestern gewesen wäre, wie ihm ganz trümmlig geworden ist, als ihm Katja sofort, vor den Augen ihrer Mutter, einen Heiratsantrag machte, die Schwedinnen kennen da nichts, dass eigentlich doch der Mann den Heiratsantrag zu machen hat, das kümmert die nicht, die Katja schon dreimal nicht.

Dem Geeri wird noch heut kreuz und quer, wenn er sich erinnert, wie er am liebsten «ja» geschrien hätte, «ja!» in die ganze Welt hinaus, «ja, ich will dich heiraten und mit dir glücklich werden, Katja!», weil er nichts mehr wollte als ganz genau das, und wie er dann doch nur dastand, stumm wie ein Toorebuäb, und ihr die Antwort schuldig blieb und hinaustorkelte, weil er wusste, die anderen würden meinen, er habe sich in ein gemachtes Nest gesetzt. Und wie sie ihm nachgelaufen ist und sie sich festgehalten haben in der kalten Nacht und wie sie ihn anschaute und nicht glauben konnte, dass er …

Und wie ihm dann in der Nacht mit ihr klarwurde, das gemachte Nest, das hätte er nicht ertragen, weil ihm schon vom Vater her in die Gene hineingeimpft worden war, dass man sich da *nicht* hineinzusetzen hat, wie ein Kuckuck, dass ein richtiger Mann das Nest *selber* zu bauen hat, von null auf, und wie Katja das nicht verstehen wollte und weinte und ihn anschrie und lächelte und ihn küsste und sagte, ihre Liebe zu ihm sei doch größer als ihre Liebe zu Vaters Fabrik und dass sie die Fabrik gerne verschenken könne und ihn ohne Fabrik heiraten! Und wie er noch einmal «nein» sagen musste, obwohl es ihm das Herz in der Brust zusammenpresste unter einer Tonnenlast, weil er ihr doch nicht die Fabrik wegnehmen durfte, und wie sie das wieder nicht verstehen konnte und sie ihn die ganze Nacht nicht aus den Armen ließ, und wie er am nächsten Morgen in aller Früh geflohen ist auf seinem Motorrad und durch den Frost gerast mit Eissplittern im Herzen, in einem Riemen bis zur Fähre in Malmö und von Hamburg wieder in einem Riemen bis Rüti, zum Flarz-Haus vom Vatter und der Stiefmutter, die seine Liebe *auch* verdient hätte, mehr als verdient, die er ihr aber nicht geben konnte, weil das Lächeln von seinem richtigen Muätti immer noch in ihm weiterlebte, obwohl es doch schon, als er noch ein keiner Pfüderi war, erloschen ist, für immer ... und wie er sich dort, im Haus der Eltern, im Zimmer einsperrte und nichts aß und nichts sagte und fast nichts trank, bis ihm der Vatter drohte, er rufe jetzt das gelbe Wägeli und lasse ihn ins Irrenhaus verfrachten, aufs Burghölzli.

Aus dem ganzen Leben, das danach kam, aus dem ganzen Nach-Katja-Leben haut Geeri jetzt ab, lässt es einfach ohne ihn weitermachen, fährt nach Schweden zu seiner Katja und nimmt jenes Leben, das er damals unterbrochen hat, das Leben an ihrer Seite, wieder auf. Und wird glücklich.

Natürlich macht Geeri nichts von alledem.

Sondern hilft Herrn Falzetta, den schweren Schwarzweißfernseher vom Foyer in den kleinen Garten vom Hotel Bellaria zu schleppen und dort auf ein kleines Metalltischchen zu wuchten, für heute Nacht, für die Eurovisionsdirektübertragung vom ersten Mann auf dem Mond. Danach sind der Geeri und der Herr Falzetta per du.

«Geeri e Gerardo, va bene così?» – «Jawohl, molto bene, ja!»

Rimini, 20. Juli 1969, 14:01 Uhr

Geeri weckt die Kinder und teilt ihnen seinen Plan mit: Sie alle würden zu den Delfinen fahren! Das Vreni, der Matti und der Dietr jubeln: «Juhui, wir fahren zum Flipper», und ziehen eifrig ihre Sachen an. Vreni hilft dem Matti mit den Sandalenriemchen.

Danach begibt Geeri sich zu Zimmer 301 und teilt Moni mit, er fahre mit den Kindern zu den Delfinen, ob sie auch mitkomme? Moni verneint.

Geeri wandert über den Flur zu Zimmer 313 und teilt den Kindern mit, Moni komme nicht zu den Delfinen, sie würden aber trotzdem fahren. Das Vreni und der Matti erklären, sie würden nicht mitfahren zu den Delfinen, wenn das Muätti nicht mitkomme. Der Dietr will wissen, warum genau denn das Muätti nicht mitkommen wolle, und ergänzt, er würde erst entscheiden, ob er nur mit dem Vatti zu den Delfinen fahre, wenn er wisse, warum das Muätti nicht zu den Delfinen mitfahren wolle, weil dem Muätti müsse es ja sehr schlechtgehen, wenn sie zu so einer maximal tollen Sache, wie die Delfine es sind, nicht mitkommen wolle, und wenn das so sei, könne er unmöglich das Muätti, dem es schlechtgehe, allein im Hotel zurücklassen, weil er, wenn er es trotzdem täte, bei den Delfinen immer ans arme Muätti denken müsste und dann von den Delfinen ja auch nichts hätte.

Geeri seufzt tief, wandert abermals zu Zimmer 301 und teilt dem Moni mit, die Kinder kämen nicht mit zu den Delfinen, wenn sie nicht mitkäme. Moni seufzt jetzt auch und erkundigt sich bei Geeri, warum nicht? Geeri erklärt, weil die Kinder dächten, wenn das Muätti nicht mitkomme, dann würde es ihr schlechtgehen, und wenn es ihr schlechtgehe, würden die Kinder eben nicht mitwollen. Moni sieht Geeri lange an.

«Sag den Kindern, es geht mir gut, ich will nur einfach nicht zu den Delfinen.»

Mit diesem Auftrag zurück in Zimmer 313, teilt Geeri den Kindern mit, das Muätti hätte gesagt, er soll ihnen sagen, es ginge ihr gut, sie wolle nur einfach nicht zu den Delfinen. Die Kinder wollen von Geeri wissen, warum nicht, wenn es ihr doch gutgeht? Und Geeri macht sich wieder auf den Weg zu Zimmer 301.

Auf halber Strecke bleibt er stehen, schüttelt den Kopf, dreht um und stellt sich wieder in den Türrahmen von Zimmer 313. «Wisst ihr was?», ruft er hinein, er fahre genau um 14:30 Uhr zu den Delfinen, das sei, er schaut auf sein Handgelenk, wo die wasserdichte, vergoldete Juvena-Saphir-Glas-Halbautomatik prangt, das sei in genau dreizehn Minuten, und wer dann da sei, der könne mit, und die anderen sollen ihm einen Schuh aufblasen. Er stapft ein letztes Mal den Flur entlang, aber diesmal nicht bis Zimmer 301, sondern nur bis zur Lifttür, wo er energisch auf den roten Knopf drückt, der ja eigentlich gar nichts dafürkann.

Rimini, 20. Juli 1969, 14:28 Uhr

Die Familie versammelt sich vollzählig um den perlweißen VW-Käfer auf dem Parkplatz des Hotels Bellaria. Der verblüffte Geeri bekommt von seiner Frau einen Kuss auf die Wange gehaucht, gefolgt von einem ihm völlig unerklärlichen Grace-Kelly-Lächeln.

Es wird in gewohnter Platzierung eingestiegen. Zuerst besetzen die Kinder die Rückbank, von links nach rechts: Vreni, Dietr, Matti, dann nimmt Moni auf den Todessitz Platz, und als Letzter klemmt sich das Familienoberhaupt, Kapitän Geeri, hinters Steuer. Der fast nigelnagelneue, Diane-Cremeglänzende Käfer springt zuverlässig wie ein Örgeli an und knattert fröhlich von dannen, raus aus Rimini.

Irgendwo außerhalb von Rimini, 20. Juli 1969, 15:28 Uhr
«Isch das en Gloon, Vatti?», fragt der Dietr mit skeptisch verzogenem Gesicht, gegen die Sonne zu Geeri hinaufblinzelnd. Geeri zuckt mit den Schultern. Er will dem Dietr die gnadenlose Wahrheit lieber nicht antun. Nein, das ist kein Clown, der Delfin-«Trainer» meint seine traurig absurde Schau ernst. Und die ist so lächerlich, dass es wirklich fast wieder lustig sein könnte, wenn es nicht so armselig wäre.

Schon als Geeri mit seiner Familie vor der «Arena» eingetroffen war, einem zwei Meter hohen, in der Sonne hellblau gebleichten, bröseligen Wellplastikrund, hat er gleich wieder gehen wollen. Ihn überkam die deutliche Vorahnung: Das wird nicht schön. Nicht annähernd so schön wie im modernen, nach neuesten zoologischen Erkenntnissen wissenschaftlich konzipierten, picobello schönen Delfinarium vom schweizweit berühmten Kinderzoo in Rapperswil, nicht ansatzweise so schön. Das da, das würde ein Desaster, das sah Geeri sofort, auf einen Blick. Aber die Kinder haben sich auf der Fahrt hierher bereits so hineingesteigert in ihre Vorfreude, dass an einen Abbruch des Unternehmens «Delfinschau» nicht zu denken war.

Also hat Geeri brav den überrissenen Eintritt entrichtet und sich samt den Seinen ganz vorn am lächerlich kleinen, kreisförmigen Schwimmbecken platziert. Zwei Tümmler drehten müde ihre Runden im brackigen Wasser, rund und rund und rundherum, eintönig, stupide, immer den algenverschmierten Beckenrand entlang. Die Kinder riefen «Flipper, sali, Flipper, chooom ...», doch die Tiere reagierten nicht. Als der Matti ins

Wasser fasste, in der Hoffnung und Absicht, vielleicht einen Delfin kurz berühren zu können, schoss aus heiterem Himmel ein hageres, ältliches Männchen wie ein Rumpelstilzli dazwischen und geiferte etwas von «non toccarlo» und «severamente vietato» und «divieti, capisce!». Natürlich kapierte Geeri, er ist ja kein Lööli! In ruhigem Ton instruierte er den Matti, er dürfe nur mit den Augen schauen, nicht mit den Händen. Matti gehorchte. Trotzdem bebte die magere Hühnerbrust des zornigen Mannlis unter dem fleckigen Feinrippleibchen, Geeri roch ungeputzte Zähne, übersäuerten Magen und eine deutliche Note Schnapsfahne. Er versuchte, den Berserker mit einer beruhigenden Geste auf Distanz zu halten, doch das Rumpelstilzli stellte sich genau vor Geeri hin und zischte: «I biglietti, ma subito!» Geeri reichte ihm die Eintrittskarten, der andere riss sie ihm aus der Hand, ließ sie in seiner abgewetzten Hose verschwinden und schaffte es, sogar sein «grazie» klingen zu lassen wie einen Fluch.

Welch ein Unterschied zum Kinderzoo in Rapperswil, Schweiz! Wo nette Fröleins in schmucken Uniformen die Karten kontrollieren und einem lächelnd Süßigkeiten aus ihren Bauchläden zum Kauf anbieten. Und wo zum Auftakt der Schau eine blonde Schönheit, fast so schön wie das Heidi Abel, «die lieben Zuschauer» per Mikrophon via moderner Lautsprecheranlage «ganz, ganz härzlich willkommä» heißt zu den «luschtigen und erstaunlichen Kunststückli, die unsere intelligenten Freunde, die härzigen Delfine, uns nun darbieten werden». Und dann beginnt dort eine Kinderzoo-Delfinschau, also eine Schau, die proportional gesehen sogar die Delfine in Amerika alt aussehen lassen würde, so schön und präzise und wohlorganisiert und reibungslos im Ablauf, von so kontinuierlich hohem Niveau, also insgesamt und überhaupt:

eine Meisterleistung der Dressurkunst, also wirklich maximal. Die Delfintrainer lächeln vor Vergnügen mit den Zuschauern um die Wette, die fröhlichen Delfine lächeln mit, die Kinder kreischen begeistert, und der Grace-Kelly-Effekt beim Moni entlohnt den Geeri für jeden einzelnen Rappen Eintritt, den er ausgegeben hat.

Und hier? Hier griff dieser Giftgnom, den Geeri eigentlich für den Billettabreißer gehalten hat, nach einem verbeulten Megaphon und krächzte Unverständliches hinein. Dann schnappte er sich einen rostigen, mit gammeligen Fischleichen vollgepfropften Eimer und erklomm das kurze Leiterchen eines nur mannshohen Metallgestells. Oben angekommen, griff er, gefährlich schwankend, mit einer Hand nach einem Halteseil, mit der anderen fingerte er einen toten Fisch aus dem Eimer. Hernach lehnte er, sich todesmutig am Seil festhaltend, volle zehn Grad weit über das Wasserbecken, schwenkte mit dem Fischkadaver in der Luft herum und schrie: «Alloooora ... avantiiiii!»

Nichts passierte, die Delfine zogen einfach weiter ihre Kreise. Der Giftzwerg schrie noch lauter − was die Delfine wenig beeindruckte. Dies wiederum steigerte die Wut des Männchens in hysterische Ausmaße, doch sein dünnes Fistelstimmchen ließ kein noch höheres Dezibelniveau zu, was seinen Zorn umso weiter steigerte, Rumpelstilzchen schaute sich suchend nach seinem Megaphon um, doch das lag für ihn unerreichbar am Fuße des Leiterchens.

Die Delfine kreisten und kreisten und kreisten.

Das Männchen stampfte heftig auf, traf mit dem Fuß unglücklich eine Metallstange und heulte mit schmerzvoll verzerrtem Gesicht auf. Das war der Moment, in dem der Dietr fragte, ob das ein Clown sei.

Das Rumpelstilzli ist jetzt kurz vor dem Ausrasten und entscheidet sich, die unwilligen Meeressäuger zu bestrafen, dafür, dass sie hier, vor allen Leuten, seine Dompteurehre ruinieren. Er holt mit dem Arm aus, zielt und schmettert den Fisch mit voller Wucht in Richtung Delfinrücken. Das Geschoss ditscht kraftlos ins Wasser, knapp neben dem Tier, das in einer schnellen, kaum wahrnehmbaren eleganten Bewegung zuschnappt, und weg ist Rumpelstilzlis Rache. Der brüllt auf, zielt erneut und, plitsch, der zweite Fisch landet im Becken, die Delfine lassen ihn sich schmecken. Der dritte Wurf trifft, der Fisch pläddert kurz von einem Delfinrücken ab, bevor er verspeist wird. Schließlich ist der Eimer leer, die Delfine kreisen wie eh und je, und der Alte auf dem Metallgestell ist bar jeder Munition und jeden Lockmittels. Er steigt heiser vor sich hin geifernd sein Türmchen herab und verschwindet hinter der Hintertür vom Kassahäuschen.

Ende der Vorstellung.

Auszug aus der Arena.

In der Reihenfolge ihres stillen Abgangs: der Geeri, der Dieti, das Moni, der Matti und das Vreni. Letzteres vermeldet, es habe Hunger.

Auf dem Weg nach Rimini, 20. Juli 1969, 15:50 Uhr
Die Kinder sitzen still und mit langen Gesichtern auf der Rückbank vom VW-Käfer. Es entwickelt sich ein Dialog:
Geeri Läck mir, e sonen Seich.
  Moni schweigt
Geeri Schade ums Geld.
Moni Schade um den Nachmittag.
  Geeri schweigt
Moni Ich wollte ja nicht, aber du unbedingt.

Geeri   Aha, also bin ich jetzt wieder schuld?

Moni   An was?

Geeri   Dass das so ein Lööli ist, dieser ... dieser blöde Schafseckel.

Moni (tadelnd)   Geeri!!

Geeri   Ist doch aber wahr, odr? Ein Schafseckel!

Pause

Moni dreht sich zu den Kindern um.

Moni   Hat es euch gefallen, bei den Flippern?

Kinder schweigen

Moni (lächelnd zu den Kindern)   Das war doch eine tolle Idee
vom Vatti, gäll, dass wir nicht zum Strand gehen, spielen,
sondern zu den Delfinen, hä?

Matti   Ja!

Moni schaut aus ihrem Seitenfenster

Matti (entschuldigend)   Der Gloon war doch luschtig ...

Moni zu Geeri   Also ich hab jedenfalls nicht dahin wollen.

Geeri zu Moni   Hetz nicht immer die Kinder auf gegen mich.

Moni empört   Was mach ich?

Geeri   Den Kindern hat's gefallen. Sagen sie.

Moni   Sagt der Matti.

Geeri   Dann frag halt die anderen auch.

Moni fragt nicht

Geeri   Los, frag jetzt, ob es ihnen gefallen hat!

Moni schaut aus ihrem Seitenfenster

Geeri   Frag halt ich! Dietr, Vreni, hat's euch gefallen, bei den
Delfinen?

Die Kinder schweigen

Geeri zu Moni   Siehst du, es hat ihnen gefallen.

Moni schaut aus dem Fenster

Geeri   Du bist auch nicht besser als diese Delfine.

Moni Wie bitte?

Geeri Genauso verstockt.

Moni Wer, ich?

Geeri Ja, du!

Moni Willst du mir jetzt einen Fisch an den Kopf werfen?

Geeri Das würde bei dir auch nichts nützen.

Moni Stimmt! Was nützen würde, wäre Motivation.

Geeri Ist das wieder so eine Oswalt-Kolle-Erfindung, odr was?

Moni dreht die Augen nach oben

Moni (im Erklärton) Wenn man will, dass der andere etwas tut oder ist, wie man will, dann geht das nicht mit Zwang, sondern mit Motivation.

Geeri Zum Beispiel, konkret?

Moni Mit einer Belohnung.

Geeri Belohnung für was?

Moni Dafür, dass der andere macht, was man sich von ihm wünscht.

Geeri Zuerst muss gemacht werden, was verlangt wird, und *dann* kommt die Belohnung, nicht umgekehrt, odr? Das war doch der Fehler von diesem Lööli Schafseckel ...

Moni Wenn du noch einmal Schafseckel sagst ...

Geeri Du hast es doch gerade selber gesagt, unterbrich mich nicht immer ...

Moni *Du* unterbrichst *mich* immer.

Geeri Siehst du, schon wieder.

Moni Du auch schon wieder.

Pause

Geeri Der Fehler von dem Schaf..., von dem Rumpelstilzli war doch, dass der den Delfinen die Belohnung immer hingepfeffert hat, *bevor* sie die Leistung erbracht haben.

Moni Der Fehler war doch schon vorher. Als er sie angebrüllt hat.

Geeri Ja, weil die eben verstockt waren!

Moni Weil sie nicht wussten, dass es eine Belohnung gibt, fürs Gehorchen. Hätten sie es gewusst, wären sie motiviert gewesen zu machen, was er will.

Geeri Also hätte der Rumpelstilz ihnen mit seinem Megaphon mitteilen müssen, liebe Delfine, ihr bekommt dann auch ganz sicher eine schöne Belohnung, wenn ihr euch dann netterweise *motivieren* würdet, eure verdammte Pflicht zu erfüllen, wänn er wänd so guät sy, bitte schön, odr was? Die verstehen doch kein Italienisch, die Fische ...

Dietr (von hinten) Säugetiere ...

Geeri ... diese Flipper, odr? Odr wie hätte er denen das klarmachen sollen, mit der Belohnung, deiner Ansicht nach, hä?

Moni Warten, bis sie freiwillig springen. Meiner Ansicht nach.

Geeri Freiwillig, warum sollten sie das tun, *freiwillig*?

Moni Aus Freude vielleicht, erinnerst du dich ... *Freude*? Und dann hätte er sie motiviert, indem er ihnen sofort einen Fisch geschenkt hätte. Dann merken die Delfine: Nach dem Springen gibt's Fisch, und dann springen sie umso lieber.

Geeri schweigt

Moni Funktioniert übrigens auch beim Menschen.

Geeri denkt nach, intensiv

Geeri Ich hab jetzt grad keinen Fisch dabei.

Moni kichert gegen ihren Willen.

Geeri Du meinst also, ich muss warten, bis du freiwillig nicht mehr verstockt bist, und dich dann sofort belohnen?

Moni Wäre einen Versuch wert ...

Geeri Und wie lang muss ich da warten, so über den Daumen?

Moni (lächelnd) Schau mich an.

Geeri tut es

Geeri Hoppla, das ging aber schnell!

Moni Und jetzt: sofort Belohnung. Sonst funktioniert's nämlich nicht.

Geeri bremst entschlossen, fährt den VW-Käfer rechts ran und küsst Moni

Dietr (laut von hinten) Duhuuu, Muätti und Vatti, das funktioniert eben *nicht*, weil: Wenn ich ein Delfin bin, will ich von diesem Schafseckel dann wirklich keinen Kuss zur Belohnung.

Rimini, Marktplatz Meerseite, 20. Juli 1969, 16:10 Uhr

Geeri liebt Märkte. Echtes Leben. Keine falsche Schau. Die ehrlichen Bauern bringen ihr im Schweiße ihres Angesichtes gesätes, gepflegtes und geerntetes Gemüse und die Früchte ihrer Höfe hierher, in die Stadt, zu den hungrigen Konsumenten, was bezahlt wird, das ist es wert, die Regentschaft des ewig gültigen Gesetzes von Angebot und Nachfrage. Wirtschaft in einfachster Reinkultur. Markt-Wirtschaft.

Geeri erinnert sich an das freudige Kribbeln im Bauch, mit dem er, damals in Schweden, auf den Fischmarkt gegangen war und so manchen Leckerbissen erstanden hatte, frisch aus dem Meer, wie er es liebte zu feilschen, bis der Preis, die Qualität und sein mageres Einkommen als Austauschgeselle in Einklang standen. Ehrliche Waren zu ehrlichen Preisen für ehrlich Arbeitende.

Hier sind die riesigen Marmortafeln, auf denen die Fischer

der Adria ihren Fang auslegen, längst wieder blank geputzt. Klar, schließlich muss ja die Ware frisch weg, am frühen Morgen schon, direkt vom Kutter zur Hausfrau.

Auch die Gemüsebauern nebenan packen ihre nicht verkaufte Ware bereits zurück auf die Ladebrücken ihrer Dreirad-Lastwägelchen. Mit großen Reisigbesen befördern Straßenkehrer die Gemüseabfälle in die schmalen Abwasserrinnen zwischen den Ständen, wo sie von träger Strömung ins Meer gespült werden. Das Treibgut, denkt Geeri, wird aus dem Meer zurückkehren, auf diesen Markt, in Form von wohlgenährten Fischen, wird als solche die Gaumen der Menschen erfreuen, wird dann zu Exkrementen verdaut, von den Bauern auf die Felder gefahren und verteilt, um dort jenes Gemüse zu düngen, das dann wiederum hier, auf ebendiesem Markt, feilgeboten wird. Was für ein schöner, was für ein ehrlicher, uralter Kreislauf von Vergehen und Werden, den der Mensch hier dank seines Drangs zu Zivilisation und Fortschritt geschaffen hat.

Geeri wird überwältigt von einem tiefen Gefühl der Zugehörigkeit zu dieser großartigen Menschheit und all ihren Leistungen, die sie unermüdlich erbringt, ohne nach der Belohnung zu fragen, und gerade darum wird sie umso wertvoller sein: eine friedliche, gerechte Welt, wo jeder seinen Platz hat und gemeinsam mit allen alles gibt zum Wohle aller.

Geeri hakt sich beim Moni unter. Er will sie teilhaben lassen an seiner Erkenntnis über den Kreislauf von Abfällen, Exkrementen und künftigem Glück. Geeri holt Luft ...

«Was isch?», fragt Moni.

Doch die rechten Worte wollen ihm nicht so recht einfallen, also zuckt er mit den Schultern.

«Nüüt.»

Rimini, Marktplatz Stadtseite, 20. Juli 1969, 16:20 Uhr
Der Matti lutscht an seinen gebrannten Mandeln, das Vreni
wickelt sich glücklich Lakritzeschnüre um die Zunge, und der
Dietr, der unbedingt Magenbrot wollte ...

«aber, Dieti, das gibt es hier nicht, das gibt es nur zu Hause
in der Schweiz»

«aber etwas anderes als Magenbrot will ich nicht, dann lieber gar nichts»

«ja, gut, dann bekommst du eben nichts, wenn du es so
haben willst, bitte, aber der Vatti will dann kein Gejammer
hören vom Dietr»

«also gut, dann nehm ich halt eben so einen Apfel mit
rotem Zuckerguss ...»

... der Dietr also ist voll damit beschäftigt, *keine* Zuckerguss-
splitter an die Schwerkraft zu verlieren und zugleich *keine*
klebrigen Finger zu bekommen.

Geeri ist mit seiner Familie am anderen Ende des Platzes
angelangt. Nicht Lebensmittel werden hier angeboten, sondern Dinge des täglichen Bedarfs. Damenblusen, Herrenhem-
den, Sandalen, Nylonstrümpfe, Moni schaut sich das Angebot
kurz an, viel günstiger als in der Schweiz diese Preise hier,
doch dann erinnert sie sich mit Grausen an all ihre verlore-
nen Kämpfe gegen unvermeidliche Fallmaschen und geht
weiter, Pfannen, Töpfe, Bürsten und Besen, Hüte, Espressoko-
cher, Teigwarenschneider und ... Spielzeug, Spielzeug, Spielzeug.

Bei einem mit schrillbuntem Spielzeug überladenen Stand
mit einer nicht weniger schrillbunt geschminkten, nicht
mehr ganz jungen Signora spendiert Geeri jedem seiner Lieben ein Los. Das Vreni gewinnt ihren Kinderkochherd *nicht*,
Matti gewinnt seinen grellrosa Plüschelefanten *nicht*, Dietr

gewinnt sein Mondlandefährenmodell *nicht*. Moni gewinnt: ein Kartenspiel, Schwarzer Peter.

Rimini, Marktplatz Meerseite, 20. Juli 1969, 16:45 Uhr
Geeri steht mit großen Augen in der kleinen Menschenmenge vor dem Marktschreier und staunt hinauf, zum hölzernen Podest und dem kahlköpfigen Mann, dessen bullig-muskulöser Körper in einem dezent gestreiften, viel zu engen Anzug steckt. Er preist eine maximal geniale Erfindung an, die zu machen Geeri sich schon vor Jahren vorgenommen hat, die er aber schließlich zu den bereits abgehakten unmöglichen Erfindungen hat legen müssen.

Und jetzt das! Ein *anderer* hat Geeris ureigene Idee offensichtlich in die Tat umgesetzt: Der unzerreißbare Nylonstrumpf, «Einmal kaufen, ein Leben lang tragen», er existiert! Geeris Idee ist Realität!

Millionen von frustrierten Ehemännern, die ihr sauer verdientes Geld in Nylonstrümpfe ihrer Frauen investieren, nein, aus dem Fenster werfen, weil die Dinger so empfindlich sind, dass sie, kaum aus der Verpackung genommen und übers Bein gerollt, hässliche Laufmaschen Richtung Schtögelischuä schicken und so die verheißene damenhafte Eleganz in peinliche Schlampenhaftigkeit verwandeln, Millionen frustrierter Nylonstrumpffinanzierer und deren Nylonstrumpfträgerinnen können aufatmen. Die alte Schuhschachtel in Geeris Hobbywerkstatt, randvoll mit verschlissenen Moni-Strümpfen, Behelfskeilriemen, die ihres Noteinsatzes harren, obwohl beim VW-Käfer bis jetzt noch nie ein Keilriemen gerissen ist, weil Geeris VW-Keilriemen halten, was sie versprechen, im Gegensatz zu Monis Nylonstrümpfen, diese alte Schachtel hat ausgedient!

Denn jetzt *gibt* es ihn, den unzerreißbaren, ewig ganz bleibenden Nylonstrumpf!

Geeri kann es nicht glauben, obwohl er ihn sieht, klar, deutlich und direkt vor seinen eigenen Augen. Der stiernackige Verkäufer demonstriert die Unverwüstlichkeit seines Nylonstrumpfs mit gnadenloser Brutalität. Er rupft ein original verpacktes Exemplar aus der Zellophanhülle und reißt derart daran herum, dass sein Gesicht rot anläuft vor Anstrengung, er wirft den Strumpf zu Boden und trampelt darauf herum, er stellt seinen schweren Schuh mittig darauf, packt die links und rechts unter der Sohle hervorlugenden Strumpfenden mit je einer Pranke und zerrt sie mit aller Gewalt nach oben, dass man glaubt, er will seine eigene Körpermasse mit dem Strumpf zum Schweben bringen, er fährt mit der Hand in den Strumpf bis zum Ellenbogen, dann auch mit der anderen, er spreizt seine Arme auseinander, dass der Strumpf sich dehnt wie eine Bazooka-Kaugummiblase, er rupft sich den Strumpf übers Gesicht, dass er aussieht wie die Posträuber in «Die Gentlemen bitten zur Kasse», steckt sich eine Zigarette in seinen überstrumpften Mund, zündet sie an, bläst den heißen Rauch durch die Maschen, dreht die Zigarette um, steckt sie mit der Glut *voran* abermals in seine Strumpf-Mundhöhle, Rauch quillt aus dem Filterstück, er nimmt die Zigarette aus dem Mund, hält sie hoch in die Luft und deutet mit der freien Hand auf seinen Mund: kein Brandloch im zarten Gewebe, nicht die kleinste kaputte Stelle! Er reißt sich den Strumpf vom Kopf, Applaus brandet auf, Verbeugung. Die ganze Zeit hat der Bullenmann, unterbrochen nur durch die beiden Sekunden-Rauchpäuseli, geredet. Geeri hat nichts verstanden, außer unzähligen «guardate qui».

Doch die eigentliche Sensation kommt erst: «Attenzioooo-ne!»

Der Stiernacken-Kerl präsentiert den Strumpf am ausgestreckten Arm seiner Zuschauerschaft. Sacht weht das Wunderding im Winde, in ganzer vollkommen intakter Länge. Der Mann zaubert eine Besteckgabel aus der Brusttasche seines Jacketts, reckt sie ebenfalls hoch. Er dreht sich nach links, er dreht sich nach rechts. Plötzlich rammt er die Gabelzinken durch das Nylongewebe. Ein Stöhnen geht durch die Menge. Er lässt die Gabel los, sie hängt am oberen Ende des Strumpfes, deutlich sieht man die scharfen Zinken, das durchstochene Nylongewebe. Der Bulle packt die Gabel mit festem Griff und reißt jetzt langsam, aber unerbittlich die Zinken durch den Strumpf, vom Bund bis hinunter zur Ferse ... der Strumpf bleibt ganz! Noch einmal: Gabel oben durch den Strumpf, ratsch, runterreißen, und noch ein drittes Mal, Stich, Riss, ratsch, raus.

Geeri kann nicht mehr an sich halten, er stimmt in den begeisterten Applaus der anderen Augenzeugen dieses Wunders der Nylonstrumpfwirkkunst mit ein.

Nun setzt der Mann im Anzug seiner Beweisführung den Hut auf: Er rollt den Strumpf über ein Schaufensterpuppenbein und reicht dieses zum Publikum hinab, alle können sich davon überzeugen: Der Strumpf hat die vor aller Augen veranstaltete Tortur ohne die geringste Blessur überstanden.

Geeri drängelt sich nach vorn, er muss das von nahem sehen, muss es selber überprüfen. Hinter sich hört er noch die Stimme vom Moni: «Geeri, das isch doch en Trick!», aber er hat gesehen, was er gesehen hat, und will prüfen, was zu prüfen ist.

Geeri bekommt das Schaufensterpuppenbein zu fassen,

dreht und wendet es, fährt mit den Fingerspitzen übers Nylon, er weiß, wie man prüft, als Feinmechaniker wird man zum Meister der Hundertstel-Millimeter-Prüfung. Er hält das Plastikbein wie ein Fernrohr vor ein Auge, kneift das andere zu und visiert waagrecht über die wellige Nylonlandschaft des Plastikbeins. Nichts. Kein Makel und kein Risschen und kein gar nichts. Jedes Nylonfadenhäkchen greift präzise und unversehrt ins nächste Nylonfadenhäkchen. Geeri dreht das Bein langsam um dessen Längsachse, in beide Richtungen, und entdeckt rundherum ... nichts.

Es besteht überhaupt gar kein Zweifel, Geeri hält in seinen Händen die endgültige, epochale Meisterleistung der Nylon-strumpf-Herstellungs-Ingenieurs-Kunst. Phänomenal!

«Signore?», fragt der Bullenmann und blickt Geeri in die Augen. Der reicht das Schaufensterpuppenbein nach oben. «Sär gut, eh? Va bene?», fragt der Verkäufer. «Wie viele du wolle, fünfe? Sechse? Sehne? Dutzende gebe Spessial-Preis, swei Dut-zende gebe Rabatte, venticinque per cento! Allora?»

Moment, schießt es Geeri durch den Kopf, Moooo-ment, er ist ja nicht blöd!

Warum soll er vierundzwanzig Paar Nylonstrümpfe kau-fen, wenn die nie kaputtgehen? Dann braucht er doch nur, Moment, er rechnet, also, nehmen wir an, das Moni trägt *ein* Paar Strümpfe *zwei* Tage lang, dann braucht sie im Monat im Schnitt fünfzehn Paar. Aber sie wäscht ja jede Woche, also viermal im Monat, fünfzehn dividiert durch vier sind ... äh, gut, sagen wir, als Notreserve *ein* Strumpfpaar zusätzlich, man weiß ja nie, sagen wir also vorsorglich sechzehn Paar per Monat durch vier Waschintervalle ... also nach Adam Riese kommt das Moni ihr ganzes restliches Leben lang bestens aus mit: vier Paar Strümpfen.

«Guante kosta kuatro?», fragt Geeri und hält vier Finger hoch.

«Solo quattro?», fragt der Verkäufer ungläubig. «Ma perché? Viere gebe keine Rabatte, capisci? *Keine* Rabatte!»

«Kuatro», beharrt Geeri und hält weiter die vier Finger hoch.

«Ma! Du nehme eine Dutzende, molto migliore per voi, eh!»

«Tre», sagt Geeri und macht die Schwurhand.

«Dio mio, perché ora solo tre?» Der Verkäufer ist alarmiert.

«Due.» Geeri zieht einen weiteren Finger ein.

«Allora, allora, stopp, va bene, rilassarsi, allora: quattro! Bene? Vier, du nehme viere, eh?», der Nylonstrumpfhosenmann zückt einen Notizblock, «das magde ...», er schreibt eine Summe auf und hält sie Geeri vors Gesicht. Geeri erschrickt. Das ist fürstlich, das ist happig, das ist ...

Moment, Mooo-ment!

Ruhig Blut, Geeri, sagt sich Geeri, denke nach, sachlich und nüchtern wie jeder gute Geschäftsmann, der du ja schließlich bist. Schon nach zwanzigmal Nichtzerreißen haben sich die Strümpfe amortisiert. Und dann ist jedes weitere Nichtzerreißen bereits Gewinn. Ein Leben lang ... gespartes Geld. Die Strümpfe müssen seine werden!

Geeri nickt. «Einverstanden, also: va bene!»

Der Verkäufer lächelt Geeri anerkennend zu und spediert routiniert vier Strumpfpackungen in ein Plastiksäckli.

Moment. Moooo-ment, denkt Geeri.

Wenn diese Nylonstrümpfe wirklich unverwüstlich sind, dann ist eine solche Erfindung doch ein Meilenstein im Nylonstrumpffortschritt. Dann müsste die Botschaft dieses

Strumpfes doch wie ein Lauffeuer um die Welt gehen, und das Heidi Abel müsste in den Abendnachrichten über ihn berichten. Warum, fragt sich Geeri, warum passiert das nicht? Warum hat er noch nie etwas gelesen von diesem Strumpf, im *Aargauer Tagblatt* oder wenigstens in der *Neuen Zürcher Zeitung*? Und warum muss stattdessen der Stiernackige ihn hier, auf dem Riminier Marktplatz, in verkäuferischer Schwerstarbeit wie ein billiger Jakob an die Kunden bringen? Statt dass diese Strumpfsensation in der vordersten Reihe der Wirkwarenabteilung im Globus Zürich prangt oder wenigstens im Jelmoli?

Warum?

Geeri fällt es wie Schuppen von den Augen. Er erkennt die traurige Antwort: Weil die Welt nicht ehrlich und gerecht ist, weil gelogen und betrogen wird, die Wahrheit verdreht und verfälscht. Klar! Es ist wie mit der Diane Creme! Der Tefloneffekt macht doch auf Dauer die ganze Autowaschindustrie zur Sau! Also wird die Existenz des Tefloneffekts von den dunklen Hintermännern des Welt-Autowasch-Verbundes einfach boykottiert und von solchen Querschlägern wie dem Krummenacher buchstäblich in den Dreck gezogen. Und nun läuft dasselbe bösartige Spiel mit dem unzerstörbaren Nylonstrumpf. Die betrügerischen Fallmaschen-Schläuche-Fabrikanten müssen doch zittern vor dieser technisch haushoch überlegenen Konkurrenz! Drum sprechen die sich hinter dem Rücken von uns Konsumenten mit dem Globus ab, der ja ebenfalls mit nichtsnutzigen Notkeilriemen viel mehr Geld macht als mit dem ehrlichen und dauerhaften Spitzenprodukt dieses wackeren riminianischen Nylonstrumpf-Generalvertreters. Der sicher seine ganze Garage voll Strumpfpackungen hat.

Als Geld und Nylonstrümpfe die Besitzer wechseln, geben sich die beiden Männer mit festem Druck die Hand, und wenn Geeri eine Büchse Diane Creme dabeigehabt hätte, er hätte sie dem Stiernackenmann glatt geschenkt.

Rimini, Hotel Bellaria, 20. Juli 1969, 18:00 Uhr
Geeris Familie ist wieder im Hotel eingetroffen und freut sich auf den Strand. Moni deponiert ihre neuen unzerreißbaren Nylonstrümpfe in Zimmer 301.

Rimini, Hotel Bellaria, 20. Juli 1969, 18:18 Uhr
Geeris Familie macht sich, angetan mit Badesachen, am Schwarzweißfernseher auf dem Metalltischchen im Hotelgärtchen vorbei, auf den Weg zum letschte Schwumm des Tages.

Rimini, Hotel Bellaria, 20. Juli 1969, 20:00 Uhr
Der Geeri sitzt mit dem neu bestrumpften Moni, dem vorfreudigen Vreni, dem krebsroten Dietr und dem schon ziemlich müden Matti am Familienstammtisch im Speiseraum vom Hotel Bellaria und nimmt das Abendessen ein. Es gibt:

> vor Gang: Tagliatelle con Sahne & Sauce
> Gang: Schnizel di Rind con Salbeibutter & Gemuese
> nach Gang: Cassata di casa (Speise-Eis)

Die Tagliatelle werden von allen fünfen eingenommen, die Kinder vertilgen jedes eine doppelte Portion.

Das Rinderschnitzel wird vom Vreni verschlungen, vom Dietr verweigert (wegen der gruusigen Salbeibutter), vom Matti und vom Moni je zur Hälfte verspeist.

Das Gemüse wird von Moni restlos vertilgt, vom Vreni zur Hälfte (weil schon satt von den Tagliatelle), vom Dietr teilweise (den Blumenkohl und die Karotten nimmt er, die Kartoffeln und Erbsen nicht), vom Matti jedoch wird es nicht mal angerührt (weil am Tisch eingeschlafen).

Die Cassata wird von Moni probiert, für gut befunden und dann doch stehengelassen, von Vreni mit Gewalt hinuntergewürgt (ganz, ganz prima, aber leider kein Platz mehr im Bauch), vom geweckten und sofort wieder eingedösten Matti ignoriert und vom Dietr für ungenießbar eingestuft (wegen der gruusigen kandierten Früchte).

Nach Adam Riese besteht Geeris Abendessen also aus:

einem Teller Tagliatelle, drei Rinderschnitzeln, dreieinviertel Portionen Gemüse mit leicht geschmälertem Blumenkohl- und Karottenanteil sowie aus knapp vier Portionen Cassata di casa.

Geeri bestellt noch einen Espresso und einen Underberg für den Magen, Moni will keinen Underberg (pfui Tüüfel) und auch keinen Espresso, weil sie sonst nicht schlafen kann, nachher. Geeri würde gern fragen, was genau das Moni denn meint mit «nachher», und sie dabei zweideutig angrinsen, traut sich aber nicht.

Das Moni geht mit den Kindern nach oben, Zähne putzen, der Geeri wartet auf den Underberg.

Rimini, 20. Juli 1969, 21:00 Uhr
Geeri führt seine Familie an der Strandpromenade entlang. Man sieht den Strand nicht, der liegt verdeckt hinter den Hotels, die am Strand liegen. Moni fragt sich vernehmlich, ob eine Strandpromenade eigentlich so heißen dürfe, wenn man beim Promenieren den Strand gar nicht sehen könne. Geeri

bemerkt, man sehe ja sonst allerhand auf dieser Promenade und den Strand würde man ja jeden Tag den ganzen Tag lang sehen, nämlich wenn man am Strand liege. Moni meint, sie meine ja nur. Wenn es Strandpromenade heiße, dürfe man doch erwarten, dass man beim Promenieren den Strand sehen könne. Geeri verkündet, ihm sei das egal, man könne doch jederzeit am Strand promenieren, auch wenn da keine Promenade sei, sondern nur Strand.

Was denn «promenieren» heiße, fragt der Matti, und der Dietr behauptet, das sei spazieren gehen, aber langsam, und dabei wichtig schauen und die anderen Prominenten überwachen. Es heißt gar nicht «Prominenten», sagt das Vreni, und der Dietr will wissen, wie denn dann, worauf das Vreni zugeben muss, dass sie das auch nicht wisse, aber sicher nicht «Prominenten», weil das seien Primaballerinas oder das Heidi Abel, das sei auch eine «Prominenten».

Der Dietr will vom Geeri wissen, ob das Vreni recht habe, doch sicher nicht, odr, weil das seien doch die Prominenten auf der Promenade, odr? Geeri meint, beide hätten recht: Wenn man auf der Promenade promeniere, sei man nicht unbedingt ein Prominenter, aber natürlich würden auch Prominente öfters auf Promenaden promenieren. Jetzt will der Dietr wissen, wie denn die, die auf der Promenade promenieren, heißen würden. Geeri denkt kurz nach und sagt: «Moor.»

Rimini, 20. Juli 1969, 21:15 Uhr
Der Geeri fragt das Moni, ob sie auch dafür sei, dass die Mooren das Promenieren auf der Strandpromenade in einen Spaziergang am Strand umwandeln. Moni lächelt und nickt. Also biegt Geeri ab in eine schmale Gasse, die zwischen zwei Strandhotels zum Meer führt. Leider treffen sie, kurz bevor

der Strand beginnt, auf eine neongrell beleuchtete Limonadenbude. In fünf Sekunden geht es los, denkt Geeri und zählt:
fünf, vier, drei, zwei, eins …

«Coca-Cooola, bitte, bitte, bitte, liäbe Vatti, kaufst du uns
ein Cocci, bitteeeee.» Vreni packt Geeris Hände und vollführt
einen Hüpftanz. «Coooci, coooci, coooci», fallen der Dietr und
der Matti ein, Geeri ist von hüpfenden Kindern umringt, kann
nicht weiterpromenieren, hat keine Chance. «Ja, gut! Aber das
ist dann eine ganz speziell große Ausnahme, weil das dann
öppe gar nicht gesund ist, das Cocci-Züüg, odr, nicht dass mir
das dann einreißt, gäll?»

Rimini, 20. Juli 1969, 21:30 Uhr
Geeri und seine Familie sitzen im noch warmen Sand, die
Limonadenbude im Rücken, und blicken über das fast schwarze
Meer. Die Kinder nuckeln endlos langsam an den aus den
Cola-Fläschchen ragenden Plastikröhrli. Jeder Tropfen wird
einzeln in den Mund gesaugt, sorgfältig mit der Zunge zu
jeder einzelnen Geschmacksknospe befördert, und erst wenn
der allerletzte Hauch des klebrig-süßen Aromas sich in Spu-
cke verflüchtigt hat, wird geschluckt und der nächste Tropfen
in Angriff genommen. Hin und wieder vergleichen das Vreni,
der Matti und der Dietr die Pegelstände in ihren Fläschchen.
Wer noch am meisten hat, liegt vorn. Das Ziel in diesem Wett-
rennen der Langsamtrinker ist es, auszurufen: «Ätschibätschi,
ich hab noch Cocci und ihr nicht», um dann, unter den neid-
vollen Blicken der colalosen Geschwister, das eigene Fläschchen mit lautem Röhrligeschlürfe vollends zu leeren.

Unter Zuhilfenahme des selbstleuchtenden Sekundenzei-
gers seiner Juvena stoppt Geeri die Zeitspanne zwischen zwei
Schluckvorgängen, errechnet im Kopf einen Durchschnitts-

wert und multipliziert diesen mit der geschätzten Anzahl Tropfen in den Fläschchen. Er erkennt: Wenn das so weitergeht, verpasst er die Mondlandung.

Geeri steht auf: So, wir müssen! Er klopft sich den Sand von der Hose, reicht Moni die Hand und zieht sie zu sich hinauf. Geeri ist immer wieder verblüfft, wie leicht seine Frau ist.

Wie ... nichts.

Rimini, 20. Juli 1969, 21:50 Uhr

Geeri kämpft sich durch den Sand. Seine Schuhe sinken bei jedem Schritt tief ein, es strengt ihn an, er findet Gehen im Sand unsinnig und versteht nicht, dass in den Italienfilmen im Kino permanent am Strand spaziert wird, bevor es zum Küssen kommt. Vermutlich, weil die Strandpromenadierer ... Promenanten ... Promanent ... egal, jedenfalls glaubt Geeri, dass die sich am Filmstrand nur küssen, um sich von dieser maximal ineffizienten Sandwaterei zu erholen, bei der das Anstrengungs-Distanz-Verhältnis unter jeder Sau ist, im Gegensatz zum Küssen, mit seinem unschlagbar positiven Anstrengungs-Nähe-Verhältnis.

Für die Probe aufs Exempel fehlt Geeri das ihm potenziell zur Verfügung stehende Küssobjekt: Moni schwebt schon hundert Meter voraus elegant über den verdammten Strand, der Matti und der Dietr rennen barfuß an der Wasserkante lang Richtung Hotel Bellaria, das Vreni, nur leicht abgeschlagen, hinter ihnen her.

Geeri bleibt erschöpft stehen, er muss zu Atem kommen. Vielleicht küssen die sich ja gar nicht im Film, sondern machen Mund-zu-Mund-Beatmung. Er entledigt sich seiner Schuhe und Socken, auf jeweils einem Bein hüpfend, um sein Gleichgewicht kämpfend, pflügt barfuß seine Spuren

im Sand Richtung Meer und stapft nun auf härterem, was-
sergetränktem Untergrund etwas zügiger seiner Familie hinterher.

Sie könne es nicht glauben, sagt das Moni, als der Geeri sie
endlich eingeholt hat, es sei wirklich unfassbar, un-be-greif-
lich!

In Geeris Kopf wirbelt es: Was ist denn jetzt wieder, was hat
sie, was hat er wieder falsch ...

«Da obe, Geeri, daaaa obe.» Monis Stimme ist vor Aufregung ganz fiepsig, sie hebt den Arm gen Himmel und deutet
auf die Sichel des zunehmenden Mondes. «Da obe sind s' jetzt,
dä Amschtrong, dä Aldrin und dä Kolins, und flüüged eifach
um en ume!»

Ach *das* meint sie, die Mondlandung heute Nacht! Geeri
atmet auf. Er legt seinen Arm um Monis Hüfte, den Kopf in
den Nacken und starrt, in inniger Gemeinschaft mit ihr, zum
Mond. Wie auf ein stilles Zeichen hin wenden sich die Gesich-
ter des Paares synchron einander zu. Geeri blickt seiner Frau
tief in die Augen. «De Mänsch», flüstert er, «de Mänsch chann
alles, wänn er's würkli will ... alles!» Seine Lippen nähern
sich langsam den ihrigen, zögern die erlösende Berührung
noch einen lustvoll prickelnden Moment hinaus, «Wahnsinn»,
haucht Moni, dann wendet sie ihr Gesicht von Geeri ab, hoch
zum Nachthimmel und schickt ein von silbrigem Mondlicht
beschienenes Grace-Kelly-Lächeln de luxe hinauf zu den
Astronauten.

Apollo 11, Landefähre Eagle, 20. Juli 1969, 20:17:58 UTC (Welt-
zeit)
«Houston, Tranquility Base here. The Eagle has landed!»,
spricht Neil Armstrong in sein Mikrophon und weiß, zwei-

hunderttausend nautische Meilen von seinem Raumschiff entfernt, auf Mutter Erde, im Kontrollraum der NASA, wird gleich die Hölle losbrechen: Die erste bemannte Mondlandung der Geschichte ist geglückt.

NASA, Houston, Texas, 20. Juli 1969, 20:18:00 UTC (Weltzeit)

Im Kontrollraum bricht die Hölle los: Die erste bemannte Mondlandung der Geschichte ist geglückt!

Der Flugleiterassistent senkt sein Haupt und dankt Gott.

Wernher von Braun dankt der Presse.

In von Brauns Büro lässt sich die Putzfrau Urania Greenstein vorschriftswidrig in dessen braunen Ledersessel sinken und steckt sich eine Zigarette an.

In der Personalkantine verbrennt ein Hamburger.

Rimini, 20. Juli 1969, 22:18 Uhr

Geeri steht im Garten des Hotels Bellaria in einem Halbkreis aus Touristen, Einheimischen und Hotelangestellten, die sich um den von Geeri heute nach seinem Mittagsschläfchen gemeinsam mit Herrn Falzetta auf ein Metalltischchen gewuchteten Schwarzweißfernseher versammelt haben. Applaus flackert auf, verebbt schnell wieder. Nur der Deutsche neben Geeri, jener Hotelgast, der ihn bei Herrn Falzetta denunziert hat wegen seines angeblichen Schnarchens, patscht noch immer in seine siegelringbewehrten Pfoten und sondert seltsame Worte ab.

«Wunabah, wun-a-bah, echt knorke, nu hamset jeschafft, nu isser uffm Mond, der Ami, und dem Russen jeht der Ahsch uff Grun'eis, den Känedi hamse erschossen, 63, bloß jenutzt hat's nüscht, der Ami is trotzdem uffm Mond, da siehste mah, lang lebe Amerika! Lang lebe Känedi! Weita so, Jungs, heute nehm wa 'n Mond, mohjen Ostbälin!»

Schade, denkt Geeri, schade, dass er diesen Moment des Triumphes nicht mit seiner Familie teilen kann. Moni ist, gleich nachdem sie vom Strandspaziergang ins Hotel zurückgekommen sind, mit den Kindern nach oben zu den Zimmern geeilt, dabei hat Geeri noch gesagt, Achtung, bis ihr wieder unten seid, habt ihr dann die Mondlandung verpasst, hä, aber Moni winkte nur verächtlich ab. Als ob es im Fernsehen so eine erste bemannte Mondlandung jede Woche gäbe, wie Daktari oder Flipper. Sie verkündete, die Kinder gehörten ins Bett, besonders der Matti, und überhaupt, so spät werde sicher nicht mehr fernsehgeschaut, ganz gleich, was komme.

Das sagte dieselbe Frau, die vor zehn Minuten noch ihr reinstes Grace-Kelly-Lächeln zu den Astronauten geschickt hat. Der Geeri versteht die Moni manchmal einfach nicht.

Rimini, 20. Juli 1969, 22:45 Uhr
Der Geeri fragt sich, wo denn das Moni so lang bleibt.

Er hat sich, wie die meisten anderen auch, im Speisesaal einen Stuhl organisiert und in den Garten getragen. Bevor er sich aber setzt, hat er noch abgewartet, bis der Deutsche und seine wasserstoffsuperoxydbehandelte Bikini-Schäse endlich abhockten, erst dann hat er seinen Stuhl am genau entgegengesetzten Ende der Zuschauergruppe platziert und sich zufrieden darauf niedergelassen.

Auf dem Mond tut sich nicht viel im Moment, darum zeigen sie im italienischen Fernsehen nur Experten in Expertenkulissen, die mit von Experten gebauten Plastikmodellen der Saturn-5-Rakete, des Mutterschiffs, der Landefähre und mit einem Mondglobus herumhantieren, mit Zeigestöcken auf

Plakate mit eingezeichneten Flugbahnen zeigen und dabei italienisch reden. Kurz ist auch der maximal flotte und tüchtige Erfinder der Mondrakete, der Herr Doktor von Braun zu sehen, aber leider nicht zu verstehen, er redet nämlich amerikanisch, obwohl er eigentlich Deutsch kann. Wie schön wäre es jetzt, wenn da die Heidi Abel dabei wäre, die Experten befragen würde und dann dem Geeri alles erklären. Aber eben, die gibt es nur im Schweizer Fernsehen, und das können diese Italiener nicht empfangen. Leider.

Herr Falzetta entdeckt den Geeri, steuert mit einem breiten Lächeln auf ihn zu. «Buona sera, Geeri, come va?» Er bedankt sich bei Geeri für seine Hilfe heute Mittag und erkundigt sich, wo denn die Signora sei, aha, das sei molto bene, dass sie gleich runterkomme, sie sei eine Zierde seines Hotels, ob der Geeri denn auch alles verstehe, was die Dottori im televisore erklären.

Als Geeri versichert, ja, ja, er würde genug verstehen, es ginge schon, erkennt Herr Falzetta mit dem Feingefühl des erfahrenen Hoteliers, dass dies wohl eine kleine Notlüge zur Gesichtswahrung seines Schweizer Gastes ist, und fragt den Geeri, ob er denn auch morgen früh um sieben mitverfolgen werde, wie der Signore Armestrong und der Signore Aldrin ausse comme, ausse die Rakete und auf die Monde spassiere gehe?

Klar, verspricht Geeri, klar, das dürfe er auf keinen Fall verpassen, das sei zwar nur ein kleiner Schritt für einen einzelnen Menschen, aber ein großer Sprung für die Menschheit, odr?

Herr Falzetta nickt ernst, deutet mit dem Zeigefinger auf Geeri und sagt: «Bravo, sähr kluge Worte, du sagen! Du bist eine Poete, Signore Geeri, eine Poete.» Herr Falzetta lächelt Geeri zu, blinzelt mit einem Auge und zieht sich zurück.

Geeri ist stolz auf das Kompliment seines italienischen Freundes. Tatsächlich hat er schon als Bub eine kreative Ader in sich verspürt. Wie gerne wäre er Musiker geworden, aber dann hat es ihn so sehr gegruust, in der ersten Probiermusikstunde, die sich Geeris Vater vom Butter auf dem Brot hat absparen müssen: Der Klarinettenlehrer hat nämlich die ganze Zeit Chääs gegessen und dem kleinen Geereli zwischendurch vorgemacht, wie man das Instrument einspeichelt, dann auf die Unterlippe legt und mit dem Luftstrom das Holzplättchen zum Schwingen bringt. Der Lehrer hat dem Geereli die Klarinette gereicht und ihn aufgefordert, es ihm nachzumachen, und der Geereli hat die nass glänzenden, weißlich-gelben Bröckchen aus gespeichelter Chäässchmiere zwischen dem Plättchen und dem Mundstück kleben sehen, und er konnte und konnte die Klarinette nicht in seinen Mund nehmen, obwohl ihm die Tränen in die Augen gestiegen sind, vor lauter Sich-überwinden-Wollen, es ging einfach nicht.

Der Klarinettenlehrer hat dem Geereli eine hinter die Löffel gegeben und gesagt, also so einen verstockten Toorebuäb habe er im Leben noch nicht erlebt, und ihn aus der Tür geschubst. Dem Vatter konnte der Geereli nicht erklären, warum es doch nichts gewesen ist mit der heißbegehrten Klarinette, und hat lieber auch von ihm noch eine hinter die Löffel gefangen, als dass er sich getraut hätte, über so einen großen, im ganzen Dorf geachteten Künstler, wie der Klarinettenlehrer einer war, so gruusige Sachen herumzuerzählen, die sowieso keiner glaubt und von so einem verstockten Toorebuäb wie dem Geereli schon hundertmal nicht.

Später hat er davon geträumt, ein Schreiber zu werden wie der Jeremias Gotthelf oder noch lieber wie der Gottfried Keller. Hin und wieder hat er heimlich das eine oder andere

Gschichtli zu Papier gebracht, aber nie jemandem gezeigt. Nur ein einziges Mal, in Schweden, der Katja, weil die ja kein Deutsch konnte und darum keine Gefahr bestand, von ihr ausgelacht zu werden.

Und jetzt? Kommt er einfach nicht mehr dazu, zum Schreiben. Obwohl Geschichten gäbe es ja genug, als Versicherungsagent erlebst du Schicksale, sag ich dir, aber aus dem richtigen Leben, Tod und Krankheit und Unfall und Bankrott und Streit und Elend, da bröckelt dann die Fassade, da werden die Menschen dann echt, nichts Menschliches ist dem Geeri mehr fremd ...

aber jetzt sind ja Ferien. Also, weg damit!

Rimini, 20. Juli 1969, 23:15 Uhr
Die Stühle um den Fernseher verwaisen allmählich, die Menschen verlieren das Interesse an den immer das Gleiche erklärenden Experten, sie überlassen die Astronauten da oben sich selbst und wenden sich den Notwendigkeiten und Vergnügungen des irdischen Lebens zu.

Moni erscheint in der Terrassentür, Geeri springt auf, schnappt sich einen der leeren Stühle, stellt ihn neben den seinen und offeriert seiner Frau mit eleganter Geste den Sitzplatz.

Und?, fragt sie und setzt sich. Geeri erzählt, dass alles gutgegangen wäre, die Astronauten seien sicher gelandet.

Und?, fragt Moni abermals mit hochgezogenen Augenbrauen. Was und?, fragt Geeri.

Ja, und jetzt?, fragt Moni und will wissen, ob das *alles* gewesen sei in der ganzen Stunde, ja, sagt Geeri und fragt zurück, was denn das Moni gemacht habe, eine ganze Stunde lang.

Sie zieht die Augenbrauen noch höher, sie habe die Kinder

ins Bett gebracht, antwortet sie, eine ganze Stunde lang?, will Geeri wissen.

Nein, nur eine *halbe* Stunde lang, dann habe sie noch eine halbe Stunde lang gewartet, bis die Kinder schliefen.

Geeri zeigt sich verwundert, dass das Moni eine halbe Stunde lang nur gewartet habe und sonst nichts, und sie sagt, nein, nicht nichts, sie habe aus dem Fenster geschaut und ...

und?, fragt Geeri, ... und da sei der Mond am Himmel gewesen und ...

und?, fragt Geeri, ... und den habe sie angeschaut.

Angeschaut?, fragt Geeri, ... ja, angeschaut und an die Männer gedacht da oben und wie es für die jetzt wohl sei, so weit weg und ...

und?, fragt Geeri, ... und, sagt das Moni, dann habe sie sich vorgestellt, dass der Armschtrong vielleicht jetzt herunterschaue und Italien sehe und die Adria und Rimini und dass der Armschtrong und sie sich jetzt vielleicht gleichzeitig anschauen und keiner von beiden weiß es vom anderen.

Das hast du dir gedacht?, fragt Geeri, und, als Moni nicht antwortet: Eine ganze halbe Stunde lang hast du gedacht, dass der Armschtrong und du ...

Und Moni sagt: Ja.

Jetzt spürt Geeri eine Leere in sich, und in dieser Leere findet er auch keine weiteren Fragen mehr.

Rimini, 20. Juli 1969, 23:30 Uhr
Nach einer Viertelstunde, während der das Moni und der Geeri wortlos in die Mattscheibe des Schwarzweißfernsehers vom Hotel Bellaria gestarrt haben, verkündet der Geeri, er gehe jetzt schlafen, er müsse nämlich früh raus morgen, schon um halb sechs, weil um sieben würde der erste Mensch

den Mond betreten, und da wolle er unbedingt dabei sein. Warum er denn um halb sechs rausmüsse, damit er um sieben fernsehen könne, will das Moni wissen, und Geeri sagt, dass er auf Nummer sicher gehen wolle, falls etwas dazwischenkomme. Moni fragt, was denn morgens um halb sechs dazwischenkommen könne. Geeri erklärt dem Moni, das könne er doch nicht wissen, es sei ja noch nicht so weit, was er aber wisse: Wenn etwas passiere und ein Versicherungsfall daraus würde, würden die Betroffenen *immer* sagen, sie hätten ja nicht ahnen können, dass so etwas passieren könne, aber es sei dann eben, *beim Eid*, doch passiert, auch ohne dass einer eine Ahnung gehabt habe, und es stimme ja sogar, man könne ja wirklich nicht ahnen, was passieren könne, und darum sei Monis Frage, *was* passieren könne, maximal überflüssig, es reiche zu wissen, *dass* etwas passieren könne. Und zwar *jederzeit*, auch am Morge am sächsi driisig!

Also dann, sagt das Moni, gehen wir.

Sie steht auf und macht ein paar Schritte Richtung Hoteleingang, bevor sie merkt, dass ihr Mann ihr nicht folgt. Sie dreht sich um und atmet erschrocken ein. Geeri hängt wie erschlagen, als hätte ihm hinter ihrem Rücken einer mit einem Holzscheit eins über den Schädel gezogen, im Stuhl, zusammengesunken, die Arme hängen schlaff an den Seiten herab, offener Mund, geweitete Augen, starrer Blick.

Herzschlag, denkt Moni.

Oder Hirnschlag.

Oder beides.

Gerade hat er doch noch davon geredet, dass jederzeit etwas passieren könne, und jetzt ... Monis Puls rast, Kribbeln im Rücken, flacher Atem. «Was isch?», ruft sie und im Hinlaufen: «Geeri, Spatz, was häsch?» Jetzt steht sie über ihm, presst ihre

Handflächen auf seine Wangen, rüttelt an seinem Gesicht: «Geeri! Säg doch öppis!» Keine Reaktion. Sie beugt sich herab, bringt sich in seine Augenhöhe, beobachtet seine Pupillen.

Geeri blinzelt. «Du häsch ...»

«Was, Geeri, säg, *was* han i?»

Geeri schluckt, und endlich kommt es ihm über die Lippen: «E Fallmasche.»

Rimini, 21. Juli 1969, 00:04 Uhr

Der Geeri liegt in Zimmer 301 neben seinem Moni. Die Fallmasche lässt ihm keine Ruhe. Wie hat seine Moni das nur fertiggebracht, in einen unzerreißbaren Nylonstrumpf eine Fallmasche hineinzubekommen?

Antwort: gar nicht. Moni ist zwar viel zuzutrauen, aber eine Fallmasche in einen Unzerreißbaren, das schafft nicht einmal sie. So wenig, wie sie es schafft, in einen Zerreißbaren *keine* Fallmasche zu bekommen.

Schlussfolgerung: Monis neuartiger Nylonstrumpf ist *nicht* unzerreißbar.

Schlussfolgerung zwei: Irgendetwas stimmt da nicht.

Nämlich was?

Antwort zwei: Der Strumpf, den Geeri auf dem Markt so sorgfältig überprüft hat, und der Strumpf an Monis Bein haben nicht dieselbe Qualität.

Schlussfolgerung drei: Der wackere Nylonstrumpf-Generalvertreter Italien ist Opfer irgendeiner technischen Unzulänglichkeit bei der Fabrikation von Monis Nylonstrumpf. Es genügt ja, wenn die Wirkmaschine nur ein einziges von Tausenden von Nylonfadenhäkchen nicht ganz korrekt in das Neben-Nylonfadenhäkchen einhakt. Und schon ist es da: das Unvorhersehbare, die Fallmasche.

Dennoch darf man nicht am Fortschritt zweifeln. Der unzerreißbare Nylonstrumpf, der funktioniert ja, das hat Geeri selber erlebt und überprüft. Es handelt sich bei Monis Fallmasche also nicht um ein grundsätzliches Problem, sondern einfach um Pech. Monis Strumpf ist ein Montagsmodell. Gleich morgen wird Geeri nochmals zu dem Händler gehen. Der wird schön froh sein, von ihm zu erfahren, dass man ihm da ein Montagsmodell untergejubelt hat! Geeri wird ihm noch zwei Paar Ersatzstrümpfe abkaufen, eines für das Moni und eines für das Unvorhersehbare. Damit ist der Fall dann erledigt, Ende.

Allmählich findet Geeri seine Ruhe wieder. Seine Gedanken schweifen zu den Astronauten. Er stellt sich vor, wie die von da oben, vom Mond herab zum Moni schauen und nicht wissen, ob das Moni zurückschaut. Dass er, der Geeri, ganz genau weiß, dass sein Moni *nicht* zum Armschtrong hinaufschaut, sondern schläft, und zwar neben ihm, das ist, findet er, gegenüber diesem Mondfahrer ein entscheidender Pluspunkt, und zwar für wen? Jawoll, für den Geeri!

Mondlandefähre Eagle, 20. Juli 1969 22:30 UTC, entspricht 21. Juli, 00:30 Uhr, Rimini-Zeit
Die Eagle-Piloten haben alle Instrumente überprüft und vorsorglich für den Rückflug eingestellt, damit es dann schnell geht, falls etwas passiert, sie haben durch die kleinen Fensterchen die Mondlandschaft fotografiert und über Grace Kellys Lächeln gesprochen, weiß der Teufel, wie sie auf dieses Thema gekommen sind, Männer bleiben eben Männer, auch wenn sie Meilensteine des Fortschritts setzen.

All das hat länger gedauert als geplant, sie hängen im Zeitplan. Dem Kontrollzentrum in Houston haben die Eagle-Piloten vorgeschlagen, die nun anstehende Ruhepause mehr oder weniger zu streichen, und die Jungs dort unten haben ihr Okay gegeben. Jetzt wollen die Monderoberer raus, den Mond erobern. Wenn alles gut läuft, werden sie den Zeitrückstand mehr als wettmachen und schon gegen 03:00 Uhr UTC die Ausstiegsluke öffnen, und Mr. Armstrong, gefolgt von Mr. Aldrin, wird als erster Mensch überhaupt die Oberfläche eines extraterrestrischen Himmelskörpers betreten.

Zu diesem Zeitpunkt wird Geeris vergoldete Juvena-Saphir-Glas-Halbautomatik, unten in Rimini, fünf Uhr morgens anzeigen. Eine halbe Stunde später wird Geeri von seinem Wecker aus unruhigem Schlaf gerissen werden, wird ihn mit einem Schlag der flachen Hand zum Schweigen bringen, wird lauschen, ob sein Moni ebenfalls geweckt worden ist, Moni wird seufzen und sofort wieder einschlafen, Geeri wird leise, um das Moni nicht nochmals zu stören, aus dem Zimmer 301 schleichen und froh sein, genug Zeitreserve bis zum großen Moment eingeplant zu haben, man weiß ja nie.

Er wird sich als Einziger im Garten des Hotels Bellaria vor den Schwarzweißfernseher setzen und darauf warten, dass der erste Mensch den Mond betritt. Er wird hoffen, dass die Mondlandefähre kein Montagsmodell ist und dass *nicht* passiere, was keiner vorausahnen konnte.

Was der Geeri nicht vorausahnen wird: dass dreiunddreißig Minuten und vierzig Sekunden, *bevor* in Rimini dem Geeri sein Wecker läuten wird, auf dem Mond, gleich neben dem filigranen Ausstiegsleiterchen, der erste Moonboot-Abdruck in jahrmilliardenaltem Staub bereits hineingetreten sein wird. Wer könnte aber auch so etwas maximal Lächerliches vorausahnen?

Keiner.

Dietr
erzählt, wie das Lügen geht und warum er trotzdem traut

Die besten Zigaretten von der ganzen Schweiz heißen:
MARY*Long*.

Zwanzig Stück von denen sind in einem postautogelben Päckli drinnen. Und vorne drauf ist ein Foto von der Märi Long. Die ist dann aber wunderschön. Ihre schwarzen Haare sind seitlich wie ein Bubikopf geschnitten, aber vorne hängen ihr Stirnfransen über die Augen. Sie hat rote Lippen und große Augen, und sie lächelt so, als ob sie sagen würde: «Na, du? Machen wir was zusammen?» Dabei streichelt sie so mit dem Handrücken über ihre Wange, und zwischen den Fingern dieser Hand hält die Märi Long eine frisch angezündete MARY*Long*.

Ich schaue ihr Bild enorm gerne an. Also, *wenn* ich einmal heiraten würde, dann nur eine wie die Märi Long. Die dann aber sofort.

Wenn man oben am aufgerissenen MARY*Long*-Päckli die Nase hinhält, kann man sich den Geruch von allen zwanzig MARY*Long*-Zigaretten gleichzeitig reinziehen. Das riecht maximal gut.

Die MARY*Long*-Zigaretten sehen auch schöner aus als normale, weil am Ende, wo der Filter ist, sind die auch weiß und nicht so komisch braun mit gelblichen Flecken dran. Also, ich finde, diese eleganten MARY*Long* passen maximal gut zur Märi Long, und darum ist es auch richtig, dass die Märi Long auf jedem MARY*Long*-Päckli ein Bild von sich drauf hat.

Mich würde es ja interessieren, wer sie ist. In welchem Kanton lebt sie? Was arbeitet sie? Vielleicht arbeitet sie ja gar nicht, weil verheiratet. Das wäre dann aber irgendwie schade. Ich glaube eher, sie will gar keinen Ehemann, so wie das Tanti Lotti auch nicht. Vielleicht könnte die Märi Long eine Direktionssekretärin sein, wie das Lotti, oder eine Swissäär-Hostess oder ein Mannequin oder etwas anderes, wo man schön sein muss. Und sicher riecht sie wertvoll, nach feinen Parfüms. Ich kenne außer ihr nur noch das Lilian Krummenacher aus der Achten und das Tanti Lotti, die so wertvoll riechen.

Das Lotti und die Märi Long wären bestimmt die besten Freundinnen, wenn sie einander kennen würden. Kein Wunder, raucht das Lotti ausgerechnet MARY*Long*!

Die erste MARY*Long,* die *ich* geraucht habe, hab ich dem Lotti gestohlen. Das war vor einem halben Jahr, im Frühling. Damals waren wir mit der ganzen Familie beim Tanti Lotti. An dem Tag waren aber der Vatti, das Muätti, das Vreni und der Matti wandern, über das Buächeschwändi-Tobel, am Weesli-Bänkli vorbei bis zum Rütisitz. Also, dahin wollte ich jetzt wirklich nicht schon wieder wandern, das kannte ich doch alles schon, und mich interessieren ja nur die Schönheiten der Schweiz, die ich noch nicht kenne! Das habe ich meiner Familie auch verkündet.

Das Muätti erwiderte, dass ich doch auch jeden Tag Tomaten-Spaghetti essen würde, wenn sie die jeden Tag kochen würde, da könne ich ja wohl auch einmal ein paar Mal die gleiche Wanderung machen, odr?

Da musste ich ihr halt erklären, dass Tomaten-Spaghetti mein Lieblingsessen ist, aber die Wanderung zum Rütisitz *nicht* meine Lieblingswanderung, und wenn sie jeden Tag Erbsli und Rüäbli kochen würde, würde ich sie *nicht* essen, weil es eben nicht mein Lieblingsessen ist, und sie würde mich dann auch nicht dazu *zwingen* können, das jeden Tag zu essen.

Worauf das Muätti sagte, niemand habe die Absicht, mich zu zwingen, aber es wäre schön und sie wäre sehr froh, wenn ich jetzt nicht wieder so ein Theater machen würde, sondern einfach mitkommen, so wie der Matti und das Vreni auch.

Da wusste ich: Ich habe gewonnen!

Ich musste nur noch sagen, dass es mir leidtue, dass ich nicht wie der Matti und auch nicht wie das Vreni sei und das Muätti darum wegen mir nicht froh sein könne, aber wenn es wahr sei und sie mich nicht angelogen habe, als sie gerade gesagt hat, dass niemand die Absicht habe, mich zu zwingen, dann würde ich nicht mitkommen.

Und schon war eins zu null für mich.

Das Tanti Lotti schaute zu mir hin und hatte ein munzi-winzi kleines Grinsen im Gesicht, als würde sie sagen: «Na, du?»

Der Vatti zeigte mir den Zeigefinger und sagte, ich solle aufpassen, Püürschteli, er könne mich dann öppe schon zwingen, wenn er wollen würde, hier sei immer noch er das Familienoberhaupt, und überhaupt ...

Da unterbrach ihn das Tanti Lotti und sagte, sie wäre froh, wenn der Dietr hierbleiben und ihr ein wenig helfen könnte mit dem Bauernschrank. Dabei zog sie ihre eleganten Augenbrauen hinauf und schaute den Vatti groß an. Der blickte zum

Muätti, die nur mit den Schultern zuckte, und dann wieder zum Lotti. «Also dänn halt», sagte er schließlich und zu mir: «Aber dass du mir dann dem Tanti Lotti folgen tust, gäll, ich will dann von ihr nicht den kleinsten Ton hören über dich, hä!»

Ich versprach es, und als der Vatti, das Muätti, das Vreni und der Matti mit ihren Wanderschuhen hinaustrampten, blinzelte das Lotti mir zu und ging in die Kammer, zu der sie «Atelier» sagt. Ich folgte ihr, wie vom Vatti befohlen.

Sie setzte sich vor den Bauernschrank, öffnete ihre Farbtöpfchen und nahm ein feines Pinselchen in die Hand. Ich fragte das Lotti, was ich ihr denn jetzt helfen solle, und sie schaute mich überrascht an, wie wenn sie schon vergessen hätte, dass ich nicht mit den anderen mitgegangen, sondern immer noch bei ihr bin.

Jetzt, sagte sie mit nachdenklichem Gesicht, jetzt, wo ich sie fragen würde, würde ihr erst auffallen, dass sie eigentlich auch ohne meine Hilfe zurechtkomme. Ich soll doch einfach machen, auf was ich Lust habe. Und dann begann sie, mit feinen, hellroten Strichen Blütenstempel an die Schranktür zu malen.

Ich wusste nicht, soll ich froh sein, weil frei, oder traurig, weil ich dem Lotti eigentlich gern geholfen hätte. Ich bin nämlich schampar gern mit ihr zusammen, und womöglich hätte ich, wenn nur wir zwei gewesen wären, ohne jemand sonst noch ... also dann hätte ich mich sogar getraut, ihr zu sagen, dass ich viel lieber sie als das Eulalia zum Gotti hätte, und zu fragen, ob sie umgekehrt nicht auch viel lieber mich als Göttibuäb nehmen würde statt den Matti.

Aber damit ich mich getraut hätte, hätte ich ihr eben zuerst ein Weilchen helfen dürfen müssen!

So aber stand ich nur schräg hinter ihr, schaute auf ihren Hals und ihre Hand und das Pinselchen und wusste nicht recht weiter. Vor lauter Hirnen, was ich jetzt tun könne, musste ich laut gähnen, obwohl ich gar nicht müde war, sondern nervös. Da drehte sie sich um und sagte: «Geh ruhig, genieße deine Freiheit!» Sie schob mich Richtung Tür und gab mir noch einen Klaps hintendrauf. Ich stolperte los, und im Türrahmen sah ich retour, zum Lotti. Ihr Gesicht war schon wieder zum Bauernschrank hingewendet.

Dann bin ich halt in die gute Stube gegangen, die, wo der Tisch steht, mit einem Tischblatt wie eine Wandtafel, man kann beim Jassen die Stiche und die Punkte mit Kreide draufschreiben. Ich nahm eine Jass-Kreide und begann, damit eine Blume zu zeichnen, so eine wie das Lotti auf den Schrank, mit Stempel.

Aber dann wurden meine Augen angezogen von einem MARY *Long*-Päckli, das auf dem Fensterbrett lag. Eigentlich wollte ich nur die schöne Märi Long anschauen, aber dann interessierten mich die MARY *Long* doch mehr.

Ich schüttelte sie alle aus dem Päckli und schob die weißen Stängelchen auf dem schwarzen Wandtafeltisch herum. Ich machte Muster mit ihnen oder ließ eines quer über zwei andere rollen oder baute dreieckige Türmchen ... so Zeug halt.

Irgendwann wurde es mir ein wenig unheimlich, du. Hä ja, weil doch Zigaretten für uns Kinder streng verboten sind und ich auf keinen Fall wollte, dass das Lotti mit mir schimpft. Und es vielleicht dem Vatti erzählt. Obwohl: Ich glaube, sie ist nicht so eine Tädderli-Tante. Trotzdem wollte ich nicht, dass mich das Lotti mit den MARY *Long* erwischt und mich einen blöden Goof findet, ich wollte ja, dass sie mich einen Lässigen findet, einen viel Lässigeren als den Matti.

Bin ich ja auch, odr!

Also steckte ich sämtliche MARY*Long* retour ins Päckli, immer schön mit dem weißen Filter nach oben, wie es sich gehört, außer die letzte. Die nicht.

An der schnupperte ich herum, und es hätte mich schon noch interessiert, ob, wenn ich sie anzünden und rauchen würde, dann der Geschmack im Mund der gleiche wäre wie der in der Nase. Ich schaute herum, wo Zündhölzli sind, und entdeckte sie auf dem Komödli neben dem Kachelofen. Sie steckten in der Mitte von Tanti Lottis pfefferminzgrünem Steinaschenbecher. Sie hatten feuerrote Schwefelköpfli, und daran merkte ich: Das sind dem Tanti Lotti seine Spezialzündhölzli, die Kauboi-Zündhölzli, die kann man direkt am Steinaschenbecher anzünden. Oder an grobem Holz. Oder an den Sohlen von den Schuhen, aber nur, wenn sie aus Leder sind und furztrocken. Das sind maximal tolle Zündhölzli.

Der Vatti sagt, die seien maximal brandgefährlich und ich dürfe nie, nie, nie mit ihnen spielen, da könne urplötzlich eines brennen, ohne dass man es gewollt habe, und dann würde man es vor Schreck fallen lassen, und schon würden die Holzbodenbretter brennen und dann die Holzwandbretter und dann die Holzdeckenbretter, und man bekäme Panik und würde rausrennen und dabei die Tür offen lassen, und der Durchzug gäbe den Flammen Nahrung, und es gäbe einen Chlapf, und die ganze Hütte würde lichterloh brennen, und niemand könne dann mehr etwas dagegen tun, nicht einmal die Feuerwehr, dann sei dann Schluss und aus und basta finito fertig Ende. Darum: Nie, nie, nie mit Zündhölzli spielen, und mit diesen Kauboi-Zündhölzli schon hundertmal nicht.

Ich nahm mir eines und zündete es, ohne damit zu spie-

len, am Steinaschenbecher an. Ich war überhaupt nicht nervös
wegen dem Vatti seiner Vorsorge, weil ich wusste ja: Er unter-
schätzt mich. Weil er ja gar nicht weiß, dass ich dafür schon
lange groß genug bin. Ich habe schon mit viel gefährliche-
ren Feuersachen gespielt als mit so einem mickrigen Kauboi-
Zündhölzli, und es ist noch nie etwas passiert. Der Vatti weiß
das nur nicht.

Auch von dem Schwarzpulver, das ich in meiner Schulsa-
chenschublade versteckt habe, weiß er nichts. Das habe ich
ganz allein selber gemacht. Wie das geht, steht genau in einem
Buch, das ich mir beim Diriwächter in der Schulbibliothek
geholt habe, «Chemie im Alltag». Man braucht Kaliumnitrat-
pulver, Schwefelpulver und Holzkohlepulver. Kann man einfach in der Apotheke holen, für wenig Geld.

Gut, zugegeben: Als ich in die Apotheke ging und vom
Zettel vorlas, was ich möchte, da fragte der Apotheker Nägeli,
was ich denn mit diesen Pülverli wolle.

Weil mir nichts einfiel, sagte ich «nichts», worauf er sagte,
wenn ich nichts damit wolle, würde ich auch nichts dafür kaufen müssen, odr?, und ich antwortete, ja, doch, ich müsse die
Pülverli schon kaufen, und er sagte, er frage noch einmal: für
was?, obwohl er das gar nicht gefragt hat, sondern nur, was ich
damit wolle, aber das konnte ich ihm in diesem Moment nicht
erklären, weil ich lieber schnell denken wollte, damit mir einfiel, was ich ihm sagen soll, für was ich die Pülverchen brauche,
und mir fiel ein: Wenn ich im unteren Laden von Mellikon
ein Bier hole und sage «für den Vatti», bekomme ich es. Diesen Trick setzte ich jetzt ein und sagte dem Nägeli: «für den
Vatti».

«Aha!» Der Nägeli zog seine Brille und einen Kugelschreiber aus seinem Apothekerkittel. Er setzte sich die Brille auf

die Nase und beugte sich mit dem Kugelschreiber über ein Schreibblöckli auf dem Apothekertisch. Wer denn bitte schön mein Vater sei.

Das wurde mir jetzt aber unheimlich, weil ich ums Verrecken nicht wollte, dass der Nägeli den Vatti fragt, wofür er denn die Pülverli brauche, und ich musste *noch* schneller denken, wie ich jetzt weitermachen soll, aber ich war nicht schnell genug: Der Nägeli trommelte mit seinem Kugelschreiber auf das Blöckli, fragte «wird's bald?» und schaute streng, wie so ein Polizist, was mich maximal nervös machte, obwohl es jetzt wichtig war, dass der Nägeli *nicht* merkte, dass ich nervös wurde, damit er nicht auf die Idee kam, ich wolle Schwarzpulver machen, weil eventuell für Kinder verboten oder so.

«Wird's?», fragte der Nägeli schon wieder und beugte sich mit seiner schwarzen Hornbrille ganz nah zu meinem Gesicht herunter. «Dich kenn ich, du bist doch der Sohn vom ...»

«Oha!», rief ich. «Geld vergessen!»

«Aha», sagte der Nägeli und ich, ja, es tue mir leid, ich käme gleich wieder, wenn ich das Geld geholt hätte, uf wiederluäge, bis nachhäär, und ging zügig, aber nicht verdächtig schnell aus der Apotheke heraus.

Wie gesagt, der Nachteil von den Schwarzpulverpülverli ist: Man kann nicht alle in derselben Apotheke holen. Es klappt aber problemlos, wenn man in *zwei* Apotheken geht.

Am nächsten Tag bin ich einfach mit dem Velo nach Zurzach, dort haben sie nämlich wegen dem Thermalbad die vielen Kranken und darum *zwei* Apotheken. Es funktionierte wunderbar: Kaliumnitrat in der Bad-Apotheke und in der Kur-Apotheke Schwefelpulver. Das Holzkohlepulver raspelte ich einfach mit der Feinmechanikerfeile von den

Kohleresten aus dem Vatti seinem Holzkohlegrill herunter.

Gut, das nächste Mal rasple ich das Holzkohlepulver lieber im Garten runter, es dauert nämlich ziemlich lang, bis man die Werkstatt nachher wieder so sauber hat, dass der Vatti nichts merkt.

Ich will ja nicht blöffen, darum nur so viel: Das Schwarzpulver funktionierte! Die Raviolibüchse flog fast so hoch, wie der Bungaloo ist. Und der Legopanzer schoss maximal gut. Als Panzerrohr nahm ich einfach ein leeres Alcacyl-Röhrli aus dem Apothekerschrank, gut, zugegeben, so richtig leer war es nicht. Aber fast, ich musste nur ein ganz kleines Hämpfeli Tabletten ins Wehzeh schmeißen.

Und obwohl Schwarzpulver fast so gefährlich ist wie der Dünamitt, mit dem sie im Steinbruch Steine sprengen, ist nichts passiert. Nichts hat gebrannt, und nichts ist kaputtgegangen. Außer die Sachen, von denen ich *wollte*, dass sie kaputtgehen. Und ich habe keinen einzigen Finger verloren, obwohl der Vatti immer sagt, wenn man mit Sprengstoff hantiert, verliert man garantiert einen Finger oder eine Hand.

Ich nicht. Ja, gut, zugegeben, der Matti ...

Einer von uns musste halt das Alcacyl-Rörli festhalten, weil es am Legopanzer nicht kleben bleiben wollte, und das hat dann der Matti gemacht. Aber nach dem Chlapf einfach nicht mehr losgelassen, obwohl das Röhrli, logisch, doch jetzt vom Chlapf heiß war. Da hat sich der Matti leider ein wenig verbrannt am Daumen. Und am Zeigefinger. Aber nicht schlimm. Ich habe dem Matti gesagt, selber schuld, was lässt du, huäresiäch, auch nicht los, du blöde Lööli?

Ich musste ihm dann noch dringend erklären, dass er ins

246

Gefängnis kommt und dort ganz alleine ist und nichts zu essen hat, wenn der Vatti oder das Muätti erfahren, woher er die Brandblaateren hat, weil: Für so einen kleinen Buben wie ihn sei es streng verboten, mit Legopanzern zu spielen. Sogar auch dann, wenn sein großer Bruder, weil er so ein Lieber ist, ausnahmsweise ihn auch einmal an seinen Legopanzer ranlässt. Der Matti war sehr froh, dass ich ihn gewarnt hatte. Er hat dann fast eine Woche lang die verbrannte Hand praktisch immer im Hosensack versteckt gehalten.

Rechtzeitig, bevor die Flamme vom Tanti-Lotti-Kauboi-Zündhölzli mir Zeigefinger und Daumen verbrennen konnte, indem sie sich immer näher Richtung Finger frisst, habe ich den Daumen und Zeigefinger der anderen Hand im Mund nass gemacht und mit denen dann das Zündhölzli am schon verbrannten Ende festgehalten. Das Flämmli kroch weiter, ohne mir weh zu tun, bis es ganz am Schluss kleiner wurde, von Gelb auf Grün wechselte und dann auslöschte. Kurz stieg noch ein dünner Rauchfaden auf, und dann war fertig. Das Zündhölzli hatte sich in ein schwarzes, krümeliges Kohlestäbchen verwandelt, ich zerrieb es zwischen den Handflächen und blies es in die Luft. Simsalabim, weg war es.

Ein guter Trick, wirklich!

Ich nahm das nächste Hölzli aus dem Loch in der Mitte von Tanti Lottis pfefferminzgrünem Steinaschenbecher, steckte es mit der MARY*Long* zusammen in meine Faust und ging nach draußen.

Die Aufgabe lautete: Wo kann ich jetzt die MARY*Long* rauchen, ohne dass es jemand merkt? Das Blöde am Rauchen ist, dass es raucht. Und diesen Rauch sieht man auch von weitem. Und wenn man drinnen raucht, riecht man ihn. Und ich wusste: Dem Tanti Lotti seine Nase funktioniert sehr gut. Sie riecht jedes Parfüm sofort und kann sagen, was es ist.

Zum Beispiel sagte sie einmal zum Vatti, sein Old Speiss sei nicht mehr modern, er soll doch mal Russisch Leder nehmen. Und als sie uns dann das nächste Mal besuchte, merkte sie schon, bevor sie dem Vatti das Begrüßungsküssli gegeben hatte, dass er jetzt nach dem Rasieren wirklich Russisch Leder nimmt, «mmmh, vill besser, Geeri, bravo», sagte sie und gab ihm sogar zwei Begrüßungsküssli.

Also, Rauchen im Appenzeller Haus ging nicht, wegen der Lotti-Nase, und draußen im Appenzeller Land ging auch nicht, wegen den Lotti-Augen.

Also wo?

Ich wanderte den Berg hinauf, am Hof von den Düsl-Brüdern vorbei und weiter. Obwohl die Düsl-Sau gerade wieder Junge hatte, bin ich nicht stehen geblieben, keine Zeit, ihr lieben Säulein, ich muss jetzt leider rauchen.

Mein Ziel war das Moor oben rechts hinauf hinter den Düsls. Es liegt ein wenig tiefer als der Hang in einer Mulde. Nicht einmal mit Tanti-Lotti-Augen konnte man da hinschauen, von der Bell-Matt her. Und riechen? Also, so weit kann auch keine Lotti-Nase riechen. Und dass sie hier unverhofft auftauchen würde, das war sehr unwahrscheinlich, weil das Lotti sich vor dem Moor fürchtet.

Als ich sie einmal fragte, warum, ob es sei, weil das Moor den Düsl-Brüdern gehöre und sie vielleicht eher vor diesen beiden komischen Kräutermannli Schiiss habe als vor dem Moor, da wurde sie fast ein wenig sauer und sagte, ich solle nicht so von den Düsls reden, die seien weder komisch, noch seien es Mannli, sondern nur ein wenig anders als die anderen. Auf jeden Fall brauche sie von allen Männern, die sie kenne, vor den Düsls am wenigsten Angst zu haben, im Gegenteil. Die Düsls, sagte sie und bekam dabei so einen eigenartigen Blick, wie wenn sie durch einen dünnen Schleier schauen würde, die Düsls würden sie samt der ganzen Bell-Matt beschützen, mit ihrem Zauber.

Huäresiäch, sie sagte wirklich «Zauber»! Ich merkte, wie mir, als sie das sagte, eine Gänsehaut über den Rücken kroch.

Und dann gleich noch eine zweite dazu.

Also, dass das Lotti ins Moor kommen würde, war praktisch ausgeschlossen. Somit das perfekte stille Örtchen für die MARY *Long* und mich.

Das einzige Problem, wenn ich ehrlich bin: Ich fürchte mich selber vor den Düsls. Und auch vor dem Moor. Obwohl mein Geschlechtsname Moor ist, aber ich weiß eben nicht, ob das dem Moor recht ist.

Der Vatti ist stolz, dass wir gleich heißen wie das Moor, aber trotzdem hat auch er Schiiss vor ihm. Wir dürfen da nie, nie, nie hinein, hat er gesagt und uns erklärt, was passiert, wenn doch: Wenn man da einmal einsinkt, dann zieht einen das Moor immer tiefer hinab, und wenn man strampelt, um wieder herauszukommen, geht es nur umso schneller.

Und du streckst noch den Hals nach oben, weil du nicht ersticken willst, aber es nützt nur ein paar Minuten.

Dann legst du den Kopf in den Nacken, damit dein Mund noch ein paar Zentimeter höher ist, aber auch das ist nur ein Aufschub.

Und du keuchst wie wild, weil du ja weißt, das ist jetzt die letzte Luft, die du in deinem Leben noch atmen darfst, und dann schlotzt dir das Moor in den offenen Mund hinein, und du presst die Lippen zusammen und drückst deinen Kopf noch maximaler weiter nach hinten, damit du wenigstens die Nase noch ein paar Millimeter über dem Moor halten kannst, und durch die Nase kannst du noch ein allerletztes Mal Luft holen, und dann schmoddert dir das Moor seitlich in die Augen, und du machst sie zu, und es wird Nacht um dich, und dann hast du auch die Nase voll vom Moor, und du kannst nicht mehr atmen.

Aber du musst ja, und dann atmest du doch, aber da ist gar keine Luft mehr, nur noch Moor, und das füllt dich von innen her aus und ist jetzt gleichzeitig in dir drinnen und um dich herum, und du sinkst tiefer und tiefer und tiefer, aber das merkst du hoffentlich schon nicht mehr, weil bereits tot.

Ich setzte mich am Rand vom Moor auf einen dieser Grashöcker, die es im Moor überall hat, und öffnete die Faust, in der ich den ganzen Weg lang das Zündhölzli und die MARY-*Long* verborgen hatte. Ich klemmte die Zigarette mit meinen Lippen ein. Ich suchte mit den Augen etwas Raues, an dem ich das rote Köpfli vom Zündhölzli reiben kann, damit es ins Brennen kommt. Aber da war nichts Raues und Trockenes an diesem cheiben Moor. Keine raue Baumrinde, kein Stein, kein gar nichts. Also rieb ich das Zündhölzli über meine raue Hose, aber das funktionierte nicht. Ich versuchte es an der Schuhsohle, aber die war zu nass, und das Zündhölzli zeichnete nur einen roten Strich darauf. Das halbe Köpfli war weg. Jetzt aber Obacht, jetzt wird's eng, mit nur noch einem halben Köpfli!

Ich hab's: An meinem Kinder-Schweizer-Militär-Sackmesser war eine kleine Feile, trocken und rau, an der ging es bestimmt. Ich rieb das halbe Köpfli darüber, und es wurde weggeraspelt, ohne dass ein einziges Fünklein spritzte.

Huäregopfriedstutzdeckelabenandsauseckelseich!

Ich saugte fest an der unangezündeten MARY*Long* und

spürte im Mund den gleichen Geschmack wie vorher in der Nase. Aber wenn die Schiisszigarette nicht brannte, konnte ich den Geschmack von der brennenden MARY*Long* doch nie kennenlernen. Dann wäre ich den ganzen Weg hier herauf zum Moor umsonst gelaufen. Blöder Seich das alles.

«Mosch Füür ha, hä?», tönte es hinter mir. Mich haut's fast vom Grashocker, so erschrak ich. Ich riss mir die MARY*Long* aus dem Gesicht und warf sie hinter mich.

Ein Düsl grinste mich an und bleckte seine braunen Zähne. Sein Appenzeller Pfeifchen hatte er in der Zahnlücke unten rechts eingehängt, wo es still vor sich hin rauchte. Der Düsl machte mit seinen blutten Füßen zwei schnelle Schritte, zupfte meine MARY*Long* aus dem nassen Moos, roch daran und schüttelte den Kopf. Er hielt sie mir hin.

«Nimm nuu», sagte er. Ich folgte und steckte mir die MARY*Long* wieder in den Mund. Er nahm das Appenzeller Pfeifchen aus seiner Schnörre und hielt ihre Glut an meine MARY*Long*.

«Züch», kommandierte er, ich zog. Ein scharfer Geschmack füllte meinen ganzen Mund maximal aus, bitter, ganz anders als in der Nase. Ich blies den Rauch wieder in die Appenzeller Luft, der Düsl schaute mich dabei scharf an. Ich merkte: Der prüft jetzt, ob das meine erste Zigarette ist. Ich wollte aber meine erste Zigarette nicht vor dem Düsl rauchen, und darum tat ich so, als wäre sie mindestens meine Ich-weiß-nicht-Wievielte. Ganz lässig klemmte ich die MARY-*Long* zwischen die durchgestreckten Zeige- und Mittelfinger und hob die Hand leicht seitlich hoch, wie die Märi Long auf dem Päckli.

Ich schaute dem Düsl direkt in seine blitzigen Äuglein hinein, als ob das für mich dänn öppe gar nichts Besonderes sei. Ich saugte wieder an der Zigarette und wollte «dankä fürs Füür» sagen, aber weil ich, damit ich es sagen konnte, vorher Luft holen musste, zog's mir den ganzen Rauch voll den Hals hinab. Es brannte in der Luftröhre, und der Bauch machte Galoppsprünge. Ums Verrecken wollte ich das Husten unterdrücken, aber leider, es war stärker. Maximal peinlich. Ich musste bellen wie ein krankes Walross, es schüttelte mich, krümmte mich nach vorn, die Augen wurden nass, bitte, lieber Gott, nicht das auch noch, nicht vor dem Düsl, der meint ja, ich heule! Ich drehte dem Düsl den Rücken zu und hustete, krumm wie ein Fischerhaken, Rotz und Wasser in das Moor hinein. Und er schaute die ganze Zeit nur ruhig zu.

Meinte ich. Aber als es endlich wieder einigermaßen ging mit dem normal Schnaufen und ich mich wieder zum Düsl umdrehte, um ihm zu sagen, er müsse öppe nicht meinen, dass ich wegen dem Rauchen husten musste, ich hätte mich nur verschluckt ... da war der verschwunden. Einfach weg.

Ganz allein stand ich mit meiner brennenden MARY-*Long* am Rand vom Moor herum und kein Düsl nirgends. Wie machte der das, dieses plötzlich Da-Sein und dann wieder weg?

Ein guter Trick, wirklich!

Ich setzte mich wieder und probierte, wie das mit dem Rauchen funktionierte. Es ging mit jedem Zug ordeliger, weil ich jetzt ganz genau Obacht gab, dass ich keinen Rauch einschnaufte. Als ich zum letzten Mal an der Zigi zog, konnte ich das schon maximal lässig.

Ich tötete den MARY*Long*-Rest im Moos ab und steckte sie in den Hosensack. Meine erste MARY*Long*.

Gut, es gab ein Nachspiel. Wegen dem Lotti seiner feinen Nase. Als ich wieder zur Bell-Matt herunterkam, lief sie mir schon entgegen, was ich schön fand, es zeigte: Sie hat mich vermisst! Allerdings wurde das schöne Gefühl gestört von meinem schlechten Gewissen. Wenn es blöd lief, müsste ich das Lotti anlügen, und das wollte ich gerade bei ihr überhaupt nicht. Aber was sollte ich machen?

Eben.

Das Lotti umarmte mich fest, und ich muss sagen, sie roch viel besser als die MARY*Long*.

Ich finde es maximal schön, vom Lotti umarmt zu werden! Aber *nur* vom Lotti. Von allen anderen Tanten, die immer Umarmungen und Küssli von mir verlangen, will ich das überhaupt gar nicht. Beim Lotti schon. Leider verlangt sie es nie, sie macht es einfach. Oder auch nicht. Das kann man beim Lotti nie wissen.

Sie ließ mich wieder los und fragte, wo ich denn gewesen sei, und ich sagte die ganze Wahrheit: beim Moor.

Warum gerade dort, wollte sie wissen, und da sagte ich nicht ganz die ganze Wahrheit, sondern nur, ich hätte einen Spaziergang gemacht.

Sie fragte, ob ich die Düsls gesehen hätte, und da log ich immer noch nicht und sagte: schon, ja, aber nur einen.

Welchen? Den einen oder den anderen? Und ich gab immer noch ehrlich Auskunft, ich wüsste es nicht.

Was denn der Düsl gesagt habe, als er mich so allein bei seinem Moor gesehen habe, fragte sie, und ich sagte: nicht viel. Was ja immer noch stimmte.

Ob denn der Düsl nicht gesagt habe, dass das Moor für mich zu gefährlich sei, und mich weggeschickt.

Nein, das habe er nicht, sagte ich und war langsam wirklich selber erstaunt, dass ich es bis hierher gebracht hatte, ohne das Lotti anlügen zu müssen.

Sie ging in die Hocke, umschloss meinen Kopf mit beiden Händen und kam mit ihrem Gesicht ganz nahe an meines. Sie wolle, sagte sie, dass ich ihr verspreche, nie, nie, nie mehr allein zum Moor zu gehen.

Ich nickte, so gut ich konnte mit meinem in den Lotti-Händen eingeklemmten Kopf. «Sag's», hörte ich ihre leise Stimme, «schwör es mir!» Ihre Hände rüttelten dabei an meinem Kopf.

Also sagte ich ihr, dass ich schwöre, für immer und ewig nur noch mit ihr zusammen zum Moor zu gehen. «Und nie mehr allein!», sprach sie mir vor. «Und nie mehr allein», sprach ich ihr nach. Sie nickte ganz ernst, ließ meinen Kopf los und wollte schon wieder aufstehen, als sie unverhofft stoppte. Ihre Nasenlöcher weiteten sich, sie schnüffelte.

«Und jetzt will ich, dass du mir *noch* etwas schwörst», sagte das Lotti, nahm meinen Kopf wieder zwischen ihre Hände, und ich merkte: Jetzt stimmt da etwas nicht mehr so ganz.

«Was denn noch?», fragte ich leise.

Sie kam jetzt so nah, dass ihre Nasenspitze leicht an meiner anstupste. «Dass du mich nicht anlügst. *N i e!*»

Mein Herz begann zu klopfen, und da war es wieder, das blöde Nervöswerden. Ich teilte ihr mit, dass ich sie nicht angelogen habe, kein bisschen, versprochen, ganz ehrlich! Aber sie sagte nur: «Schwör!»

Gut, was sollte ich da tun, hä? Ich schwur. Ich hob sogar die Hand, genau wie ich es auf dem Bild im Geschichtsbuch gesehen habe, wo der Tell und der Melchtal und der Stauffer einander den Rütlischwur schwören.

Jetzt stand das Lotti auf und sagte von ihr oben zu mir herunter: «Also dann! Die Wahrheit, junger Mann: Hast du dort oben beim Moor geraucht?»

Huäresiäch, jetzt war ich aber wirklich total im Gülle-loch.

Einen Schwur zu brechen, ist noch viel schlimmer als lügen. Die ganze Schweiz gibt es ja nur wegen dem Rütli-schwur, und wenn die Eidgenossen diesen Pakt damals gebrochen hätten, wäre die Schweiz untergegangen, mit Mann und Maus, sagt der Lehrer Diriwächter. Wie könnte ich da meinen Schwur brechen und dann noch ausgerechnet beim Tanti Lotti? Ich hatte keine Chance, nicht einmal die allermunzi-winzi-kleinste.

Also erzählte ich ihr die Wahrheit.

In Wahrheit erzählte ich die Wahrheit aber ihren Schuhen. Weil ins Gesicht konnte ich ihr dabei nicht schauen.

«Ja, ich habe geraucht beim Moor ... ja, ich habe die Ziga-rette in der guten Stube gefunden ... ja, nein, stimmt, nicht gefunden, gestohlen ... mhm, ich weiß, dass Zigaretten für Kinder streng verboten sind und ... ja, stimmt, ich bin bis zum Moor hinaufgegangen, damit du nicht dahinterkommst ... ja, da ist dann der Düsl mir dahintergekommen ... nein, er hat nicht geschimpft.»

So.

Ich spürte Lottis Hand unter meinem Kinn. Sie zog mein Gesicht nach oben, bis ich dann doch noch in ihre Augen sehen musste. Ich sah sie aber nur ganz verschwommen, weil das Schiiss-Augenwasser bei mir schon wieder zu viel wurde. Bereits das zweite Mal heute, wenn das einreißt bei mir, das wäre dann schön peinlich, du! Ich riss mich zusammen und befahl mir innerlich: tapfer sein, tapfer sein, tapfer sein, tap-fer ...

«Danke, dass du mich nicht angelogen hast», sagte das Lotti und zog ihre Augenbrauen zusammen, bis dazwischen zwei

Fältchen zum Vorschein kamen. «Das war sehr tapfer von dir.» Sie nickte. «Bravo.»

Verdattert blinzelte ich mit den Augendeckeln, das Bild von Lottis Gesicht wurde wieder klar, und ich konnte sehen: Lotti hatte auch Augenwasserprobleme.

Wir haben dann eine Sache abgemacht, zu der das Lotti «Pakt» sagte. Mit diesem Pakt werde ich das Lotti nie anlügen, und das Lotti wird mich auch nie anlügen. Wir sagen immer nur die Wahrheit zueinander.

Im Pakt sagten wir dem Vatti und dem Muätti auch die Wahrheit, aber nicht ganz die ganze. Zum Beispiel, dass das Lotti nicht gemerkt hatte, dass ich zum Moor gegangen bin, das sagten wir ihnen nicht. Und dass ich beim Moor geraucht hatte, sagten wir ihnen auch nicht. Und als sie fragten, was wir denn so alles gemacht hätten, logen wir sie *nicht* an, sondern sagten einfach: Das sei unser Geheimnis und gehe sie nichts an.

Jetzt, ein halbes Jahr später, bin ich wieder beim Lotti in ihrem Appenzeller Haus.

Ganz allein. Ohne Matti und Vreni und Vatti und Muätti.

Weil: Der Matti wollte diese Herbstferien unbedingt zum frommen Tanti Eulalia, die hat nämlich einen frommen Bauern gefunden und den sofort geheiratet und den Bauernhof gleich dazu. Gut, der Bauernhof hätte mich eventuell interessiert, aber diese ewige Beterei vor jedem Essen und nach jedem Essen und vor dem Schlafengehen und nach dem Aufstehen, also das hätte ich nicht ausgehalten. Den Matti stört das nicht. Ich glaube, dem gefällt das sogar.

Das Vreni, das wollte unbedingt in ein Herbstferienlager auf dem «Hohen Kasten», das ist ein Schweizer Hügel. Der hätte mich eigentlich auch interessieren können, weil ich den noch nicht kannte, aber Ferienlager kenne ich: den ganzen Tag lang Gruppenspiele, wo ich nie gewinne, weil in der schlechteren Gruppe oder aber weil die Gruppe angeblich wegen *mir* nicht gewinnt. Dann Gruppenmittagessen, wo man aufessen muss, auch wenn es gruusig ist, Gruppenabendessen mit Vierfrucht-Gomfi und Käse, der nach nichts schmeckt, Gruppen-Zmorgen-Essen, wo es wieder Vierfrucht-Gomfi gibt, ohne den Käse, dafür mit harten Eiern, die nach Fisch schmecken und so trockene Dotter haben, dass man sie nicht runterwürgen kann. *Ohne* Aromat, ja, auch das Weiße wird gefälligst gegessen, du verwöhnter Goof! Und den ganzen Tag muss man Vierfrucht-Tee saufen, weil der soooo enorm gesund ist, aber nur ohne Zucker.

Dann Gruppenschlafen in Gruppenmassenschlägen, wo man nicht schlafen kann, weil die Gruppe immer Seich macht und laut ist, aber nicht so laut wie die Aufsichtspersonen, die die ganze liebe lange Nacht lang ins Gruppenzimmer trampen und schreiend verkünden, es sei zu laut und sie können nicht schlafen. Die aber am nächsten Tag trotzdem noch lange nicht so müde sind wie ich, auf jeden Fall nicht müde genug, dass sie endlich Ruhe geben würden, sondern munter weiter herumbefehlen, in welcher Gruppe ich jetzt wieder welche Gruppenspiele verlieren muss …

Der Vatti kann gerade auch nicht hier beim Tanti Lotti sein, der muss in die Winterthur Leben, als ob keine Herbstferien wären, und das Muätti hütet in den Herbstferien unseren Bungaloo. Was sie da genau machen muss, weiß ich nicht, aber ich stell's mir langweilig vor. Ich hatte schon Angst, dass ich da mitmachen muss. Aber zum guten Glück bin ich jetzt hier beim Tanti Lotti, ohne den Rest meiner Familie.

Maximalwunderenormtoll!

Der Vatti hat mich mit seinem perlweißen Fauweh-Käfer zu dem modernen Flachdachblock gebracht, wo das Tanti Lotti wohnt, wenn sie in der Stadt sein muss. Dort bin ich in ihren mausgrauen Fauweh-Käfer umgestiegen und wir sind losgefahren, ins Appenzeller Land.

Auf dem Weg sind wir in eine Beiz eingekehrt, da bekam ich eine heiße Ovo, und das Lotti nahm einen Kafi-Creme. Dazu aßen wir ein «Kägi fret», das ist mein Lieblingsguätzli. In einem «Kägi fret» sind immer zwei lange Waffeln drinnen mit Schoggifüllung und einem Schoggiüberzug: eine für das Lotti und eine für mich. Da sieht man wieder: Zu zweit ist alles einfacher. Wenn jetzt zum Beispiel der Matti auch noch dabei gewesen wäre, wie hätten wir dann die zwei Schoggiwaffeln gerecht in drei teilen können? Schwierig, odr?

Aber mit nur dem Lotti und mir, kein Problem!

Ich merkte, dass die Leute in der Beiz immer das Lotti anschauten. Also eigentlich mehr die Männer. Die zwei einzigen Frauen schauten extra gerade *nicht*, und wenn doch, dann griesgrämig. Ich dachte mir, dass die Leute denken, ich sei dem Lotti sein Buäb, und neidisch sind auf mich, weil ich so ein maximales tolles Muätti habe und sie nicht. Dabei war sie in Wahrheit nicht einmal mein Gotti.

Während der Fahrt wurde ich ein wenig traurig, weil mir wieder eingefallen war, wie schön das wäre, wenn das Lotti mein Gotti wäre und *nicht* dem Matti seines. Sie merkte meine Traurigkeit und fragte, ob ich traurig sei.

«Es bizzeli», sagte ich.

«Warum?»

Ich getraute mich nicht, es ihr zu sagen, und tat lieber so, als ob ich die Landschaft ansehen müsste und die Frage nicht gehört hätte. Sie machte trotzdem weiter mit dem Fragen: «Hast du öppe die Frage nicht gehört, oder weißt du die Antwort nicht?»

«Doch, ich habe die Frage schon gehört und weiß natürlich auch die Antwort.»

«Warum gibst du sie mir dann nicht, obwohl du sie weißt?»

«Wegen dem Pakt.»

«Dem Pakt, dass wir uns immer die Wahrheit sagen?»

«Ja.» Ich freute mich, dass das Lotti sich genau an unseren Pakt erinnerte. «Hoppla», sagte sie und drehte den Kopf zu mir nach hinten, konnte mich aber nicht richtig anschauen, weil sie schnell wieder auf die Straße sehen musste. Aber sie hatte einen Trick: Sie verstellte das Rückspiegelchen über der Windschutzscheibe so, dass ich ihre Augen sehen konnte. Und wie sie immer wieder aus dem Spiegelchen in meine Augen hineinblickte und dann wieder auf den Verkehr und immer so hin und her. Nach einer Weile sagte sie wie zu sich selber: «Was ist das nur? Es macht den Dietr traurig, aber warum, kann er nicht erklären, weil er dabei lügen müsste, was er aber auch nicht kann wegen dem Pakt ... Hm. Schön blöd, du!»

Wir fuhren weiter, und ich merkte, dass die Angst davor, die Frage zu stellen, nie mehr weggeht, solange ich sie nicht stelle, und dass ich das gar nicht aushalte, die ganzen Ferien lang. Also *musste* ich irgendwann fragen. Wenn ich es aber sowieso musste, dann konnte ich's ja auch gleich machen.

War sogar besser gleich, weil wenn das Lotti sagte, sie will *nicht* mein Gotti sein, dann könnte sie mich einfach zum frommen Tanti Eulalia bringen. Und dann musste ich halt zum Tanti Eulalia in die Ferien. Und dann durfte halt der

Matti mit dem Lotti ins Appenzell fahren, in ihrem Käfer, wo es gut nach ihrem Parfüm riecht und ihren MARY *Long* statt wie beim Tanti Eulalia nach Keller, Kalk und Kernseife.

«Duhuuu, Lotti, ich könnte es dir schon sagen, ohne Lügen, aber die Wahrheit ist, ich hab Schiiss vor deiner Antwort. Weil du ja ehrlich sein musst, wegen dem Pakt, obwohl es mir vielleicht sogar lieber wäre, wenn du lügst.»

Zwischen den Lotti-Augen im Spieglein entstanden wieder die zwei Fältchen. «Frag einfach, dann sehen wir weiter.»

«Also guät.»

«Also guät!»

«Also. Dann frage ich jetzt also: Duhuu, Lotti …», ich holte Luft, ließ sie schnell wieder raus und schnaufte noch mal ein, «von mir aus kannst du ab jetzt *mein* Gotti sein und nicht mehr dem Matti seines, und er bekommt das Eulalia. Willst du?»

Die Tanti-Lotti-Augen im Spiegelchen wurden schmaler. Ich konnte leider nicht sehen, ob aus Freude oder aus Ärger.

Das Lotti fuhr einfach weiter, ohne etwas zu sagen. Lange. Von der Fauweh-Rückbank her konnte ich nur ihre schmalen Augen mit den zwei Fältchen dazwischen sehen.

«Weißt du», sagte sie plötzlich, «wenn deine Eltern mich schon bei dir gefragt hätten, ob ich dein Gotti sein wolle, hätte ich tifig ja gesagt. Haben sie aber nicht. Und als sie dann beim Matti doch noch fragten, hab ich mich schampar gefreut. Ich bin gern dem Matti sein Gotti.»

Schluss und aus und basta finito fertig Ende. Der Matti hat gewonnen.

Ich wollte am liebsten losschreien, gut, also, dann soll sie doch bitte den *blöden* Matti in ihr *blödes* Appenzeller Haus

260

mitnehmen, ich hätte nämlich schon ein Gotti, das Eulalia, und zu der würde ich *sofort* in die Ferien wollen, und ein Lotti-Gotti brauche ich dann öppe *gar* nicht ... aber die Zunge klebte mir im Mund, ich bekam zu wenig Luft, und mein Herz hämmerte.

Als ich stumm zu den Spiegelaugen vom Lotti blickte, sah ich gerade noch, wie sie wegzuckten, zum Verkehr hin.

Der Fauweh machte Kilometer um Kilometer. Ich stierte nur blöd aus dem Fenster.

Wusch und weg. Wusch und weg.

Nach einer Ewigkeit fragte das Tanti Lotti: «Duhuuu, Dietr? Was habe ich nicht mit dem Matti und auch mit sonst niemandem, sondern ausgerechnet gerade nur mit dir?»

Ich schluckte, versuchte, das Wirre aus meinem Kopf herauszubekommen und scharf nachzudenken. Dann krächzte ich die Lösung: «Den Pakt.»

«Genau!»

«Mit sonst niemandem hast du einen Pakt?»

«*Diesen* Pakt nur mit dir! Einen Pakt kann man nämlich nur mit bsundere Lüüt machen und nur, wenn man die bsunders gernhat.»

«Du bisch e Bsunderi, Tanti Lotti.»

«Ich weiß.»

«Und ich *habe* dich bsunders gern.»

«Guät!»

Das Tanti Lotti nahm die rechte Hand vom Steuerrad weg, langte nach hinten und kniff mich ins Knie. Ich rutschte auf der Fauwehrückbank in die Mitte und beugte mich nach vorne, bis mein Kopf neben ihrem war.

«Und der andere Pakt?», fragte ich.

«Der andere Pakt?»

«Du hast gesagt, *diesen* Pakt hast du nur mit mir. Mit wem hast du den anderen Pakt?»

«Mit den Düsl-Brüdern.»

«Aha. Und was für einen Pakt?»

«Sag ich nicht.»

«Warum nicht?»

«Weil es mein Geheimnis ist.»

«Und den Düsls ihres, gäll?»

«Und den Düsls ihres.»

«Ist unser Pakt auch dein Geheimnis?»

«Deines und meines und sonst von niemandem.»

Plötzlich war es mir schnurz, ob sie mein Gotti ist oder nicht. Die Ferien mit dem Tanti Lotti kamen mir jetzt vor wie ein Geschenk. Ein viel tolleres als das Lisa-Bäbi oder die Köde-pietsch. Und sie gab es *mir*, niemand anderem.

«Maximal!», sagte ich. Ganz laut.

Jetzt bin ich schon die Hälfte von meinen Herbstferien beim Tanti Lotti im Appenzeller Haus. Wir haben es richtig gut, wir zwei. Ich habe mit dem Lotti Butter gemacht von der Milch, die ich jeden Morgen ganz früh mit dem Milch-Chesseli beim Rotacher holen darf. Und sie hat mir gezeigt, wie man den Küchenherd, der noch mit echtem Feuer funktioniert, einheizt. Das mach ich schon ganz alleine, ich darf sogar die Kauboi-Zündhölzli dafür nehmen. Und ich kann auch schon Spiegeleier und Grießbrei und Buchstabensuppe. Und Älpler-hörnli mit Chääs!

Das Lotti findet es eine Bombe, wenn ich mit ihr koche, nicht wie das Muätti, die man in der Küche in Ruhe lassen muss, weil sie sich konzentrieren will.

Auch das Holz zum Küchenherdeinheizen habe ich bereits

selber hacken dürfen, und zwar mit dem riesigen Beil, dem ganz scharfen. Das braucht zwar ziemlich viel Kraft, aber wenn das Scheit so auseinanderspritzt, dann ist das ein maximal gutes Gefühl. Das geht bis in die Zehenspitzen hinunter.

Dem Rotacher habe ich helfen dürfen, seinen neuen Zaun zu bauen. Das war auch maximal: Ich durfte auf seinem feuerroten Hürlimann-Traktor selber am Steuer hocken, und der Rotacher ist hinterhergegangen und hat immer die Holzpfähle aus dem kleinen Anhänger genommen und mit dem Vorschlaghammer in den Boden hineingedonnert. Der ist nämlich enorm stark, der Rotacher!

Dann durfte ich mit ihm auch einen Graben graben für seine neue Abwasserleitung. Er hat mit der Hacke gehackt, und ich habe mit der Schaufel geschaufelt. Am Abend hatte ich vor lauter Schaufelstielumklammern aufgerissene Blaatern an beiden Händen und konnte die Finger nicht mehr ausstrecken. Der Rotacher hat sich meine Hände angesehen und gefragt, ob es weh tut. Da habe ich ein wenig gelogen und gesagt: «Nein, nein, überhaupt nicht!» Obwohl es jetzt noch brennt, dort wo das nackte Fleisch hervorschaut. Er hat mir auf die Schulter geklopft und gesagt, ein richtiger Mann habe eben Schwielen an den Händen, wenn er richtig schaffen würde. Ich wurde verlegen, weil zu mir noch nie ein Ausgewachsener gesagt hat, ich sei ein Mann. Der Rotacher behauptete auch noch, ohne mich wäre er wohl erst morgen fertig geworden und nicht schon heute. «Dankä villmohl», sagte er, und ich sei ein «kräftiges Püürschteli».

Das hätte mal der Turnlehrer Hunziker hören müssen! Der kommt immer von Zurzach her in unsere Melliker Schule und quält uns. Der findet mich gar nicht kräftig, sondern behauptet einfach das Gegenteil: Ich sei ein Milchbubi! Aber er selber steht nur immer faul herum in seinem bisligelben Netzunterleibchen und pfeift in seine Trillerpfeife, dass mir immer die Ohren weh tun.

An seiner Pfeife klebt dort, wo er sie immer in seine Schnöre steckt, so eine dicke, hellgrau vertrocknete Speichelkruste. Pfui Tüüfel, ist das gruusig!

Nach dem Trillern spuckt er die Pfeife einfach aus, und dann baumelt sie an einem schwarzen Schnüärli vor seinen Brüsten herum. He, der Hunziker hat dann also Brüste wie eine Frau, du! Und einen Ranzen wie der Vatti. Über den zieht er immer seine hellblaue Trainerhose drüber, und oben schwabbelt alles unter dem Netzunterleibchen hervor. Ich kann ihn kaum anschauen, ohne zu kotzen.

Und ausgerechnet dieser Grüsel-Hunziker sagt zu mir, ich sei viel zu dünn und zu schwach und aus mir würde nie ein echter Mann und drum würde ich nie genommen von der Schweizer Armee zur Landesverteidigung, weil solche wie mich könne man dann gegen den Ostblock gar nicht brauchen, ich soll mich gefälligst zusammenreißen und meinen inneren Soihund überwinden. Ich habe es lange versucht, wirklich, aber den inneren Soihund bei mir einfach nie gefunden. Weil da nämlich gar keiner ist.

Ich hasse den Turnunterricht. Und den Hunziker. Aber echt.

Nur den Schießunterricht, der auch zum Turnen gehört, den finde ich maximal. Ich werde auch nicht so müde davon wie von der blöden Leichtathletik, weil zum Schießen darf ich ja liegen.

Die Flobeer-Gewehre, die wir da haben, treffen ganz genau in die Mitte vom schwarzen Kreis, wenn man nicht nervös wird, weil Angst vor dem Chlapf. Man muss nur scharf über die

Kimme und das Korn schauen, und wenn der schwarze Punkt genau über dem Korn ist und das Korn genau in der Mitte von der Kimme, muss man den Abzug vorsichtig nach hinten ziehen, bis zum Druckpunkt. Dann Luft anhalten, noch einmal kontrollieren, ob die Kimme und das Korn und die Mitte vom schwarzen Punkt genau passen, und jetzt: sanft wie ein Elflein den Zeigefinger gegen den Druckpunkt drücken und ... noch ein wenig ... noch ein munzi-winzi ... PÄNG!!!

Auf den Schießranglisten, die der Hunziker aushängt, ist mein Name immer bei den ersten dreien. Immer. Drum bin ich sicher, dass die mich sehr *wohl* nehmen, zur Landesverteidigung, und mir ein Gewehr mit nach Hause geben, mit vierundzwanzig Schuss Munition. Wenn ich dann so gut treffe wie im Schießunterricht, dann sind das vierundzwanzig tote Feinde. Und wenn alle anderen Soldaten auch so gut treffen wie ich, dann hat der Ostblock bei, sagen wir, einer halben Million Schweizer Soldaten keine Chance. Weil nach Adam Riese haben die dann zwölf Millionen Tote. Doppelt so viele Tote, wie die Schweiz Lebende hat, das muss man sich einmal vorstellen! Aber es stimmt, ich hab's nachgerechnet. Und dann kommt da der Hunziker daher und behauptet, man könne mich nicht brauchen gegen den Ostblock.

Blöder Lügisiach, das!

Bei allen anderen Turndisziplinen bin ich auf den Ranglisten, die der Hunziker leider auch aushängt, eher hinten. Beim OL, das heißt: Orientierungslauf, sogar grundsätzlich auf dem letzten Platz.

Weil ich den Orientierungslauf grundsätzlich spaziere. Erstens, weil ich sinnloses Herumrennen sinnlos finde, und zweitens, weil's mich freut, wenn der Hunziker sich über mein langsames Tempo ärgert.

Beim Orientierungslauf muss man sich im Gelände orientieren, also wo es nur Wald oder Feld hat und keine Wegweiser. Man muss sich querfeldein durchkämpfen mit einem Kompass, einer kleinen Generalstabskarte, auf der der Hunziker die Orientierungspunkte eingezeichnet hat. Und zu denen muss man dann hinrennen, zu einem nach dem anderen, bis man wieder dort ist, wo man am Anfang war. Ich verstehe nicht, wozu das gut sein soll, und auch nicht, wie man dabei ein Mann werden soll, wie der Hunziker immer behauptet.

Aber trotzdem: Alle Schüler in der ganzen Schweiz müssen da mitmachen, alle paar Wochen in der Turnen-Doppelstunde am Nachmittag. Also ein Riesen-Seich, du, odr!

Ich bilde immer mit dem schwabbeligen Mässerli Rüädl zusammen eine OL-Gruppe, die nur aus uns beiden besteht. Der Vorteil vom Mässerli Rüädl: Ich muss nie rennen! Weil, er kommt schon beim Spazieren ins Keuchen. Und ich muss mich ja seinem Tempo anpassen, oder, ich wäre ja ein unkameradschaftlicher Soihund, wenn ich ihm plötzlich davonschlendern würde und ihn im Stich lassen, mitten im Gelände. So hab ich es auf den OLs immer schön gemütlich. Und wenn dann abends endlich der Knochen-Didi und der Pudding-Rüädl als Letzte beim Schulhaus ins Ziel einkriechen, steht der Hunziker seit längerem bereits breitbeinig da, trillert volles Rohr aus seiner Pfeife heraus und brüllt: «Hopp, Schwyz, hopp, Schwyz, hopp, hopp, hopp, ihr himmeltruurige Wöschlümpe!»

Ich finde es immer wieder maximal, wie es den dann vor Wut fast verbläst. Weil er, statt Feierabend zu machen, immer *so* lange warten muss, bis auch die Letzten der Letzten den OL absolviert haben. Und das sind *immer*: der Mässerli Rüädl und ich.

Dem Hunziker seine Wut ist meine Rache am Hunziker für sein Hunzikersein.

Gut, es gibt ja außer ihm *generell* noch viele Erwachsene, die Blödsinn reden, und auf die bin ich deshalb auch ziemlich muff. Also ziemlich! Bei den Großen kannst du in Wahrheit generell nie wissen, das sag ich dir, hä! Also, so einen Pakt wie mit dem Tanti Lotti kannst du mit denen normalerweise nicht machen. Also machen kannst du ihn schon, aber sie halten sich nicht dran. Da ist das Lotti wirklich eine Ausnahme, aber gut, die ist ja sowieso eine Ausnahme. Im Gegensatz zum Beispiel zu, ich muss es leider sagen, obwohl ich sie ja gernhabe, im Gegensatz zu meinen Eltern. Das merkte ich schon, bevor ich ein Schulbub werden musste.

Nämlich in der Nacht, wo mich das Muätti unverhofft geweckt hat. Mitten im schönsten Schlafen hat sie an mir herumgerüttelt und gesagt, ich müsse jetzt mitkommen. Seither weiß ich: Wenn du in der Nacht wach gerüttelt mitkommen musst, mach dich auf *alles* gefasst!

Ich bin dem Muätti damals ganz verdattert nachgetapst, quer durch unseren Bungaloo, auf meinen blutten Füßen und nur im Pischamaa. Bis wir in der Küche landeten. Dort stand ein großer Kochtopf auf dem Herd und dampfte, daneben ein Papiersack, prall gefüllt mit braunen Zwiebelschalen. Am Küchentisch saßen das Vreni und der Vatti vor einem Berg von Hühnereiern und einem Haufen frischem Gras. Das Muätti schüttete eine Ladung Zwiebelschalen in das kochende Wasser vom Topf und sagte, ich soll mich zu den anderen an den Tisch setzen.

Warum sie mitten in der Nacht Suppe kochen würden, wollte ich wissen, und der Vatti sagte, das sei keine Suppe, in dem Böllesud da auf dem Herd würden wir die Ostereier färben, ich soll ihnen dabei helfen. Ich verstand überhaupt nicht, worum es ging, weil in meinem Kopf noch der Traum von vorhin herumflatterte, wo ich echt geflogen bin, mit Schwimmbewegungen in der Luft, das war ganz leicht und maximal toll. Ich konnte über Mellikon fliegen und über dem Tanti Lotti ihr Appenzeller Haus und viele Schönheiten der Schweiz von oben her kennenlernen. Ich wäre sehr gern weitergeflogen, aber das Muätti musste mich da ja unbedingt herausreißen. Gut, möglicherweise auch nicht, und ich träumte immer noch, das kannte ich nämlich schon, dass man im Albtraum meint, man sei jetzt zum Glück aufgewacht, und dann aber merkt, er geht leider weiter, man hat nur geträumt, man sei aufgewacht.

Also, ich setzte mich auch an den Tisch, und alles wirkte echt, aber eben gleichzeitig war es auch sehr seltsam.

Sie gaben mir ein Hühnerei in die Hand und eine Spule Nähgarn. Dann musste ich aus dem Grashaufen einzelne Kräutlein herauszupfen und sie an das Ei binden, indem ich den Nähgarnfaden darum herumwickelte. Das Kraut müsse an jedem Punkt fest auf der Eierschale anliegen, erklärte das Muätti, also wickelte ich ganz viel Faden drum herum. Aber dann war das dem Vreni wieder nicht recht: Den Faden würde man dann auf dem gefärbten Ei sehen, darum nicht so viel Faden, Dietr!

Wie viel genau konnte sie mir aber auch nicht sagen, und überhaupt tat das Vreni so, als wüsste es alles besser, und behauptete, sie habe das letztes Jahr schon gemacht. Ich verstand nicht, warum sie das behauptete, weil es eine sehr plumpe Lüge war, weil wenn es wahr gewesen wäre, hätte sie ja schon letztes Jahr damit angegeben, dass sie das gemacht hat. Hat sie aber nicht. Das durchschaut doch jeder Lööli.

Als ich etwa drei Nähgarnklumpen, in denen Kräuter eingewickelt waren, in denen ein Ei eingewickelt war, fertig hatte,
versenkte das Muätti sie in der Bölleschalensuppe, und dann
wickelten wir wieder neue Eier ein. Nach einer Weile fischte
das Muätti die erste Portion Wickeleier aus dem heißen Topf,
und wir mussten das ganze Garn, das wir vorher mühselig
draufgehaspelt hatten, wieder runterhaspeln.

Jetzt wusste ich: kein Albtraum. Beim Fadenrunterhas-
peln verbrannte ich mir enorm die Finger, und das war leider
echt.

Gut, als die Eier dann wieder ohne Gras und Faden dalagen,
zugegeben, da sahen sie dann schon schön aus. Überall, wo
kein Gras am Ei gewesen ist, waren sie von der Suppe braun
geworden, und überall wo Gras oder der Faden dran gewesen
ist, waren sie gelb. Sie sahen jetzt genau so aus wie die Eier,
die der Oschterhase immer, wenn Oschtern ist, in die Osch-
ternester legt, die wir dann im Garten suchen müssen und die
ich immer erst lange, lange nach dem Vreni und sogar auch
noch nach dem Matti finde, weil der Oschterhase ausgerechnet gerade mein Oschternäschtli immer besonders gemein
versteckt.

Ich habe den Oschterhasen schon immer bewundert, wie
der die Eier so schön anmalt. Drum fand ich es maximal, dass
ich seinen Trick jetzt auch kannte. Und dass ich jetzt ja wieder
schlafen gehen konnte. Ich sagte meiner Familie «guätnacht
und dankä villmal für das Zeigen vom Oschterhasentrick!».

Ich blöder Lööli, ich.

Als ich bei der Küchentür war, beschwerte sich das Vreni
schon wieder: Der Vatti und das Muätti dürften mich nicht
gehen lassen, ich hätte ja erst drei Eier gemacht, und dann
hätten wir zu wenig Oschtereier morgen, und darum müsse

ich noch mindestens zwölf Eier machen, vor dem Wieder-
insbettgehen, sie habe schließlich bereits jetzt schon so viele
gemacht.

Sie sei sooo blöd, sagte ich zu ihr, die Eier bringe doch der
Oschterhase, das wisse sie ganz genau, und sie soll nicht immer
so blöffen mit ihren Eiern, die niemand braucht.

Da lachte der Vatti laut auf, und das Muätti nahm mich so
seltsam sanft bei der Hand, wie sie das sonst nur macht, wenn
ich hohes Fieber habe. Sie führte mich zum Küchentisch
zurück. Dann setzte sie sich gegenüber hin und beugte sich mir
entgegen. Sie müsse mir jetzt da etwas sagen, weil ich schon so
groß sei und diesen Frühling in die Schule komme.

«De Oschterhaas, dä git's gar nööd.»

Jetzt fängt die auch noch an wie das Vreni, dachte ich und
erklärte dem Muätti, dass sie mir doch selber erklärt hat, dass
der Oschterhase die Eier bringt und die Schoggi-Oschterhasen und dass er die Näschtli macht und sie dann versteckt und
alles, und das Muätti werde es ja morgen selber sehen, dass es
so ist, wenn er dann die Näschtli gebracht habe, wie er sie seit
immer schon gebracht habe, und dann würde sie dann nicht
mehr so blödes Zeugs behaupten, wie dass es den Oschterhasen
nicht geben würde und so.

Jetzt lachte der Vatti schon wieder, aber es klang, wie wenn
er das, worüber er lacht, gar nicht lustig finden würde.

«Aber so begreif doch, du armer Dieti, den Oschterhasen
gibt es wirklich nicht», sagte der Vatti. Er also auch! Das wurde
ja immer schöner, war ich denn noch der Einzige hier, der
normal war, oder was! Ich verkündete dem Vatti, dass er mich
nicht anlügen solle, weil ich sei ja nicht blöd, wenn man die
Näschtli vom Oschterhasen sieht und riecht und aufisst, dann
ist doch klar, dass es nicht sein kann, dass es den Oschterhasen

nicht gibt, weil: Woher sollen dann die Näschtli kommen, hä? Etwa vom Chrischchindli her, oder was?

Da sagte das Muätti: «Von uns!»

Und in meinem Kopf war nur noch ein schwarzes Loch.

Der erste Gedanke, der im schwarzen Loch wie ein kleines Glühwürmchen zu glimmen begann und dann immer größer wurde, so groß wie die Sonne und dann wie die überhelle Sonne, kurz bevor man wie ein Komet in sie hineinfällt, weil man nicht mehr aus ihrer Anziehungskraft herauskann, war:

Sie haben gelogen.

Sie lügen mich an, seit ich lebe. Mein *eigener* Vatti und mein *eigenes* Muätti. Und nicht nur diese beiden, die ganze Verwandtschaft lügt mit. Und alle Eltern von meinen Freunden. Und das Bilderbuch, das ich immer so gern angeschaut habe, vom Oschterhasen, dem kurz vor Oschtern die Farben ausgehen und dem dann die Blumenkinder mit ihren bunten Blüten helfen, neue Farben zu machen, und die Hühner helfen ihm, die Eier zu färben, und am Ende bringt er doch noch alle Oschtereier rechtzeitig zu den lieben Kindlein, die sich dann freuen über den lieben Oschterhasen ... alles Lüge!

Und die Schoggi-Oschterhasen im Migro und im Usego, das sind gar keine Figuren vom Oschterhasen, sondern von einer Lüge, sie könnten genauso gut Schoggi-Micki-Mäuse oder Schoggi-Donald-Ducke sein ...

Während ich Abschied nahm vom Oschterhasen, den es nie gegeben hat, wickelte ich meinen blöden Faden um die blöden Eier, die ich nicht essen würde, weil ich sie ja bis jetzt auch nur gegessen habe, damit der Oschterhase nicht traurig darüber ist, dass ich sie nicht esse, obwohl er sich so viel Mühe gegeben hat mit ihnen und sie so weit getragen hat in seiner schweren Chrääze, bis zu uns.

Dabei sind es in Wahrheit die gleichen Dreckseier wie die im Ferienlager am Hallwilwersee, und die brauche ich wirklich nicht zu fressen! Und das schiiss Oschternäschtli lasse ich morgen einfach im Garten verrotten. Wo ist denn der Sinn, dass ich ein Näschtli suche und in den Bungaloo trage, das meine Eltern vorher schon im Bungaloo hatten und dann herausgetragen und versteckt haben, damit sie mir vorlügen können, es sei vom Oschterhasen und ich müsse es jetzt suchen, wie ein Ober-Lööli, und lange nicht finden? An Oschtern würde ich jedenfalls nie mehr Freude haben.

Gott sei Dank gibt es ja noch Weihnachten, und ich kann mich immerhin auf das Chrischchindli freuen ...

Die überhelle Sonne löschte mit einem Chlapf ab, und es war wieder nur ein schwarzes Loch in meinem Kopf, und wieder kam ein Glühwürmchen, aber ein neues, und wurde immer größer und größer, bis ...

«Und was ist mit dem Chrischchindli? Ist das auch wie beim Oschterhasen?», fragte ich das Muätti, und sie verzog den Mund so komisch. Es wurde aber kein Lächeln daraus – und dann nickte sie.

«Der Chrischbaum und die Gschänkli und der Apfänzkaländer und die kleinen Sachen, die das Chrischchindli nachts auf das Fenstersims legt, weil wir wieder so brav gewesen sind ... alles nur von euch?»

«Hä jaaaaa, dänk schoooo», rief das Vreni und schüttelte den Kopf, wie wenn ich einen maximalen Blödsinn gefragt hätte, und dann teilte sie mir stolz mit, dass sie das alles wisse, weil sie sei nämlich älter als ich. Dieses Ältersein machte sie aber auch nur zur Lügnerin, zwar nicht schon mein ganzes Leben lang, aber seit *einem ganzen Jahr*, he, das ist dann enorm lang, du!

Ich wickelte weiter die Hühnereier ein und wickelte und

wickelte, und in meinem Kopf war auch alles so verwickelt, und je länger ich wickelte, umso verwickelter wurde es da oben.

Ich stand auf.

Ich musste gar nicht weiterfragen, wie das denn mit dem Samichlaus sei, es war mir auch so klar: auch alles von den Eltern! Die Rute, der Sack mit den Nüssen und Äpfeln und Mandarinen und Schöggeli. Und das Buch, wo er angeblich alles reingeschrieben hat, was wir so über das Jahr angestellt haben. Da hat der gar nichts reingeschrieben, das waren der Vatti und das Muätti. Und jetzt war auch klar, warum der Samichlaus letztes Jahr die gleichen dunkelroten Schuhe anhatte wie der Onkel Ernst, der da zufällig bei uns zu Besuch war. Und der den Samichlaus leider verpasst hat, weil er ausgerechnet gerade, als der kam, zum Nachbarn Huber musste, «um etwas Wichtiges zu besprechen».

Gar nichts hat der verpasst, dieser Lügisiäch, und beim Huber, diesem Lügisiäch, war er auch nicht.

Das alles wollte ich meiner Lügi-Familie sagen, als ich da so in der Küche stand und mich alle komisch anschauten. Aber dann drehte ich mich nur um, tapste wieder quer durch den Bungaloo in mein Bett und legte mich zu meinen Stofftieren. Bei denen wusste ich wenigstens schon die Wahrheit: Nämlich dass es, zugegeben, nur Stofftiere sind, aber in meiner Phantasie sind es eben meine besten Freunde. Und weil meine Phantasie echt ist, sind meine Stofftiere dann trotzdem irgendwie echte Freunde. Und nicht einfach nur blöde Schoggi-Oschterhasen.

Aber ich konnte nicht einschlafen, obwohl ich den Bären auf der einen und das Äffli auf der anderen Seite im Arm hatte. In meinem Kopf war einfach zu viel los.

Also: Wenn das Chrischchindli und der Samichlaus gar

nicht schauen, ob man auch hübsch brav ist, weil es sie ja gar nicht gibt, dann muss man auch nicht brav sein, das lohnt sich ja dann gar nicht. Das immerhin ist eine gute Neuigkeit.

Und wenn *die* nicht schauen, schaut sicher auch der tote Urgrosvatti nicht zu mir herunter, vom Himmel herab, sondern ist einfach nur tot. Auch gut. Ich habe sowieso nie verstanden, wie das gehen soll mit dem Runterschauen. Weil, wenn der runterschaut und mich sieht, dann müsste ich doch beim Raufschauen umgekehrt ihn auch sehen, logisch, oder? Aber soviel ich auch hinaufschaute, ich habe noch nie den toten Urgrosvatti gesehen, da oben. Nur Zimmerdecken oder Wolken oder Vögel oder eine Swissähr oder einen Ballon von Reckingen her. Also? Ist auch das mit dem Urgrosvatti gelogen! Aber Vorteil für mich, weil dass der immer zuschaut, was ich so mache, und prüft, ob es ihm passt oder nicht, das ist mir sowieso schon immer ziemlich unheimlich gewesen.

Aber am allerunheimlichsten war ja, was mir das Tanti Eulalia erzählt hat. Nämlich Folgendes: ·

Jedes Kind komme mit einem ganz reinen und weißen Herzchen zur Welt, erklärte das Tanti Eulalia, aber immer wenn das Kind eine Sünde begehe, dann würde das der liebe Gott im Himmel sehen und einen schwarzen Fleck auf das Kinderherzchen machen. Und das mache der liebe Gott immer weiter, das ganze irdische Leben lang: Wenn das Kindlein erwachsen werde, wenn es selber Kindlein bekomme, wenn es alt werde, bei jeder Sünde mache der liebe Gott wieder einen zusätzlichen Fleck auf das Herz. Und wenn man dann sterbe, dann komme man zum Himmelstor, und da stehe dann der Petrus mit seinem Schlüssel und sage «öffne dein Herz», und dann müsse man es öffnen, und der Petrus schaue nach, ob das Herz mehr weiß sei oder mehr Schwarz dranhabe. Und nur, wenn es mehrheitlich weiß sei, schließe er den Himmel auf, und der Mensch dürfe eintreten ins Paradies.

Wenn er aber schwarz sieht, dann schupft er den armen Sünder von seiner Wolke hinunter, und er fällt und fällt und fällt, bis in die tiefste Hölle hinab, und der Teufel freut sich, dass er ihn quälen kann, und er wird Teil vom Heulen und Zähneklappern bis in alle Ewigkeit, amen.

Das hat sehr großen Eindruck gemacht auf mich, was das Tanti Eulalia mir da erzählt hat, und ich wollte wissen, ob man denn diese göttlichen Flecken irgendwie wieder rausbekomme, aus dem Herzen? Und sie sagte nein! Sünde sei Sünde!

Ich fragte, was denn alles Sünde sei, und sie sagte, wenn man lüge zum Beispiel oder wenn man etwas nehmen würde, was einem gar nicht gehöre, oder wenn man neidisch sei, dass jemand etwas habe und man selber nicht, oder wenn man den Eltern nicht folgen würde. Oder seinem Tanti Eulalia, fügte sie noch hinzu.

Das sah jetzt aber gar nicht gut aus mit meinem Paradies! Weil diese Sünden hatte ich alle längst auf dem Kerbholz, und ich sah innerlich deutlich die vielen schwarzen Flecken auf meinem Herzen.

Ich hoffte, dass vielleicht doch noch etwas zu retten wäre, und sagte dem Tanti Eulalia, ich könnte doch beichten gehen, dann könnte mir der Pfarrer eine Strafe geben, und ich wäre wieder reingewaschen im Herzen, das wisse ich ganz genau vom Alois Zwissig her.

Nein, sagte das Eulalia, der Zwissig ist katholisch! Wir Proteschtanten würden nicht beichten, das sei ein Irrglaube und würde gar nichts nützen, im Gegenteil, das sei Schachern mit Herrgott und somit Sünde, und das gäbe dann gleich *noch* einen schwarzen Fleck!

Da wurde ich aber endgültig nervös und fragte das Tanti Eulalia, wie groß denn diese Flecken so seien im Vergleich zum Herzen, ich wolle ungefähr abschätzen, wie es bis jetzt so stehe um mich.

Noch gut?

Oder nicht mehr so gut?

Oder schon schlecht, und es ist sowieso alles bereits zur Sau?

Das Eulalia hob ihren Zeigefinger: Obacht, Püürschteli, solche Rechnereien seien *auch* Schacher mit Herrgott! Sie strich mir mit der Hand über den Kopf, obwohl ich das hasse, und sagte, ich solle einfach Gottvertrauen haben und dann werde gewiss alles gut.

Danach versuchte ich jede Nacht, wenn mich wieder die Angst vor der Hölle packte, Gottvertrauen zu haben. Ich habe leider nie herausgefunden, wie das funktionieren soll. Zum lieben Gott Vertrauen zu haben, wenn der mir ununterbrochen zuschaut bei allem und jedem und mir schwarze Flecken aufs Herz spritzt, von denen ich nicht weiß, wie groß sie sind, und mich so zum Teufel jagt und mich zur Sau macht, ewiglich.

Das ging erst vorbei in der Nacht, wo ich nach dem Eiergewickle zwischen dem Äffli und dem Bär im Bett lag und die überhelle Sonne im Kopf hatte.

Ich fragte das Äffli, ob es glaube, dass das Tanti Eulalia gelogen habe, obwohl sie selber immer sagt, Lügen sei Sünde.

Das Äffli antwortete, das glaube es wohl. Und dass Lügen Sünde sei, sei für das Eulalia in dem Fall kein Problem, weil sie ja wisse, dass es gar nicht stimmt, dass Lügen Sünde sei, und somit könne sie diese Lüge erzählen, soviel sie wolle, ohne zu sündigen.

Er glaube, mischte sich der Bär ein, er glaube, das Eulalia

glaube, dass das, was sie da zusammenlüge, wahr sei. Was aber auch kein Problem für das Eulalia sein würde, weil wenn sie selber an das *glaube*, was sie erzähle, meine sie ja, sie würde nicht lügen, und somit sei das Ergebnis das gleiche: Sie könne die Lüge erzählen, soviel sie wolle, ohne zu sündigen.

«Aber ist das», fragte ich weiter, «ist das, was das Eulalia erzählt mit dem Kinderherzchen und den schwarzen Flecken und dem Petrus und dem Teufel, *nicht* wahr? Und darum falsch?»

«Richtig», sagten beide.

«Und dass es den lieben Gott überhaupt gibt, ist doch dann sicher auch nicht wahr, odr? Wie kann es ihn geben, wenn dem Elsi sein Gott Blödsinn ist?», rief ich.

«Hä», sagte der Bär, «schau: Wenn du zum Beispiel einen Hund vor dir hast und der wedelt dich an, weil er die Wurst will, die du hast und er nicht. Und du verkündest, der Hund würde dich anwedeln, weil er dich liebhat und nicht wegen der Wurst. Dann würdest du doch Blödsinn reden, über den Hund, odr? Trotzdem *gibt* es den Hund.»

«Es ist *nicht* sicher, dass das nicht wahr ist, nicht wahr?», sagte der Bär weiter. «Obwohl das Eulalia über den lieben Gott Blödsinn redet, kann es ihn ja trotzdem *geben*, nicht wahr?»

Jetzt begriff ich: «Aber dann kann es den Oschterhasen ja auch trotzdem geben, obwohl das mit den Eiern Blödsinn ist!»

Der Bär seufzte. «Mit dem ist es genau wie mit dem lieben Gott, nicht wahr, man kann *nie* wissen ...»

Aha, dachte ich und schlief endlich ein. Nur Fliegen, das konnte ich ab dieser Nacht leider nie wieder. Was ich maximal schade finde.

Gut, das war früher. Jetzt wo ich groß bin und Schüler und mit dem Tanti Lotti im Appenzeller Haus Ferien mache, nur sie und ich, jetzt habe ich natürlich keine Probleme mehr mit dem Gelogenen über den Oschterhasen und Chrischchindli und Samichlaus und Teufel und Liäbegott. Und finde es viel besser, dass die mir zwar keine Geschenke bringen, aber mich dafür auch nicht immer überwachen, Tag und Nacht. Von oben herab.

Nur dass die Erwachsenen immer weiterlügen und solchen Blödsinn erzählen, damit habe ich schon noch ein Problem, weil ich verstehe es nicht. Warum machen die das? Und warum machen da fast alle mit? Außer dem Tanti Lotti. Ich kann mich nicht erinnern, dass sie jemals einen Blödsinn behauptet hätte. Sie hat die Geschenke immer selber überreicht oder mit der Post geschickt, ohne Umweg über eine erlogene Figur. Darum finde ich es ein maximales Glück, dass ich das Tanti Lotti kenne. Ich glaube, sie ist die Einzige in der ganzen Schweiz, die mir keinen Blödsinn erzählt.

Und wenn sie doch einmal selber an einen Blödsinn glaubt, behält sie es für sich. Zum Beispiel, dass die Düsl-Brüder einen Zauber können würden, mit dem sie das Lotti samt der Bell-Matt beschützen. Das ist ihr nur einmal beim Schimpfen aus Versehen rausgerutscht, aber eigentlich behält das Lotti das für sich, und schon gar nicht verlangt sie von mir, dass ich *auch* an ihre Zauber-Düsls glauben muss. Und weitererzählen. Und womöglich noch andere dazu zwingen, dass sie es auch glauben und dann weitererzählen, wieder *anderen* anderen. Dass bei denen, die nicht an die Zauber-Düsls glauben, es dann einen Mordschlapf geben würde und sie dann tot wären, zum Brülisauer-Teufel kämen und zur Sau wären, ewiglich!

Das wäre ja maximal lächerlich, wenn es dann Düsl-Kirchen geben würde und Düsl-Jünger, und das Tanti Lotti wäre Düsl-Papst. Die Düsls würden sich ja selber kranklachen, du.

Jetzt, als größerer Püürschtel, passe ich viel besser auf, wenn die Ausgewachsenen mir etwas erzählen. Gerade beim Lehrer Diriwächter heißt es: Obacht geben, ehrlich, du. Nur ein Beispiel:

Hat doch der Diriwächter mir erzählt, ich darf keine Mädchen hauen! «Das macht ein Tschentlmään nicht, weil Frauen sind die Schwächeren.»

Im ersten Reflex hab ich ihm ja sogar noch recht gegeben, klar, man haut doch nicht die Schwächeren. Höchstens die gleich Starken, aber auch das sollte man nicht, weil wir wollen ja kein Faustrecht. Und die Stärkeren, die haut man sowieso auch nicht, logisch.

Trotzdem ist es Blödsinn, was der Diriwächter da verzapft. Er ist es doch selber, der als Stärkerer mich als den Schwächeren dazu gezwungen hat, ausgerechnet gerade zwischen den Kern-Zwillingen zu sitzen. Weil die immer so viel miteinander getuschelt haben, als noch keiner zwischen ihnen sitzen musste. Die Kern-Zwillinge sehen exakt gleich aus, weil eineiig, und sind das pure Doppelfaustrecht. Sie gelten zwar, zugegeben, als Mädchen, sind aber trotzdem stärker als ich, weil fast so groß wie ich, aber mit viel mehr dran. Und sie doppelt, ich nur einfach.

Die Kern-Zwillinge hassen mich. Weil ich zwischen ihnen sitze und ihnen im Weg bin, wenn sie sich wieder Blödsinn zuflüstern wollen. Darum quälen sie mich wie die Teufel. Zum Beispiel stechen sie mir ihre spitzen Bleistifte zwischen meine Rippen. Von beiden Seiten her gleichzeitig. Und sie passen dafür extra gerade den Moment ab, wo ich mich voll auf die Rechnung auf meinem Blatt konzentrieren muss. Weil sie sich ausgerechnet haben, dass ich in diesem Moment garantiert aufjucke vor Schreck und schon wieder einen Tintentolgen auf dem Blatt habe und jetzt alles noch einmal von vorn neu aufschreiben muss, weil der Diriwächter keine Blätter mit Tolgen annimmt.

Aber wenn ich ihm dann sage, ich kann doch nichts dafür, die Kern-Zwillinge sind schuld und so weiter, dann sagt der Diriwächter nur, ich würde immer die gleichen Ausreden auf Lager haben und ich soll gefälligst nicht meine Blätter so versauen.

Ich sitze dann da wie der letzte Lööli, und die Kern-Zwillinge schauen mit ihren vier Kuhaugen den Diriwächter unschuldig an. Und dann macht er wieder einen auf Tschentlmään und verlangt, ich soll mich bei den Kern-Zwillingen entschuldigen.

Wofür?

Dafür, sagt der Diriwächter, dass ich den armen Mädchen die Schuld zuschieben wolle, das sei dann öppe gar nicht tschentlmäänartig von mir, und ich soll mich schämen. Und dann werde ich von ihm tatsächlich gezwungen, diesen ranzigen Doppelkühen zu sagen, es tue mir leid!

He, da stimmt doch öppe öppis nöd, du.

Und was? Genau: Der Schwächere hat *nie* recht. Wenn die Kern-Zwillinge sich verschwestern und dann der Diriwächter sich noch *dazu* verbrüdert, und alle drei sind schon einzeln stärker als ich ... was soll ich da machen?

Ich mache den Igel.

Ich schotte mich ab und bleibe neutral. Aber wehe, die Kern-Zwillinge greifen mich an, dann verteidige ich mich aber dann. Das habe ich denen in der großen Pause auch ganz klar klargemacht! Die haben nur gelacht und gesagt, da hätten sie jetzt aber Angst vor mir, und dabei hat jede mit ihrem Bazooka-Kaugummi gleichzeitig je eine Blaatere gemacht. Dann haben sie noch ein wenig blöd gelacht und sind einfach davongegangen.

Na, wartet ihr, dachte ich, wartet ihr nur.

Am nächsten Tag passierte es dann halt. Diesmal machten sie es ohne Bleistifte. Als der Diriwächter gerade die Generalstabskarte der Schweiz am Schnürchen von der Rolle herunterrollte, um uns zu zeigen, wo ganz genau die Eidgenossen dreizehnhundertfünfzehn die Habsburger in ihren Moorgarten gelockt und dann zur Sau gemacht haben, der Diriwächter also gerade mit dem Rücken zum Schulzimmer stand und uns nicht sehen konnte, klemmten die Kern-Zwillinge blitzschnell (und natürlich wieder gleichzeitig) von beiden Seiten her ein Stück von der Haut über meinen Rippen zwischen ihre Stempeldaumen und ihre Wurstzeigefinger, drückten mit aller Kraft zu, zerrten die Haut von den Rippen ab und verdrehten sie. Das brannte huäremordsmässig, mir blieb fast die Luft weg.

Aber jetzt fuhr der Igel seine Stacheln aus, du:

Ich ballte meine Fäuste und rammte meine Rechte der linken Kern-Schwester und meine Linke der rechten gleichzeitig voll in ihre Speckseiten hinein.

Da war dann aber was los, du!

Ich will's kurz machen: Die Kern-Schwestern haben von mir je einen blauen Fleck an der Seite kassiert, ich vom Diriwächter die Strafaufgabe, hundertmal zu schreiben:

«Es tut mir sehr leid, dass ich der Eleonore und der Kornelia einen blauen Fleck gemacht habe.» Was hundertmal gelogen war.

Und der Diriwächter kassierte, dass ihn die Frau Kern

zwang, eine neue Sitzordnung zu erfinden: Die Eleonore kam jetzt neben das Lilian, und die Kornelia blieb, wo sie war. Ich musste aber nicht mehr neben ihr bleiben, weil auf meinen Platz musste der Beat, der vorher neben dem Lilian sitzen durfte. Ich wäre gerne statt ihm neben das Lilian gegangen, durfte aber nicht, dorthin kam der Bernhard, der vorher neben dem Alois gewesen ist. Sodass neben dem Alois nun ich zu hocken kam.

Obwohl ich es natürlich schön gefunden hätte, neben dem Lilian den wertvollen Parfümgeruch um mich zu haben, fand ich es auch neben dem Alois gut.

Erstens: Wenn der mich quälen würde, könnte ich ihm eine zurückdonnern, weil Puurscht, nicht Mädchen.

Zweitens gehörte Alois zu unserer Melliker-Bande, als sie noch nicht von der Neutralität aufgelöst worden war.

Drittens und wichtigstens: Der Alois hat einen Bauer als Vatti, und darum riecht er nach Kuhstall.

Wenn ich neben dem Alois sitze und die Augen zumache, dann zaubert sein Geruch mich ins Appenzeller Land. Und weil diese Phantasie ja echt ist, spüre ich auch das Glück vom Appenzeller Land in echt.

Obwohl der Diriwächter meint, ich sei einfach nur so ein Dieti, bin ich vom Kuhgeruch ein ganz anderer:

Nämlich ein echter Appenzeller Puurscht, der dem Rotacher beim Grabengraben und beim Zaunzäunen hilft und der Hürlimann fahren kann und mit seinem Tanti Lotti einen Pakt hat und ihr mit selber gehacktem Holz im selber eingeheizten Holzfeuerherd selber Älplerhörnli mit Chääs kochen kann.

Maximal!

Dixionär
Schwyzerisch–Deutsch

Äffhadee-Frau (FHD) FHD = Frauenhilfsdienst, der weibliche Teil der Schweizer Armee

adiä adé, tschüs, ciao, bye-bye

Ammann Amtmann, Dorfbürgermeister

Am sächsi driisig Dann ist es 6.30 Uhr

bääbele mit Puppen spielen, gegenüber Kindern: verwöhnen

Bäbi Puppe

Badi Badeanstalt

Bazooka-Kaugummi Bazooka war die beliebteste amerikanische Kaugummi-Marke der 60er und eignete sich sehr gut zum Kaugummi-Blasen-Machen.

Bébé Baby

Beiglein kleine Beige, kleiner Stapel

Beiz Kneipe

Biisszange Kneifzange

bislen Pipi machen

Bissoguät Sei so gut

blutt nackt, bloß

der Blutte der Nackte

blutte Füße nackte, bloße Füße

Bölleschalen Zwiebelschalen

Brandblaateren/Blaater Brandblase/Blase

en Bsundere/e Bsunderi ein Besonderer/eine Besondere

bsunders besonders

Buächeschwändi-Tobel wörtlich: Buchenweiler-Talsenke

buschper «Ä buschper» Frau ist sauber, voll im Saft und eine Augenweide.

Caramel-Bouchées Karamelplättchen mit Schokoüberzug

Chääs/Chääsli Käse/Käslein

Chacheli Wandfliesen, Trinkgefäß in Form einer kleinen Schüssel
  Sprung im Chacheli Sprung in der Schüssel

Chäpsli-Tättscher-Kauboi-Pistole Spielzeugpistole, die dank Zündhütchen richtig knallt

Cheiben schlimme, bösartige, unerwünschte Menschen. Negativer Begriff, als Substantiv wie auch als Adjektiv zu verwenden: der Cheib, das cheiben Unglück.

Chesseli kleiner Kessel

Chetteli kleine Kette

Chileli kleine Kirche

Chinde Kinder

Chlapf Knall

Chomm zrugg Komm zurück

Chrääze bäuerliche Rückentrage aus Korbgeflecht

chrampfe schuften

Chrampferei Schufterei

Chriäsi-Baum Kirschbaum

Chrischchindli Christkindlein

Chrüütli Kräuterchen

Chuchichäschtli Küchenkästchen

diä cheibe Siäche sinngemäß: diese verflixten Halunken

direttissima der direkte Weg

Do chasch höckle Da kannste hocken, in der sanft-zärtlichen Form: «höckle»

Du bisch e Bsunderi Du bist eine Besondere

es bizzeli ein wenig

Fahrausweis Führerschein

Fallmasche Laufmasche

Figgi und Müli das Brettspiel «Mühle»

Fingerbeeri Fingerkuppe(n)

Flättere saftige Ohrfeige

Fleischvögel Rindsrouladen

Flobeer-Gewehr Kleinkaliber-Gewehr, Flobert

foorig übrig, übrig geblieben

Frög en Frag ihn

Füdli Popo

Fünfer-Möcken großes Karamellbonbon, das fünf Rappen kostete

Füür Feuer

gattig Etwas, das wohlgestaltet und einwandfrei ist, bezeichnet der Schweizer anerkennend als «gattig». Eine gattige Frau hätte der Schweizer gerne an seiner Seite.

Gelafer Gerede

Geschwellte Kartoffeln

Gfätterle ungeschicktes, ergebnisloses Nesteln

glismet/lisme/Lismerei gestrickt, stricken, Gestricktes

Gloon Clown

Gomfi Konfitüre, Marmelade (aus dem franz. confiture)

Goofen Kinder (heute eher abfällig gemeint)

gopfertami Fluch (Gott verdamme mich!)

gopfertori Variante von «gopfertami»

Gotti Patentante

Gottibuäb männliches Patenkind

Grind Schädel, abfällig für Kopf

Grosi Oma

Gschwellti Pellkartoffeln

Gsehsch's jo denn Siehst du ja dann

gspässig eigenartig, komisch

guät gut

Güätzli Kekse

Hä dänk Wenn der Schweizer etwas erklärt, das doch klar wie Kloßbrühe ist, setzt er ein «Hä dänk» vor die Erklärung. Vergleichbar mit «Na, logo ...».

Häle Kuh

Hämpfeli eine kleine Handvoll

Heftli Heftchen

herausgrübeln herauspopeln, herausklamüsern

Herzchaschperli Herzkasper

284

Hock nu ane   Hocke (dich) nur ran
Hörnli   Nudeln in Hörnchenform
höseln, sie höseleten   flinkes Gehen
  von Buben. 3. Person Plural: sie
  höseleten
huäregopfertami   Fluch
huäresiäch   Schweizer Kraftaus-
  druck
hundskommunes   sehr üblich, einfach, nullachtfünfzehn
Hüüsli-Papier   quadratisch liniertes
  Papier (z. B. in einem Schulrechen-
  heft)

Identitätskarte   Personalausweis
in die Schuhe blasen   sinngemäß:
  den Buckel runterrutschen

Jassen   Schweizer Kartenspiel, ana-
  log zum Skat oder Tarock
Jelmoli   Kaufhausmarke, etwa wie
  Karstadt

Kafi   Kaffee
Kobel   Koben/Schweinekoben
Ködepietsch   Phantasiename, den
  Matti erfunden hat

Läckmer am Tschööpli   wörtlich:
  Leck mich am Jackettchen; harm-
  los für: Leck mich am A...
Ländler   Schweizer Volksmusik-
  stück, instrumental
Lavoboo   Handwaschbecken
letschte Schwumm   das letzte
  Schwimmen, das letzte Mal
  schwimmen
Lööli   Depp, Trottel
Lügisiäch   notorischer Lügenbold
Lüüt   Leute

Maa   Mann
magneten   anziehen wie ein
  Magnet
Mannsgöggeli   Figur bei Brettspie-
  len wie z. B. «Mensch ärgere dich
  nicht»
Meitli   Mädchen
Migros   geschrieben «Migros»,
  gesprochen «Migro», Supermarkt-
  kette
Milch-Chesseli   kleiner Milchkessel
Moorgeischtli   Moorgeistchen
Mosch nomme no jo segge   Musst
  nur noch ja sagen
muff   sauer
  Ich bin muff   Ich bin sauer
  muff machen   sauer machen
  ziemlich muff   ziemlich sauer

nänäai   nein, nein
Nasen-Böög   Popel
nebbis   Appenzeller Variante von
  «öppe» = «etwa»
nitzi   abwärts
nüüt/nöd   nichts, nicht

obsi   aufwärts
öppe/öppis   etwa/etwas
  dänn öppe   dann etwa
  Da stimmt doch öppe öppis nöd
  Da stimmt doch etwa etwas nicht
  Er müsse öppe nicht meinen   Er
  müsse etwa nicht meinen
  Mach öppis   Mach etwas
  öppe gar nicht   etwa gar nicht
  Sag öppis   Sag etwas
Örgeli   Drehorgel, wenn's läuft wie
  ein Örgeli, läuft's sehr gut

I Pfanä schnädere päng   sinngemäß:
  Ins Bett, rubbel die Katz

285

Pfüderi liebevoll für kleiner Bub

Plastiksäckli kleine Plastiktüte

poschten, geposchtet einkaufen, eingekauft

Püürli kleine, sehr knusprige Semmel, außen fast schwarz, innen luftig weiß. Gibt es leider nur in der Schweiz ...

Puurscht tüchtiger Bursche

Püürschteli Bürschchen

Ranzen Wanst

Rüäbli(-Torte) Karotten(-Torte)

Rütisitz «Rüti» ist ein Ortsname, «Sitz» eine Hügelkuppe

Saaltochter weibliche Servicekraft in der Gastronomie

sackbodenhöllenmäßig Fluch

Sackmesser Taschenmesser

Sali Begrüßungswort aus dem französischen «Salu»

Samichlaus Nikolaus

SBB Schweizerische Bundesbahnen

Schafseckel Schimpfwort, wörtlich: Schaf-Skrotum; gibt es zwar nur bei Böcken, aber trotzdem

schampar stark, fest, enorm

Schäse Schimpfwort für abgehalfterte Frauen oder Fahrzeuge

Schiiss Scheiß

schletzen etwas sehr schnell bewegen, dass es knallt

schlotzen sabbern

Schminee Cheminée, offene, inhäusige Feuerstelle

Schnäbeli Penis

Schnöre Schnauze

Schnudderlumpen Taschentuch

Schoogi Schokolade

Schtögelischuä Stöckelschuh/ Stöckelschuhe

schupfen stoßen, rempeln

Schwaben die Deutschen, nicht nur die schwäbischen, sondern alle nördlich des Rheins lebenden Bürger

Seich Pisse

Servilat-Würste Schweizer Nationalwurst. Wird kalt oder gegrillt verzehrt. Das Rezept ist ein streng gehütetes Geheimnis.

Soihund Schweinehund

sperbern schauen, kiebitzen (Warum der Sperber in der Schweiz, in Deutschland aber der Kiebitz? Keiner weiß es ...)

Spränzel sehr dünner Mensch

Stange helles Bier in einem hohen, stangenartigen 0,3-Liter-Glas (die Stange gibt es auch in Köln ...)

Stumpen Zigarre

Stutz steiler Hang

Sürmelsiäche Schimpfwort, Plural von «Sürmelsiäch»

Surrli Spielzeugkreisel

Sylva-Sammelpunkt-Buch ein Gratis-Fotosammelalbum. Die Fotos dafür erhielt man im Austausch gegen eine gewisse Menge von Sylva-Sammelpunkten, die man wiederum in bestimmten Geschäften beim Einkaufen als Bonus erhielt. Eine Urform der modernen Bonus- bzw. Paybackkarte, nur wesentlich anonymer ...

Tädderli-Tante Denunziantin

tifig geschwind, schnell

Toorebuäb Wenn ein Bub ein Tor ist, wird er ein Toorebuäb.

trampen   treten
Tschoopen   Jackett
Tüüfel   Teufel
Tuume   Daumen
tuusig   tausend

uf wiederluäge   auf Wiedersehen
Usego   Detailhändlerkette, gibt es
    nicht mehr

Velo   Fahrrad
vollchrösch   volle Kanne, voll
    Karacho

werweißen   hin und her überlegen
Wöschlümpe   Waschlappen

Zapfenzieher   Korkenzieher
Zeughaus   wo die Ausstattung (das
    Zeug) der Soldaten lagert
Zigi   Kurzform für Zigarette
Zmorge-Essen   das Essen zum Mor-
    gen: Frühstück
Znacht-Essen   das Essen zur Nacht:
    Abendessen

Dieter Moor bei Kindler und rororo

ganz & einfach: tempofrei kochen
(mit Sabine Schneider)

Lieber einmal mehr als mehrmals weniger

Was wir nicht haben, brauchen Sie nicht